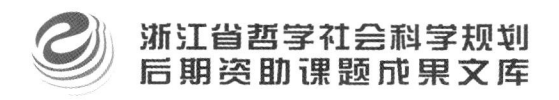

浙江省哲学社会科学规划
后期资助课题成果文库

学校变革中的教师行动逻辑与观念生成

Xuexiao Biangezhong De Jiaoshi Xingdong
Luoji Yu Guannian Shengcheng

李云星 著

中国社会科学出版社

图书在版编目(CIP)数据

学校变革中的教师行动逻辑与观念生成 / 李云星著. —北京：
中国社会科学出版社，2017.10
ISBN 978-7-5203-0724-6

Ⅰ.①学… Ⅱ.①李… Ⅲ.①学校管理-研究 Ⅳ.①G47

中国版本图书馆 CIP 数据核字(2017)第 168860 号

出 版 人	赵剑英
选题策划	罗　莉
责任编辑	刘　艳
责任校对	陈　晨
责任印制	戴　宽

出　　版	中国社会科学出版社
社　　址	北京鼓楼西大街甲 158 号
邮　　编	100720
网　　址	http：//www.csspw.cn
发 行 部	010-84083685
门 市 部	010-84029450
经　　销	新华书店及其他书店

印刷装订	北京君升印刷有限公司
版　　次	2017 年 10 月第 1 版
印　　次	2017 年 10 月第 1 次印刷

开　　本	710×1000　1/16
印　　张	14
插　　页	2
字　　数	238 千字
定　　价	66.00 元

凡购买中国社会科学出版社图书，如有质量问题请与本社营销中心联系调换
电话　010-84083683
版权所有　侵权必究

把"冲突"变成"生成"的力量
（代序）

在我多年亲历"新基础教育"改革的过程中，"改革"这个词，不再只是一个可供静态分析、周全思辨的外在对象，而是转化为与"经验""体验""成长"等相关的"属己之在"。我逐渐远离了"纸上谈兵式的高谈阔论"，"居高临下、颐指气使式的指手画脚"，愤青时代的批判激情转化为脚踏实地、谨小慎微的"劳作"，这里的"劳作方式"，可以是阅读、思考、写作，但更多的是在学校教育的田野里观察、探究与合作：听课、评课、议课，与学校管理者们座谈、讨论，反复修改各种计划、方案、案例、课例、论文……"劳作目标"可以是形成论文，写出专著、报告，进而获奖，更重要的是"改变"，实实在在地改变学校教育的方方面面、点点点滴，具体而微地改变合作伙伴的价值观、思维方式和行为方式，以及改变自我的意识、方法、能力和习惯。

这应该是"改革"的真谛了：为改变而改革。

然而，这样的目标和方式，依然可能变成水中花、镜中月，变成只能宏大阐述，无法具体落实的理想，变成张口即来，随处可听的"正确的废话"，结果自然是"以批判落实批判""以理想落实理想"。

所有为改变而生的改革，总是会遭遇到的墙壁和障碍是"冲突"，它根植于为推动和实施改革而形成的"改革共同体"，是不同身份、角色、性格，因而怀有不同价值诉求、不同利益和需要、不同思维习惯和行为习惯的主体，当它们组合在一起，共谋改革大业之时，一开始的"一团和气"，常常会因各种差异而肢解、弥散得"支离破碎"，诸多冲突化身为唠唠叨叨、窃窃私语式的"牢骚之声""埋怨之语"，最常见的声音是"这么多理念，如何选择？""理念很好，怎么做呢？"这属于典型的理论与实践的冲突。

如同教育中的"差异"不可能抹平一样，改革中的"冲突"也不可能完全消解。重要的不是要不要冲突，也不只是直面冲突、分析冲突和解决冲突，而是"转化冲突"。李云星博士的《学校变革中的教师行动逻辑与观念生成》，这本来源于其博士论文的学术著作，其核心就是"学校变革中的冲突、应对与观念生成"，既表明了一种关系，也隐含了一种对待冲突的价值取向与思考方式：以生成为目标的冲突。

由此区分了两种变革中的冲突类型：有生成的冲突和没有生成的冲突。

虽然，书中梳理了冲突的不同类型及其根源，如"理念—认知冲突""实践—转化冲突""旧我—新我冲突"等，但在我看来，在改革的意义上，无论哪种类型，其独特的价值和意义都与"冲突与生成"的关系相关。评价一种教育改革的成效，这也是一个不可回避的基本标准：在面对各种冲突的过程中，生成了些什么？这同时构成了两种评判标准。

一是"冲突的改革价值"的标准：最有价值和意义的冲突，是有助于"生成"的冲突。

二是"好的改革"的标准：最好的改革，一定是历经种种不可避免的冲突之后，留下丰富生成的改革。

既如此，改革的行动逻辑及其过程，自然引发出了如下问题的思考与探究：

什么样的冲突有助于生成？

如何把各种冲突导向生成？

基于冲突的生成过程、路径与方式是什么？

这些问题的引发与后续思考，恰恰构成了李云星借助此书完成的人生第一本著作的价值。

"冲突"问题，在教育改革研究领域，是老问题和基本问题，要有所突破和建树殊为不易。无论是作为研究方法的"田野研究"，还是作为研究对象和结论的"冲突类型及根源""观念生成的过程与机制"，都只是局部、微观意义上的点滴新意，可能很快就会被同类型的新的研究所超越，但通篇所揭示的"冲突的转向"，在学术研究意义上的"创新"，却很难被后来者覆盖，这种转向意味着教育改革中"冲突研究的转向"，不再是就冲突谈冲突，而是将冲突与生成联结起来，聚焦于"冲突与生成的关系研究"。致力于把"冲突"转化为"生成"，使冲突具有生成的内在力量。

  这里的转化自然内含了"理论向实践的转化",但却在研究推进中形成了另一类以"转化"为对象的研究:观念冲突向生成的转化。

  进一步的问题接踵而来:

  观念冲突走向生成的目标是什么?过程如何?有何机制?……

  沿此方式和道路前行,依旧其路漫漫,任重道远……

  是为序。

李政涛

2017年6月

目　　录

第一章　绪论 …………………………………………………（1）
　一　研究背景 ………………………………………………（1）
　二　研究问题 ………………………………………………（5）
　三　研究综述 ………………………………………………（5）
　　（一）国内相关研究 ……………………………………（5）
　　（二）国外相关研究 ……………………………………（13）
　四　研究设计 ………………………………………………（19）
　　（一）研究目的与内容 …………………………………（19）
　　（二）研究方法与过程 …………………………………（20）
　五　研究思路与行文架构 …………………………………（31）

第二章　区域中的学校 ……………………………………（33）
　一　P区：工人运动发祥地 ………………………………（33）
　　（一）地理气候与人口 …………………………………（33）
　　（二）历史：工人运动发祥地 …………………………（38）
　二　"向阳小学"："大跃进"时代的产儿 ………………（43）
　三　学校的一天 ……………………………………………（49）

第三章　变革历程叙述 ……………………………………（65）
　一　缘起与萌芽 ……………………………………………（65）
　　（一）"ZZ学区调查" …………………………………（65）
　　（二）"基础教育与学生自我教育能力研究" ………（69）
　二　徘徊与接续 ……………………………………………（73）
　　（一）"市场风潮下的哭泣" …………………………（73）
　　（二）"再续前缘" ……………………………………（76）
　三　尝试与探索 ……………………………………………（80）

（一）"关起门来做实验" ……………………………………（81）
　　（二）"硬性规定"与"心灵对话" ………………………（83）
　　（三）"十佳青年校长（园长）评选" ……………………（84）
　四　推进与飞跃…………………………………………………（86）
　　（一）管理变革 …………………………………………（87）
　　（二）课堂变革 …………………………………………（89）
　　（三）学生工作 …………………………………………（91）
　　（四）"新优质学校" ……………………………………（95）

第四章　变革中的冲突 ………………………………………（98）
　一　冲突：教师与校长的声音 …………………………………（99）
　　（一）"两头不着边" ……………………………………（99）
　　（二）"理念很好，但是怎么做呢？" ………………（100）
　　（三）"时间和评价是个问题" ………………………（102）
　　（四）"我整个人是分裂的" …………………………（104）
　二　声音的背后：冲突的类型与根源 ………………………（108）
　　（一）冲突的类型 ……………………………………（108）
　　（二）冲突的根源 ……………………………………（115）
　三　冲突应对的主体行动逻辑 ………………………………（123）
　　（一）阻抗 ……………………………………………（123）
　　（二）整合 ……………………………………………（126）
　　（三）调适 ……………………………………………（127）
　四　冲突何以转向？ …………………………………………（130）

第五章　观念的生成 …………………………………………（135）
　一　甄老师：在碰撞中前行 …………………………………（135）
　二　章老师：在体悟中渐变 …………………………………（146）
　三　观念生成的构件与过程 …………………………………（152）
　　（一）观念生成的关键构件 …………………………（152）
　　（二）观念生成的简化过程 …………………………（159）
　　（三）观念生成的两大机制 …………………………（164）
　四　观念生成的渐进累积性 …………………………………（166）

第六章　研究结论与反思 ……………………………………（169）
　一　研究结论 …………………………………………………（169）

二　研究反思 …………………………………………（171）
　（一）研究表达问题 …………………………………（171）
　（二）研究角色问题 …………………………………（175）
　（三）研究伦理问题 …………………………………（179）
　（四）研究立场问题 …………………………………（182）
附录 ……………………………………………………（191）
参考文献 ………………………………………………（193）
后记 ……………………………………………………（211）

第一章

绪　论

一　研究背景

谁不改革，谁下台！

——邓小平

改革开放只有进行时没有完成时！

——习近平

这是一个改革的时代！自十一届三中全会提出改革开放以来，"改革"就成了时代关键词。三十余年来，政治、经济、社会、文化等诸多领域的改革或先或后、或深或浅、或明或暗、或分或合、或进或退地进行，它们相互关联、彼此交织，协同构成了中国社会发展的大背景、大生态和大趋势。教育作为社会系统的一环，不仅置于改革生态之中，也是改革的核心内容之一。

就改革生态而言，当代中国教育变革正置身于一幅波澜壮阔、变动不居的复杂图景之中。一方面，教育变革同社会变革交织裹挟在一起，社会经济结构的转型发展构成了教育变革的基本背景和基本环境。社会变迁和社会转型会引发教育变革，甚至决定了教育变革的内容和方式，如导致学校教育目的、内容乃至方式的变革。[①] 另一方面，社会变迁和社会转型也可能给学校变革造成了前所未有的障碍，如社会转型带来的价值断裂问题。社会转型不仅引起了社会经济结构的巨变，更引起了观念的变革。价

[①] 劳凯声:《社会转型与教育的重新定位》,《教育研究》2002 年第 2 期；叶澜:《"新基础教育"论——关于当代中国学校变革的探究与认识》,教育科学出版社 2006 年版；刘良华:《社会的变迁与学校的回应》,《教育理论与实践》2007 年第 6 期。

值观念的变革已波及日常生活的方方面面,从私人关系①到道德结构②,从乡村观念③到城郊生活④。旧的价值观念随着社会变迁和转型轰然倒塌,新的价值观念又远远没有建立,价值的断裂造成了意义的迷失。随着改革开放的深入以及全球化和信息化的卷入,中国教育变革这艘大船已驶进了一个价值多元的辽阔海域。东方与西方、传统与现代、后现代等多样化的价值观念纷至沓来,让人目不暇接、无所适从。

从改革重心的变化来看,我国教育变革逐渐由宏观的"体制、制度变革"转向中观的"课程改革",再到微观的"学校变革"。1985年,《中共中央关于教育体制改革的决定》拉开了宏观体制改革的序幕,这一宏观体制改革的思路在1993年《中国教育改革与发展纲要》中得到了进一步的深化和拓展。伴随着宏观体制改革的深入,尤其是素质教育改革的试行和推进,中观层面的课程改革开始行动。2001年《基础教育课程改革纲要(试行)》的颁布宣布中国学校变革进入了一个以课程改革为核心的时代。体制改革和课程改革的推进为学校变革提供了体制支持和制度保障,也排除了相关的制度障碍。但随着基础教育改革的深入,理论界和实践界逐渐认识到,宏观的"体制制度改革"只能为微观学校变革提供制度支持和保障,而不能替代学校变革本身,"学校"应当成为教育改革的基本单位;同时,学校变革不能只聚焦于局部、具体的单项(如教材、教法)变革,还需要走向学校的整体转型⑤。改革重心的下降彰显的是改革权力的下移和改革动力的多向。

尽管国家在政策、行动、理论、人力等多方面加大投入,试图推进学校变革,但效果显然没有得到各方的认可。有论者指出:"我们国家2001年启动实施的基础教育课程改革,有着先进的教育理念,国家投入了大量的人力、物力与财力来保障教育改革的实施。如果按照我们以往对学校的

---

① 阎云翔:《私人生活的变革:一个中国村庄里的爱情、家庭与亲密关系》,龚小夏译,上海书店出版社2009年版。
② [美]流心:《自我的他性——当代中国的自我谱系》,常姝译,上海人民出版社2005年版。
③ 梁鸿:《中国在梁庄》,江苏人民出版社2010年版。
④ [美]彼得·海斯勒:《寻路中国——从乡村到工厂的自驾之旅》,李雪顺译,上海译文出版社2011年版。
⑤ 叶澜:《"新基础教育"论——关于当代中国学校变革的探究与认识》,教育科学出版社2006年版。

看法，即学校是国家的教育机构，学校的课程、教育目标、甚至教育活动如何进行都是由国家来进行控制与调整这个逻辑去思考的话，学校应该很容易遵照国家的要求进行变革，完成教育行为的转变。而当我们反身观察现实中的学校行为与行动时，却发现事实远非我们想象的那么简单，诸如'素质教育轰轰烈烈，应试教育扎扎实实''新瓶装旧酒''雷声大雨点小''上有政策，下有对策'……这些表现教育改革失效的话语描述，表达着教育改革在学校层面所遇到的尴尬。"① 很多人认为，中国基础教育的学校变革在改革开放三十多年来发生了许多重大的变化，"但是就全国大部分地区的学校而言，变革不仅远没有完成，而且可以说尚未在深层次和实质上开展。普遍的情况是办学主体缺乏变革的主动性，基本上还是在执行领导的要求；近代学校的管理模式、教育、教学组织和活动方式依然是学校主要的生存状态"。②

学校变革的艰辛、困境乃至失败不仅发生在中国，它更是一个世界性的难题。富兰（Mieachel Fullan）对西方世界20世纪中期以后的教育变革历史做了阶段性的回顾，他指出："美国联邦政府在20世纪50年代后期和整个60年代发起了一系列大规模的全国课程改革。……巨额投资被用于主要的课程改革项目，如PSSC物理学、BSCC生物学和MACOS社会科学等，以及诸如开放计划学校、灵活的时间安排和小组教学等组织变革。"然而，"到20世纪70年代早期，大量的证据表明，改革的结果微不足道，仅有一些孤立的成功案例。古德莱德（Goodlad）、克莱因（Klein）及其助手的《教室门后》，萨拉森（Sarason）的《学校的文化和变革的问题》、克洛斯（Gross）、基亚克奎塔（Giacquinta）和伯恩斯坦（Bernstein）的《实施组织创新》等著作都证明在课堂层面缺乏变革。'实施'一词进入了改革的词汇表，而且富兰（Fullan）和鲍姆弗雷特（Pomfret）在第一次主要的研究综述中就记录了改革的巨大失败。将思想融入实践是个比人们所能认识到的更为复杂的过程"。美国从90年代开始，通过推行综合学校改革模式来进行不同方式的大范围的教育变革。兰德公司对美国一个组织所推行的学校整体改革十年经验进行充分评级后得出的主要结论

---

① 王海英：《学校组织的行动逻辑》，东北师范大学，2009年。
② 叶澜：《"新基础教育"论——关于当代中国学校变革的探究与认识》，教育科学出版社2006年版，第200页。

是:"最初的假设,即通过采用整体方式的变革设计,学习可以提升其整体绩效,这个假设在很大程度上并没有被证明。"①

西方这种学校变革的低效性和困难性在其他研究者的文献综述中也不断得到确认。例如,柯政在《学校变革困难的新制度主义解释》中总结道:"在20世纪70—80年代以来,由于新自由主义的兴起和全球竞争的加剧,各国纷纷出台教育改革方案,要求学校改善教学质量以提高国家竞争力。改革者为了实现学校变革的目的,不断升级改革举措:从调整局部开始,到改造人,再到对整个学校进行调整,最后到调整整个系统。许多改革者甚至提出,如果学校再不进行有效改变,那就索性取消公立学校制度。但尽管如此,学校并没有表现出许多明显的变化,现在的学校与半个世纪之前的学校并没有很大的差别。虽然在每次改革过程中,学校似乎都作出了某些重要改变,但这些改变大都不具可持续性。"②

为什么理论的真心和政策的雄心一旦遭遇实践层面的学校变革时,总是显得阻力重重乃至无功而返?除去一般的政策分析和困境分析之外,更多人开始关注教育变革的内在本质、内在逻辑和内在机制,认为价值的选择及其转化是学校变革的核心与关键。教育改革不仅涉及制度、组织、规则以及内容等"物"的变革,更在于"人"的变革和"文化变革"。③ 从教育变革的实质来看,不论是宏观的体制变革还是微观的课堂改革,都涉及理论与实践、观念与行为、理想与现实的转化问题。改革开放三十余年来的学校变革无非是通过体制和制度的变革,将素质教育、课程改革的先进理论和理念转化为学校日常生活的实践形态。不仅学校变革如此,在一定意义上,教育也是如此。它将教师的清晰和明白转化为学生的清晰和明白,将主流的被认可的情感、态度转化为学生的情感与态度。学校变革的核心既是将理想的学校生活转化为日常的实践生活,也是将美好的教育理念转化为师生的生存方式。问题的复杂性在于,在一个价值多元的教育变革场域中,教育该如何选择,又该如何行动。

对此,我们不仅需要哲学考察,更需要实践考量。实践考量需要聚焦

---

① [加]迈克尔·富兰:《教育变革新意义》,武云斐译.华东师范大学出版社2010年版,第5—9页。
② 柯政:《学校变革困难的新制度主义解释》,《北京大学教育评论》2007年第1期。
③ 李政涛:《基础教育改革的关键词应是"文化变革"》,《人民教育》2008年第3—4期。

价值多元时代的学校变革的发生机制和实践逻辑。为此，我们尝试通过一所学校的变革来呈现当代中国教育改革与社会转型之间的内在关联，描绘出社会转型时期学校变革的历史与逻辑、理想与现实、宏观与微观、理论与实践、博弈与合作之间的多重景象与复杂图景。具体而言，研究主要聚焦于社会转型与学校日常生活的关联、价值多元和价值冲突背景下的价值实践逻辑，以及改革主体的价值转化机制。

二 研究问题

基于如上背景，研究的重点将聚焦以下问题：宏观的社会结构或背景如何影响学校内部的变革运作和主体行动；教师在参与学校变革过程中可能遭遇到的冲突、问题及其应对；教师观念生成的关键环节、过程机制和特征，等等。在此需要强调的是，学校变革过程中的冲突着重强调教师视角下遭遇到的冲突和困难，观念生成是指教师如何内化、生成新的观念及其相应的实践行为。观念生成是一个动词性解释，而非名词性解释。

三 研究综述

（一）国内相关研究

1. 学校变革的动因、背景、性质和取向研究

对于理论研究者而言，首要任务是要弄清学校变革的原因和背景、学校变革的性质和方向、学校变革的价值取向、学校变革中的基本关系等。许多论者都对学校变革面临的背景进行了分析和讨论，分析指出国际范围内出现的全球化、信息化、文化的多元化、教育的国际化、政治的文明化、后现代，国内的社会转型和民族复兴、工业化、城市化和后工业化、经济市场化、教育民主化等都对当今的学校变革提供了动力和挑战[①]。就学校变革的性质而言，理论界基本上认同：当前学校变革是一场整体性的

---

① 叶澜：《"新基础教育"论——关于当代中国学校变革的探究与认识》，教育科学出版社2006年版；杨小微：《全球化进程中的学校变革——一种方法论视角》，华东师范大学出版社2004年版；范国睿：《从时代需求到战略抉择：社会转型期的学校变革》，《教育发展研究》2006年第1期。

转型性变革,即从"近代型学校"向"现代型学校"转变。这可以从研究者大多不再使用"学校改革"而用"学校变革"一词的细微变化中体会。在未来的变革方向上,不同研究者从不同的角度提出了不同的指向。盛冰从功能共同体的角度阐述了现代学校危机的可能出路。① 更多的研究者则是从现代学校制度的角度出发,整合彼得·圣吉(Peter M. Senge)的学习共同体理论,主张把学校建设成为一个学习型组织。相关研究只是在称谓上有所不同,如有的称之为"学习共同体",有的叫作"专业学习共同体",或者是"学习者社群"与"发展性组织"。② 实际上,不论未来学校变革的走向如何,都有一个不可回避的问题,这就是价值取向问题。范国睿提出,在学校变革价值取向上,我国学校变革正在从国家利益走向人民利益。③ 陈丽则强调,学校变革中关注学校改进的工具价值,忽视了终极价值,关注战术层面的工具价值,忽视了战略层面的工具价值。④ 在学校变革中的基本关系方面,卜玉华提出,要关注和处理好学校变革中的共性与个性、整体与局部、日常推进与关键事件以及外驱力和内动力这四大基本关系。⑤

2. 学校变革的内容、策略和路径研究

学校转型性变革的发生,最终离不开针对学校中的具体领域实施的变革。目前的研究主要涉及思维方式的变革,课堂教学层面的变革,班级建设方面的变革,教师专业成长方面的变革,校长和教师领导力方面的变革,学校评价方面的变革,学校制度、管理、内部组织和运行机制方面的变革,学校文化方面的变革,学校变革成本的研究,促进家庭、学校和社

---

① 盛冰:《现代学校的危机与"功能共同体"的重建》,《教育理论与实践》2005 年第 6 期。

② 虎技能等:《日本基于学习共同体的学校改革述评及其启示》,《教育发展研究》2011 年第 4 期;段晓明:《学校变革视域下的专业学习共同体》,《比较教育研究》2007 年第 3 期;杨天平:《学校变革:现代学习型学校制度建设研究》,《学术研究》2006 年第 5 期;刘朋:《关注发展型组织:学校改革的新主题》,《教育理论与实践》2004 年第 8 期。

③ 范国睿:《从时代需求到战略抉择:社会转型期的学校变革》,《教育发展研究》2006 年第 1 期。

④ 陈丽:《学校改进的特征与价值取向分析》,《教育科学研究》2010 年第 11 期。

⑤ 卜玉华:《当前我国学校变革应深度把握的四个基本关系》,《南京社会科学》2011 年第 4 期。

区共同合作的变革研究。① 在具体策略上，施铁如从后现代思想的视角进行思考，提出推进学校变革，只要有利于解决问题，"怎么都行"。② 另有研究者从具体学校日常实践举措来推进学校改革，如通过学校发展规划的制定来促进学校实践行为的重构③，或者是将提高和促进校长教学领导作为促进学校变革的策略。④

与策略相关，还有研究者开始关注学校变革的新研究路径。这一方面的研究尤其受到叶澜教授领衔的"新基础教育"研究团队的关注。他们着手探寻了理论与实践双向互动的学校改革路径。⑤ 另杨小微立足于大中小学合作不断加深的背景，探究了"介入式合作互动"的学校变革路径，并分析了这一路径背后的学校变革方法论转换。⑥ 也有研究者从"复杂"与"简约"的角度分析学校变革，认为面对学校变革的复杂性，有必要把"复杂"和"简约"在战略上和战术上"归位"，对学校变革的战略思考必须是复杂的，而战术的选择应该是"简约"的。⑦

3. 学校变革过程研究

随着研究的深入，越来越多的研究者开始认识到，如果缺乏对学校变革过程的真实了解，学校变革的理论认识、策略方法和路径不过是一堆理性的逻辑知识。自2000年以来，越来越多的研究者开始关注学校变革的过程研究。这一领域的研究主要表现为两种取向。

第一种研究取向是通过学校实地研究来展现学校变革过程中的过程逻

---

① 叶澜：《"新基础教育"论——关于当代中国学校变革的探究与认识》，教育科学出版社2006年版；杨小微：《全球化进程中的学校变革——一种方法论视角》，华东师范大学出版社2004年版；杨小微：《转型性变革中的学校领导》，《教育研究与实验》2005年第4期；钟启泉：《课堂改革：学校改革的中心》，《全球教育展望》2004年第3期；张向众：《学校变革中研讨性评课文化的更新》，《教育研究与实验》2007年第2期。

② 施铁如：《"怎么都行"——学校改革研究的后现代思考》，《教育研究与实验》2003年第2期。

③ 陈玉云：《学校发展规划：实践行为的重构》，《教育发展研究》2006年第9期。

④ 陈如平：《校长教学领导：提高学校效能和促进学校变革的策略》，《当代教育科学》2004年第20期。

⑤ 叶澜：《"新基础教育"论——关于当代中国学校变革的探究与认识》，教育科学出版社2006年版；孙元涛：《教育学者介入实践：探究与论证》，重庆大学出版社2009年版。

⑥ 杨小微：《大学与中小学的文化互动及共生》，《教育发展研究》2011年第20期。

⑦ 李佳敏等：《从复杂到简约：学校变革路径探索》，《教育发展研究》2009年第22期。

辑。研究者多是运用社会学和人类学方法来考察学校变革过程中的具体现实状态。这一研究取向主要集中在以吴康宁教授为核心的南京师范大学研究生队伍和东北师范大学研究生团队所展开的研究之中。他们不满于我国教育研究中学校实地研究严重不足的状况，力图通过对学校进行实地考察，来展现学校变革及其日常生活的现实图景。刘云杉通过置身于一所中学进行的为期一年的田野考察，对学校日常生活的方方面面进行了细致的观察和社会学式的分析，为我们展现了一个平实、生动、复杂的学校日常生活图景。[1] 庄西真借助对一所中学的实地研究，把学校置于国家-社会关系的框架中，并对其进行了宏观和微观的社会学考察，揭示了学校在各种错综复杂的社会网络关系中的生存境遇和行为逻辑。[2] 王有升通过对一所民办学校的实地研究，揭示出在当今学校中在正规课程和教学之外并作为其基础的"学校生活"是如何一步步建构起来的，并进一步探讨了这种建构的学校生活对于教育的意义所在。[3] 王海英采用实地研究与比较分析相结合的研究方法，对学校组织的行动逻辑进行了社会学分析，揭示了学校作为一种组织"行动者"的行动意向是如何生成的以及在具体的行动过程中所展现出来的行动理性是怎样的。[4] 此外，司洪昌运用历史人类学的方法对一所村庄中的学校发展变迁进行了细致的人类学考察[5]。这些研究为我们认识学校的现实状态，更好地理解和促进学校变革提供了珍贵的研究资料。

第二种研究取向是通过"实践逻辑""过程机制"等概念工具来透析具体教育活动，展现学校变革的过程逻辑。这一取向的研究又可以分为以下几个方面：

首先，教学行为活动的实践逻辑分析。魏宏聚运用布迪厄的实践逻辑理论探讨了教学行为的特征并提出了一系列优化教学行为的具体策略。[6]

---

[1] 刘云杉：《学校生活社会学》，南京师范大学出版社2000年版。
[2] 庄西真：《学校行为的社会逻辑——关系网络中的学校》，南京师范大学，2005年。
[3] 王有升：《被规限的教育——学校生活的社会建构》，南京师范大学，2002年。
[4] 王海英：《学校组织的行动逻辑》，东北师范大学，2009年。
[5] 司洪昌：《嵌入村庄的学校：仁村教育的历史人类学探究》，教育科学出版社2009年版。
[6] 魏宏聚：《实践逻辑对影响课堂教学行为因素的案例分析》，《天津师范大学学报》（基础教育版）2010年第1期。

阎亚军对实践逻辑特征和教师教学行为方式的实践逻辑特征进行了深入探讨。[①] 马佳呈现了两类教学策略及其运用的案例，并且分别从教学情境、关键要素及其结构两个层面对这两种教学策略的实践逻辑进行了分析。[②] 闫兵指出，教学实践的逻辑是教学实践行为的一般表现形式与内在生成原则，是各种教学实践活动得以开展并共同遵循的潜在法则。教学实践的逻辑特性主要体现为：时间的即时性、紧迫性、不可逆性；惯习的内在性、持久性、驱动性；场域的独立性、关系性、斗争性；资本的权威性、控制性、不易消除性。[③]

第二，教师教育活动中的实践逻辑研究。康丽颖提出，作为社会实践活动的教师教育，除了具有教育实践的一般特征之外，还有其自身发展的逻辑。对于教师教育的研究不能用理论的逻辑代替实践的逻辑。[④] 季云飞通过对幼儿教师的实践活动进行的田野考察，对幼儿教师的实践逻辑特征进行了深入细致的考察。[⑤]

第三，课程改革活动中的实践逻辑研究。倪娟等人对中学理科课程标准弹性化实施的实践过程进行研究后发现，某一理念是否有利于改进实践，不仅仅取决于理念本身的先进性，还取决于理论假设与实践逻辑之间的适切性。合适，则有利于实践；不合适，则往往会"画虎不成反类犬"。[⑥] 唐丽芳通过实地调查深入分析了一所普通中学在新课程改革背景下学校文化的实然状况、形成的原因、对新课程改革的影响以及学校文化的变化历程，指出文化形成的过程实际上就是这个具体学校日常教育实践逻辑的形成过程。[⑦] 夏雪梅运用田野研究的方法，选择关键案例，从组织运作过程和实施过程两方面展现了课程改革在学校层面实施过程中所具有

---

① 阎亚军：《教师教学行为方式变革的实践逻辑》，《教育学术月刊》2009年第11期。

② 马佳：《教学策略运用的实践逻辑》，《教育学术月刊》2010年第3期。

③ 闫兵等：《教学实践的逻辑特性探析——基于布迪厄实践逻辑的视角》，《教育导刊》2011年第2期。

④ 康丽颖：《教师教育研究的实践意蕴——布迪厄实践理论对我国教师教育研究的启示》，《比较教育研究》2006年第7期。

⑤ 季云飞：《幼儿教师实践逻辑》，南京师范大学，2007年。

⑥ 倪娟等：《尊重实践逻辑：教育理论假设成立的必然要求》，《教育研究与实验》2009年第2期。

⑦ 唐丽芳：《课程改革中的学校文化》，东北师范大学，2005年。

的实践逻辑。① 董辉对一所公立学校执行课程改革政策的行为进行了深度剖析，通过描述微观层面政策执行的实然过程、抽取学校组织执行变革政策的行为模式，揭示了这一看似"自明"现象背后的行动逻辑。②

第四，着眼于学校教育实践活动生成和变革逻辑研究。这方面的研究相对较少，如王有升认为学校教育教学改革的深入切实推进需要我们不能将目光仅仅停留于"体制"与"观念"的层面，而更应关注学校教育实践的生成与变革本身。学校教育实践是被社会地生成与建构起来的，其变革机制的核心在于实践情境的改变及实践者反思意识的激发与唤起。③

4. 学校变革的困难阻力和动力研究

自20世纪80年代的宏观教育体制改革以来，教育改革的重心逐渐下降至学校。但不论是就变革成效还是可持续性而言，学校变革都不尽如人意。不论是改革实践者还是理论研究者都不约而同地关注如下问题：为什么学校变革这么难？学校变革中究竟存在什么困难、何种阻力？它来源于哪里？又该如何解决？针对上述问题，不同的研究者从不同视角给予了不同的分析和回答。

大多数研究者认为，学校变革中的主体，即教师、校长甚至是学生都可能是阻力来源。④ 另有研究者从主体的视角转向学校组织本身，认为学校组织自身固有的阻力来自于学校管理活动中的目标错位、学校组织固有的保守倾向和学校组织结构惯性。这类研究者大多关注学校组织的结构特性，尤其是学校组织的僵化、刻板性等。还有研究者从学校管理体制角度分析阻力问题，认为诸如评价制度、常规管理及配套设施方面是产生阻力的重要原因。此外，也有研究者从学校文化的角度来分析行政文化和消极的人际关系对学校变革的阻碍。

更多研究者从新的理论框架出发，如场域理论、制度分析以及新制度

---

① 夏雪梅：《课程变革实施过程的研究：学校组织的视角》，华东师范大学，2008年。
② 董辉：《从指令到行动：公立学校教育变革政策执行研究》，苏州大学，2008年。
③ 王有升：《理念的力量：基于教育社会学的思考》，教育科学出版社2007年版。
④ 李春玲：《我国学校组织变革研究的现状与展望》，《华东师范大学学报》（教育科学版）2006年第3期；程陪杰：《试论教育改革阻力的来源》，《比较教育研究》2001年第6期；徐高虹：《学校变革的内部阻力与克服》，《教育发展研究》2008年第5—6期；谢翌等：《学校变革阻力分析——一所县级重点中学的个案研究》，《教育发展研究》2008年第8期；马健生：《学校改革的机制与模式：组织行为学的观点》，《比较教育研究》2003年第3期。

主义等角度来解释、解构学校变革中遇到的困难。① 也有研究者从学校变革的现实困境及变革过程中可能存在的陷阱来解释阻力或困难。如卢宝祥指出学校变革的现实困境包括市场的强大诱惑与驱动，政府不良的行政行为，素质教育、新课改和升学率三者不能"和平共处"。② 杨颖秀则指出了学校改革过程中的几大陷阱。③

既然有针对变革困难和阻力的研究，就有对学校变革动力问题的关注。孙翠香从主体动力机制角度进行了系统、详尽分析。④ 更多研究者从如何提高学校变革主体的策略、动力角度进行了具体探讨。他们都主张强化校长、其他领导者及教师等变革主体的内在力量，并在变革过程中不断积聚生成的实践智慧，用实践智慧和变革智慧来促进变革。⑤ 不仅校长、中层领导、教师受到了研究者的重视，如何发挥学生作为重要变革促进力量也受到了关注。⑥

5. 学校变革的反思借鉴研究

随着近几年学校变革问题研究的不断兴起，不少论者开始对我国学校变革进行回顾性的反思。徐金海指出，近十几年来，我国开展的关于学校变革的研究主要是围绕学校变革的内涵界定、理论基础、主体角色转型、路径设计及变革阻力等方面进行的。研究成果表现出理论研究借鉴、迁移较多，本土化、内生性研究较少；思辨研究较多，实证研究较少；显性问题研究较多，隐性问题研究较少；内部关系研究较多，外部关系研究较少等特点。未来学校变革研究应重视学校变革理论范式、研究模式的构建及问题域的探索。⑦ 卜玉华通过研究反思指出近三十年来我国学校变革的价

---

① 柯政：《学校变革困难的新制度主义解释》，《北京大学教育评论》2007年第1期；吴康宁：《制约中国教育改革的特殊场域》，《教育研究》2008年第12期；刘国艳：《制度视野中的学校变革》，山东师范大学，2007年。

② 卢宝祥：《学校变革面临的现实困境探析》，《广西师范大学学报》（哲学社会科学版）2010年第5期。

③ 杨颖秀：《学校变革的陷阱》，《中小学管理》2005年第8期。

④ 孙翠香：《学校变革主体动力研究》，华东师范大学，2010年。

⑤ 伍红林：《学校变革是如何发生发展的：变革主体的视角》，《教育发展研究》2011年第15—16期；吴黛舒：《在学校教育变革中增长变革智慧——对我国当前学校变革的几点认识》，《教育科学研究》2007年第1期。

⑥ 孙翠香：《学校变革不可或缺的动力：学生》，《教育科学研究》2011年第7期。

⑦ 徐金海：《我国学校变革研究现状与反思》，《教育学术月刊》2010年第2期。

值取向由关注社会价值转向社会价值与个人价值的高度结合，学校变革重心由关注基础条件转向关注内涵发展，学校变革内涵由局部变革向整体变革转型。① 也有研究者从方法论（包括思维方式）的角度对学校变革进行了系统梳理和总结。如李政涛专门讨论了我国当代基础教育改革方法论特征，提出如何在"中国"进行基础教育改革。② 杨颖东从学校变革中的思维方式出发，认为学校难以深度变革是因为政治化思维和经济化思维主导着学校变革，而真正的教育思维相对缺位。③

在其他国家学校变革的借鉴研究方面，主要是注重研究他国学校变革经验对我国的启示，强调不同学校变革经验的吸收和借鉴。类似研究主要集中在翻译研究方面。例如从20世纪90年代以来，就有研究者翻译介绍国外的学校变革经验。随后这种翻译从最开始的零星介绍转向以译丛的形式进行系统性介绍，如华东师范大学出版社推出的当代学校变革的理论与实践译丛、课程实施与学校变革新译丛，教育科学出版社推出的学校变革与发展译丛、新世纪教育管理与学校发展丛书，中国轻工业出版社推出的基础教育改革与发展译丛等。从所借鉴的对象来看，主要集中在美国、加拿大、英国、北欧等一些主要的发达国家。从研究内容来看，有的侧重介绍其他国家某一项兴起的学校变革运动，有的侧重介绍其他国家学校变革的理论，有的侧重介绍某些具体的变革模式、策略、政策等具体的方面，还有的侧重介绍西方薄弱学校变革的经验和启示意义。

除上述研究之外，还有一种研究取向，即从不同理论或学科视角来审视学校变革。从方法论的角度而言，每一种理论宛如一种眼光，它提供了对某一事物的特定侧面的认识。当多种眼光交汇融合时，我们对这一特定事物的认识就会更加深入、丰富。在学校变革的研究中，也存在大量不同理论视角和学科视角下的认识。这些研究丰富了对学校变革的认识。从已有研究来看，对于学校变革进行理论分析的视角呈现出一种多元化的态势。在多元化的理论视角之中，组织行为学、新公共管理以及新制度经济学等角度是主角。如柏成华从新公共管理视角出发，提出要运用引入市场

---

① 卜玉华：《学校变革三十年：进步与转型》，《教育科学研究》2008年第7期。
② 李政涛：《当代中国基础教育改革的方法论特征探析》，《基础教育》2009年第5期。
③ 杨颖东：《走向学校深度变革的思维转向》，《现代教育管理》2011年第11期。

机制、实施教育分权、实行绩效管理、强化顾客导向等策略来推进学校变革。[1] 宁本涛从新制度经济学的视角出发，从理论和实践两个层面，对当前学校经营的范畴、经济动因、理论依据以及发展模式进行了初步的理论分析和实证描述。[2] 除理论视角之外，还有不同学科视角下的学校变革审视。如钟以俊从现代美学的视角对学校教育活动及其变革展开了思考。[3] 王星霞从历史的视角对学校的概念、学校的发展变革历史及其动力机制、现实中学校发展变革出现的问题和原因进行了分析和解读。[4] 王加强运用生态学的理论视角从理论层面对"什么是学校变革？""学校为什么变革？"和"学校怎么变革？"这三个学校变革基本问题进行了详细考察。[5] 尽管不同的视角眼光能够丰富我们对学校变革的认识，但类似研究也存在局限。这种局限来源于理论视角或学科眼光的局限。因为一种眼光既有其"所见"，亦有其"所限"。为此，一部分研究者开始着眼于不同理论视角存在的局限。如张立新认为我国的组织理论是建立在西方组织理论认识基础之上，相关研究更多的是从组织行为学角度来推演学校变革行为。[6] 与此同时，另外一批研究者则主张立足学校组织、学校变革的自身特性，从教育的角度来审视学校变革。如杨小微探究了学校变革中教育学立场与管理学立场之间的差异以及学校变革自身应有的价值取向[7]；李家成分析了教育学立场下的班级管理改革[8]。

（二）国外相关研究

国外关于学校变革的研究文献极其繁多，我们将从以下几个方面对相关研究进行概述式扫描分析。

---

[1] 柏成华：《新公共管理视野下的学校变革》，《教育理论与实践》2008年第10期。
[2] 宁本涛：《经济学视野中的学校经营及其发展模式研究》，华东师范大学，2003年。
[3] 钟以俊：《美学视野中的学校教育及其变革》，东北师范大学，2003年。
[4] 王星霞：《学校发展变革研究》，西北师范大学，2007年。
[5] 王加强：《学校变革的生态研究》，华东师范大学，2008年。
[6] 张立新：《当代我国学校内部组织变革研究》，华东师范大学，2007年。
[7] 杨小微：《从"驭人之术"到"成人之道"——当代学校管理变革过程中的立场转换》载叶澜《立场》，广西师范大学出版社2008年版。
[8] 李家成等：《聚焦当代学校变革中的学生小干部——基于角色理解、实践与素质发展的视角》，《教育研究与实验》2011年第4期。

1. 学校变革范式研究

基于不同视角，不同研究者对于学校变革的范式策略进行了具体研究。有研究者基于西方尤其是美国学校变革实践，区分了两种不同的学校改革范式：一是研究－发展取向（R&D），一是学校为本的学校改进取向（site – based school improvement approach）。就实践层面而言，前者主要流行于 20 世纪 50 年代至 70 年代，后者盛行于 20 世纪 70 年代至今。就主要特征而言，研究－发展取向的学校变革具有以下特征：让特定课程领域或学习领域的学者和专家设计项目；让校内实践者在整体上考虑并检查材料，实地测量文件、程序、具体策略和项目，但不将他们看作主要项目设计者；构建一种深层次的、理性严密的课程；学习与信息、教学策略和材料相关的教育知识，以支持学生在课程内的互动；维持项目材料的高水平质量，并强调内容和教学策略的准确性，以引导学生作为这一领域的青年学者参与课程；对发展项目课程材料和教学策略进行仔细的实地检测；项目被证明对学生积极有效时才会被传播。[①] 与研究－发展取向不同，学校为本的学校改进取向不再将学校看作是执行的单位，而是赋予学校管理者、教师等参与改革的权力。这其实也体现了后者非常不同的假设：首先，学校员工有能力从事以校为本的研究和发展；其次，组织局限已经事先存在并妨碍员工锻炼他们解决问题的能力；再次，外部的研究－发展与这些组织限制相联系并且或明或暗地诋毁教师的能力和尊严；最后，个体学校有着需要独特答案的独特问题。因此，试图开发出一种有效途径和项目的公共知识库在本质上是误导的。尽管两种范式互有差异，但它们也共享着共同的要求或假设，如在对结果的关注以及成功学校特征方面具有一定共识。研究者们认为，这两种变革范式都依赖于大量实质性的员工发展和学校范围的关于教学和学习的行动研究。当且仅当这些共同依赖的要素达成且两种范式变革都聚焦于学生学习时，它们才可能取得成功。

与上述变革范式相关，有研究者区分了学校变革的三种不同视角：技术视角、政治视角和文化视角。其中，技术视角的学校变革强调产品，注重系统的理性化的过程，强调在学校变革中运用技术性知识（如学科知

[①] Calhoun, Emily, and Bruce Joyce. "'Inside – Out' and 'Outside – In': Learning from Past and Present School Improvement Paradigms." The Practice and Theory of School Improvement. Springer Netherlands, 2005: 252 – 264.

识),凸显技术运用与结果(如学业成绩)之间的联系;政治视角的学校变革强调协商,认为学校变革是一个群体冲突与妥协的过程,在此过程中需要劝服、引诱等政治策略,并彰显权力和权威在学校变革中的作用,合法性问题是政治视角学校变革的核心问题;文化视角的学校变革则立足于文化社区,认为学校变革是一个文化整合的过程,其关键是价值的变革,意义与价值观问题是变革的核心,价值观的冲突是学校变革中最亟须解决的问题。

表1-1 学校变革的三种视角[①]

技术视角	政治视角	文化视角
产品	协商	社区
系统的、理性的过程	群体冲突/妥协	文化整合
技术知识	劝服,引诱	价值变革
技术与结果	权力与权威	意义与价值观
共同利益与价值观	利益冲突	价值观冲突
自动合作	问题性合作	莫名地合作
革新	背景性革新	背景
有效性	合法性	自治性

事实上,上述学校变革的三种视角不仅是学术层面的区分,更彰显了美国学校变革发展的基本历程。尽管学校变革范式、视角区分存在差异,但这些研究却提供了学校变革性质、过程、途径等方面的理解。

2. 学校变革策略研究

在一定意义上,特定范式的学校变革决定了相应的变革策略。每一种变革策略都提供通达学校变革的一种途径。一般而言,学校变革策略包括以下三种:一是课程与教学策略。该策略将课程和教学作为学校变革的基本单位和实现路径,注重改变课程材料,为学生提供更多的课程选择。从学生接触更多课程机会角度来说,课程与教学策略尤其具有重要意义,并且日益成为当前学校变革的流行策略。例如,目前中国学校变革的基本策略和单位就是课程与教学改革。这一策略的局限在于课程改革只是为学生

[①] House, E., and P. McQuillan. Three perspectives on school reform [M]. International handbook of educational change, 1998: 198-213.

提供了更多选择，从提供选择到学生真正消化课程内容还依赖于课程实施，即教学。就课程与教学策略的均衡性而言，通常存在重课程轻教学的问题。这也为学校变革带来了隐忧。二是组织发展策略。组织发展策略强调学校组织健康的重要性。在学校变革中持这一策略者强调改进组织环境、优化组织结构。同时，他们还依赖于实证数据调查技术，注重对组织环境及其问题的调研、分析和问题解决。决策分权策略强调改进官僚决策程序，从而提高学校的效率和成效。三是综合变革策略。与前两者策略不同，综合变革策略注重从整体上实现学校变革，如强调为学校提供特定学生学习材料、教师指导手册，注重教师职业发展，变革学校内在外在评估等。

除上述划分之外，萨斯金（M. Sashkin）和伊格梅尔（J. Egermeier）曾归纳过美国教育改革的四种策略：即着眼于部分的策略，意图是革新学校里的某一部分，如教学大纲的某一部分；着眼于人的策略，它的意图是改变人的态度、知识和技能，例如通过补习和继续教育来实现；变革作为机构的单个学校，如通过组织发展；着眼于系统的策略，是以改变整个学校系统方式进行变革。① 波·达林（Per Dalin）则提出过与之类似的三大策略，即个别化策略、组织化策略和系统化策略。变革分别以起始变革者、单个学校和学校系统为"单位"。②

3. 学校变革过程研究

不论是变革范式还是变革策略，都只是从抽象意义上概括提炼出了学校变革的基本途径和方式。尽管学校变革研究与实践日益发展，但学校变革成效仍一直困扰着研究者。许多研究者认为，要研究并解决学校变革面临的问题和困难，必须弄清学校变革的过程。因此，越来越多研究者聚焦于学校变革或教育改革过程。例如，近年来西方教育政策研究者在探讨执行困难时，已将分析触角延伸到基层执行者的"意义形成"过程，利用"认知模型"从更为精细的层面上来解读执行代理人究竟是否（及如何）理解其自身的政策实践、是否（及如何）改变他们潜在

---

① Sashkin, M., & Egermeier, J. School change models and processes: A review and synthesis of research and practice. Washington, DC: Office of Educational Research and Improvement, 1993.

② Dalin, Per. School development: Theories & strategies [M]. Continuum International Publishing Group, 2004.

的信念与态度。① 相关研究显示，一项教育改革政策从制定到执行的过程中可能面临一系列阻力因子：诸如社会问题的本质、政策的设计、行政体制、组织安排、个体意愿与个人能力等等。这些解释中有不少都是基于委托－代理理论及理性选择理论的相关假设，认为自利性主导着人的行为倾向、人的绝大多数选择都可以还原追踪到个人利益和效用的最大化；将政策视为刺激物，故而刺激的明确性、强弱度、是否与执行者的利益最大化相契合就成为决定政策能否有效执行的关键。②

在政策执行中，关于主体对政策执行的研究主要体现为两个方面的认识：第一，传统研究认为，政策执行者个体的自由裁量、意愿不足、能力有限等特征制约了政策的有效实施。基层执行者出于对既得利益的考量与保护，倾向于选择性地关注那些与他们自身利益及工作日程相一致的政策，而忽视、调整那些与自身利益相冲突的政策方案。如果执行者缺乏冒险精神、对变革必要性认识不足，且变革所需的必要条件又得不到有效支持时，则更有理由"按兵不动"。③

第二，布雷姆（Brehm）和盖茨（Gates）研究指出，科层官僚有一种努力工作的倾向，他们并不总是抵制上级的政策指令、妨碍政策的有效执行。不少关于新教育标准执行的研究也显示，学校管理者与教师不仅经常接受上级的政策安排，而且还努力地加以实施。传统研究将执行者描绘为抵制甚至破坏那些无法增进其自身利益之政策的观点无法对上述结果做出有效解释。教育研究者已然开始关注变革实施的"个人（教师）层面"问题，并认为"实现最深刻、持久的变革内在地要求教师个人身份（personal identity）发生相应的改变"。此种取向的研究将教师的感知、经验、知识等主观因素纳入分析视野，在一定程度上揭示了政策执行中的复杂关

---

① Spillane, James P., Brian J. Reiser, and Todd Reimer. Policy implementation and cognition: Reframing and refocusing implementation research [J]. Review of educational research, 2002: 387 – 431.

② Spillane, James P., Brian J. Reiser, and Todd Reimer. Policy implementation and cognition: Reframing and refocusing implementation research [J]. Review of educational research, 2002, (3) 387 – 431.

③ McLaughlin, Milbrey Wallin. Learning from experience: Lessons from policy implementation [J]. Educational evaluation and policy analysis, 1987, (2): 171 – 178.

系和微妙机制。①

学校变革过程研究除聚焦教育政策过程之外,更多的研究者从微观政治学(micro-politics of school)的角度探究学校变革及其实质。学校微观政治研究是20世纪70年中期在西方兴起的教育组织研究的一个分支。该研究将学校作为社会-政治系统来看待,认为学校组织围绕利益关系形成一定的权利和权力结构,这种权力结构不仅仅是韦伯官僚组织理论所描述的自上而下的等级权力,而且包含着自下而上的以及横向的权力扩散。组织中的资源分配和利益冲突引起个体之间、组织之间的竞争。学校使命是通过协作实现的,但是形成协作关系的过程又是许许多多的博弈行为磨合的结果。基于微观政治的学校变革研究尤其关注学校变革过程。如许多理论和经验的研究开始重视教育政策理想和政策实施现实之间的明显差距,有的学者将其称为教育改革中的"实施裂口"或"黑箱"。②

4. 学校变革拓展研究

针对学校变革研究实践的发展,有研究者指出,当前学校变革研究已经开拓到不同领域,衍生出关于学校变革的不同理解。就领域而言,新生的学校变革研究至少包含以下四个方面③:混沌、复杂理论与学校变革;背景发展与学校变革;政治理论与学校变革;情感与学校变革。其中,学校变革的混沌复杂理论认为,学校变革是处于一个混乱和复杂性的时代,且学校变革自身就是一个复杂和混乱的过程。该研究认为,学校变革不是一个简单的理性策划实施过程,也不是一个线性递进过程,而是在推进过程中伴随着噪音、烦扰、停顿和不确定性。背景发展学校变革理论则强调学校变革研究应当从更为宏观的社会经济文化变革视角来理解学校变革的

---

① Brehm, John, and Scott Gates. "Working." Shirking, and Sabotage: Bureaucratic Response to a democratic public (1997); Firestone, William A., John Fitz, and Patricia Broadfoot. Power, learning, and legitimation: Assessment implementation across levels in the United States and the United Kingdom [J]. American Educational Research Journal, 1999, (4): 759-793; Wolf, Shelby A., et al. "That Dog Won't Hunt!": Exemplary School Change Efforts Within the Kentucky Reform [J]. American Educational Research Journal, 2000, (2): 349-393.

② Blase, Joseph, and Lars Björk. The micropolitics of educational change and reform: Cracking open the black box [M]. Second international handbook of educational change. Springer Netherlands, 2009. 237-258.

③ Hargreaves, Andy. Pushing the boundaries of educational change [M]. International handbook of educational change. Kluwer Academic Publishers, 2001.

过程，尤其关注信息化、全球化、后现代等理论和实践对学校的影响以及学校变革对这些背景的应对。关于学校变革政治维度的研究者则强调，学校变革是一个政治协商、利益冲突妥协、权力资源重新分配的过程。因此，冲突及其化解是学校变革必须研究的主题。同样，学校变革的情感学派则主张学校变革不仅牵扯政治利益，更涉及主体的情感波动和喜好变化。情感不仅与教育相关，更是学校变革的目标之一。如有研究者将关怀作为教育变革的目标。就变革策略而言，学校变革的情感论强调在变革过程中避免无助感和罪恶感。因为这些感情会影响教师参与变革的效能感和动机。在传统学校变革研究基础上，上述四个维度的拓展研究丰富了关于学校变革性质和过程的认识。

四 研究设计

（一）研究目的与内容

本书以社会转型和学校变革为主题，聚焦于学校变革过程中的冲突与转化问题，尝试通过一所学校的变革来呈现当代中国教育改革与社会转型之间的内在关联，描绘出社会转型时期学校变革的历史与逻辑、理想与现实、宏观与微观、理论与实践、博弈与合作之间的多重景象和复杂图景。具体而言，包括以下目的：首先，以个案分析为方法，通过一所小学的学校变革叙事来呈现宏观社会经济发展转型对学校日常生活实践的影响。其次，以教师视角的冲突为切入点，展现不同变革主体（尤其是专家与教师）之间的价值差异和冲突，呈现不同变革主体（教师与校长）在冲突场景下的选择策略和行动逻辑。最后，以变革主体的观念转化与生成、行为转变为重心，呈现教师从观念到行为转变的关键要素和过程机制。

基于研究目的，研究内容主要包括：

1. 宏观社会环境与学校日常生活实践的影响机制研究。从背景把握的意义上，分析国家社会经济发展转型，尤其是计划经济向市场经济的转型背景下，宏观的教育政策背景如何影响学校日常生活实践。

2. 学校变革过程中的冲突以及主体行动逻辑研究。从教师的角度呈现不同变革项目理念的差异，通过教师和校长的声音，分析教师在学校改革中面临的不同类型冲突，探究不同变革主体应对冲突的行动逻辑。

3. 学校变革过程中观念转化生成的过程机制研究。聚焦变革中教师的观念转变因素、转变阶段与转变过程，呈现学校变革过程中的观念转化与生成逻辑。

（二）研究方法与过程

1. 研究方法选择

研究方法的选择主要取决于研究问题与研究方法性质的匹配与适切程度。就研究问题而言，本研究关注变革主体尤其是教师在不同理念变革项目下的冲突应对和转变过程。因这一转变过程带有强烈的情境性、关系性和复杂性，故很难用变量关系来抽象这一具体过程。就个案研究（case studies）本身而言，它强调对某一特定社会背景中、特定场域中特定个体的特定事件或行为的具体探究。情境性是个案研究最为重要的特征之一。在英文中，"case"本身就带有"事例""实情""情况"的意思。而本研究恰恰是为了探寻学校变革过程中的冲突以及教师的观念转化生成状况。因此，二者之间存在适切性。就研究倾向而言，研究并不试图用理论来裁剪、套用、规范学校变革实践过程。相反，研究强调通过对资料的归纳和提炼，深入了解学校变革过程中的冲突和观念生成，尤其关注变革主体自己对相关事件的叙述和反思，注重倾听变革主体的声音。在一定意义上，它有点类似扎根理论（grounded theory）研究。基于上述综合考虑，研究采取个案研究法。在个案研究中，既可以采取质性研究，又可以采取量化研究。因价值观问题更多地与人的理解、意义相关，因此，研究将主要采用质性研究。

关于个案研究，一个绕不过的问题就是个案选取的代表性和研究结论的普遍性问题。每一种研究方法都会有局限性。质性研究因研究者时间和精力有限，通常很难像量化研究一样大范围展开。量化研究也往往很难深入探讨研究对象的"意义"问题。在一定意义上，即便是大范围的量化调查研究在代表性上也存在方法论的"缺陷"。因为在"一般"与"特殊"之间仍然存在着"间隔"或"鸿沟"。就个案研究本身而言，它并不试图寻找普而广之的结论，它更多强调对某一类型现象的深度剖析。虽然普遍性并不是个案研究的关注点，但并不是说个案研究就与普遍性无关，因为任何特殊总是蕴含着一般。正所谓"一花一世界、一沙一天堂"，通过对研究对象的深度剖析，也能得出一般现象的类型化认识。迈克尔·布若威（Michael Burawoy）在其经典著作《制造同意——垄断资本主义劳动过程的变迁》中，曾论述了个案研究得出普遍（一般）性结论的内在逻辑："对于理解部分之于整体的关系除了统计的外推方法还有其他的途径。首先，存在一个将部分看作整体的一种表达的立场，也就是说，每一个部分都在其内部包含了整体的基本法则。其次，有一个认为整体有相互依存的部分所组成的补充观念。这就是从部分扩展到整体的一般化方式。"① 如此看来，问题的关键在于，如何做出有深度的个案研究。

就个案选取而言，有代表性的个案选取应当强调研究对象的一般性。即研究对象不过是万千对象中的一个，它应当具有所有对象的一般特征，它所遇到的问题与困境也是其他对象都会遇到或碰到的问题。

研究将以一所参与"新基础教育"研究的小学学校为个案。除从总体上考察这所小学学校参与变革项目的过程之外，我们也尝试与若干其他参与"新基础教育"研究的学校或主体作对比。因调研时间、精力原因，这一方面的对比，主要是参照已有"新基础教育"的研究。关于"新基础教育"这一变革项目，学术界已有大量研究，尤其是存在一些直接涉及合作变革过程中的教师专业发展以及从理念角度考察"新基础教育"变革的个案研究。② 因研究主题和问题的相近，本研究也将参照这些研究，并在某些方面做对比。

2. 研究对象选取

不仅研究方法的选取取决于研究问题，研究对象的确定也与研究问题密切相关。

（1）为何以"新基础教育"研究为个案？

随着改革重心的下移，尤其是"新课程改革"以来对校本课程、校本教研的强调，越来越多的教育研究机构开始与大中小学开展合作变革研究。相对较有影响的改革研究，有北京师范大学裴娣娜教授领衔的"主体性教育"、苏州大学朱永新教授发起的"新教育"以及华东师范大学叶澜

---

① ［美］迈克尔·布若威：《制造同意——垄断资本主义劳动过程的变迁》，李荣荣译，商务印书馆2008年版，序第24页。

② 王建军：《合作的课程变革中的教师专业发展：上海市"新基础教育实验"个案研究》，香港中文大学，2002年；操太圣：《院校协作过程中的教师专业性：香港与上海的个案比较研究》，香港中文大学，2003年；王有升：《理念的力量：基于教育社会学的思考》，教育科学出版社2007年版。

教授领衔的"新基础教育"等。除此之外，还有各种类型的教育改革范式，如"愉快教育""幸福教育""快乐教育""成功教育""赏识教育"和"理解教育"等等。之所以选择"新基础教育"研究为个案，主要是出于以下考虑：

其一，就研究历程而言，"新基础教育"自1994年开始，至今已经走过探索性研究（1994—1999）、发展推广性研究（1999—2004）、成型性研究（2004—2009）、扎根性研究（2009—2012）四个阶段。目前，它正进入"生态式推进研究"阶段。作为一项已进行18年之久的持续性学校变革研究，它不仅在中国具有代表性和典型性，即便在国际上也很少见。而且，在此过程中，"新基础教育"形成了清晰的理论假设、理论框架，并明确提出了学校变革的目标和相对成熟的变革举措。

其二，"新基础教育"强调学校的整体综合性转型，力图改变学校中人的生活方式和生存方式。它在培养目标、价值理念、实践形态等方面都有着自己独特的见解和认识。而上述方面展现了"新基础教育"在价值取向上与一般学校教育的差异。它既与"素质教育""新课程改革"等国家发起的改革行动有所关联，同时又有显著差异。参与"新基础教育"研究的实验学校在开展研究的同时，也在按照官方的要求，开展"素质教育"和"新课程改革"的推进。多种变革举措之下，学校内必然存在价值冲突和博弈问题。这为研究提供了丰富的分析资源和材料。

其三，尽管"新基础教育"也强调组织、制度、文化等变革，但与一般变革不同，它更加强调人的改变，尤其是教师的变化。"新基础教育"认为，没有教师的改变，就不会有学生的改变。就变革单位而言，教师的改变是核心之一。在教师的转变方面，"新基础教育"尤其注重教师在具体实践情境中对相关理念的转化与渗透。这一过程也是本研究的关注重心之一。

其四，研究者的研究经历和研究体验也是重要原因。研究者在攻读硕士、博士学位期间，多次参与"新基础教育"各项活动，对这一改革研究的实施过程和方式相对熟悉。在参与相关活动过程中，研究者既能感受到教师在参与过程中的成功和喜悦，也能感触到她们的焦虑与困惑。随着了解的深入，研究者逐渐发现教师所有的成功与喜悦，焦虑与困惑都与理论与实践的转化生成有关。同时还逐渐认识到"新基础教育"研究在理论与实践转化生成过程中的独到之处与困难之处。为此还曾专门论述过理论与实践的创生关系。① 不过，此时的认识和体验尚属于旁观式理解。对于这一理解和认识是否符合实际变革情况尚不确定。为验证、拓展关于这一问题的认识，研究者决定以"新基础教育"为研究对象，进行深度探究。

（2）为何以"向阳小学"②为研究对象？

截至目前，参与"新基础教育"研究项目的学校包括三省市五地的近百所学校。就参与"新基础教育"的时间、资历、水平等方面而言，与"向阳小学"差不多的"新基础教育"实验学校还有十余所。选择"向阳小学"主要出于以下考虑：

首先，"向阳小学"的学校状况既具有一般性又具有特殊性③。"向阳小学"的一般性在于它是一所再普通不过的学校。它没有显赫的学校历史，也不是处于繁华富裕之地，学校也不大（目前只有20个班，学生近700人），不论是师资力量还是学生来源都算得上普普通通，丝毫不出众。在中国成千上万的小学里，"向阳小学"有着众多普通小学的特征和特质。曾经一度，学校经历过多次合并整合，九死一生。但"向阳小学"也有独特之处。在师资、生源并不出众的情况下，2011年，学校因办学质量好而被评为S市"新优质学校"。"新优质学校"是S市发起的一项旨在引领基础教育价值新取向的项目。"新优质学校"并不是传统意义上的重点学校，但它面向每一个孩子（如农民工子女），体现"均衡发展"和"教育公平"。其中，S市首批入选学校仅25所。④ 入选"新优质学校"，使得"向阳小学"瞬间实现"逆袭"。"向阳小学"也因其平民出身却实现"逆袭"而更为特殊。

其次，"向阳小学"参与"新基础教育"研究的历程独特、参与方式与众不同⑤。1991年到1993年，叶澜教授及其团队就在"向阳小学"开展了一项课题研究，而正是这项研究催生出了"新基础教育"研究。在一次座谈会上，叶澜教授提到了"向阳小学"的独特性："'新基础'的

---

① 李云星：《从理论分析到实践创生：教育理论与实践关系的中国经验》，《教育发展研究》2012年第9期。
② 出于研究伦理考虑，此为化名。书中的地名除"向阳小学"外基本用字母代替。
③ 关于"向阳小学"的具体介绍我们将在第二章中做具体阐述。
④ "新优质学校"项目具体情况将在第三章叙述。
⑤ 关于"向阳小学"与"新基础教育"的关系叙述，将放在第三章。

前探索性研究就是在'向阳小学'做出来的。我和'向阳小学'的结缘是从'新基础'前探索性阶段而非探索性阶段开始的。我和我们团队的核心力量都是从'向阳小学'哺育出来的。从时间上来算,已经有20年了,这种情份非常难得。"[①] 在研究的推进方式上,"向阳小学"也尤为不同。在S市的M区、J省的C市,"新基础教育"研究都构建了一个涵盖各方变革力量的参与网络(包括地方教育局、地方教研室),但"向阳小学"所在的P区,类似的变革网络并未形成。尽管曾经一度P区也有三所学校尝试过三年的研究,但并没有后续跟进。在此意义上,"向阳小学"参与"新基础教育"并没有其他学校的那种行政支持和财政支撑。在变革早期,"向阳小学"参与"新基础教育"处于"行政无支持、专业无认同、经费无保障"的"三无"时期。因此,冲突尤为剧烈,观念的变革与转化尤为困难。这使得相比于其他学校,"向阳小学"的"新基础教育"之路尤为独特。

最后,"向阳小学"目前在"新基础教育"中的处境较为特殊。2012年5月,"新基础教育"扎根性研究之后,研究策略和方向转向"生态式推进"阶段。生态式推进是试图形成"新基础教育"区域推进的生态格局,并力图培育推进"新基础教育"研究的本土研究力量。但因"向阳小学"所在的P区并没有参与"新基础教育"的其他学校,因此,学校在整个"新基础教育"共同体中显得较为尴尬(一位教师语)。这一处境使得"新基础教育"的研究专家不可能像过去一样与学校保持高频度的互动。就大中小学合作改革研究而言,学校变革持续性和有效性恰恰是在大学专家维持高频互动之后才得以显现,尤其是学校变革的内生长力和可持续力方面。在后续研究活动方面,"向阳小学"尽管在处境上显得较为独特,但较其他学校有更大自由度和自主空间,也因此而具有相对优势。

3. 资料获取方法

(1) 田野观察

田野观察主要以学校日常场景为主,如学生进校、离校、升旗、课间活动、午餐、午间劳动等。教师生活方面,田野观察关注教师的日常上课、批改作业、教学研讨等。尤其关注与"新基础教育"日常相关的教学研讨和教学开放日活动。相应地,学校参与P区的教学研讨活动也是重要观察对

[①] 2011年9月28日,叶澜教授在"向阳小学"座谈会上的发言。

象，如安排在"向阳小学"进行的区层面的培训活动。除以事件为聚焦，观察期间也会以人物为中心。例如观察校长在不同场合的表现，"新基础教育"研究中骨干成员的各种场合的表现，以及普通教师的日常表现。除此之外，学校、教室的环境布置及其所呈现的内容、主题等也得到关注。

（2）深度访谈

在研究过程中，研究将非正式访谈和正式访谈相结合、群体访谈与个体访谈相结合。通常而言，非正式访谈往往比较随意，或来自于走廊上与教师的闲聊，或是午餐桌上与老师的拉家常，有时候还可以发生在教师的午间劳动期间[①]。与正式访谈相比，非正式访谈时，教师往往不受拘束，有时能够提供极有价值的素材。只是这些素材相对比较零散、也不系统。正式访谈相对正规，有时候能够就某一主题获得集中式的反馈。通常，正式访谈与群体访谈结合在一起，提供的信息既立体，又可以相互印证，能够避免个别访谈的信息不全和不准确。个别访谈则在深度上着力。

在访谈对象上，研究试图包括更多元的主体，如老校长和现任校长、"新基础教育"研究的专家、参与研究的"骨干教师"（含已调离的教师）、学生、学校管理人员等等。就访谈技巧而言，因正式访谈时，访谈对象往往会回答得比较客套，或者不是太理解访谈者的意图，从而造成"所言"与自己实际所想之间存在距离。因此在研究过程中，访谈通常是根据日常田野观察中发生的特定事件，来咨询受访者对其参与的某一特定事件的看法、理解和认识，从而更接近地还原受访者的"意义世界"。由于研究者多次长时间待在田野点，研究过程中也注重就同一研究对象或同一研究事件进行二次访谈或多次访谈。同时，为试图还原受访者自身的理解，在访谈过程中尽量让受访者自己讲述，而不是"一问一答"。

（3）文本分析

文本分析既包括文字文本，也包括实践文本。其中，前者包括学校变革历程中的会议记录、学校规划、领导报告、个人教学日志、年终总结、日记、教学设计等。实践文本包括课题教学实践、日常决策实践（如科研讨论、课题讨论等）。实践部分的文本分析可以依托录像、录音等。同时，也需要留意口头传说、故事、典故等。本研究在关注日常生活的同

---

① "向阳小学"规定，12：35—12：45 为午间劳动十分钟时间。教师、学生都有自己特定的卫生打扫区域。

时，尤其关注关键事件分析。另需要特别强调的是，除一般性的文本材料之外，关于"新基础教育"有大量研究成果，相关研究成果既有理论透析，也有案例呈现，还有关于研究历程的回忆性质的文字，这都为本研究提供了丰富的资料来源。这些研究同时为资料的三角互证提供了便利。

4. 资料三角验证

在质性研究中，为保证获取资料的可信度，通常会采取三角验证（triangulation）方法。根据邓金（Denzin）的划分，三角互证的方法包括：数据来源三角验证（data source triangulation）、考察者三角验证（investigator triangulation）、理论三角验证（theory triangulation）和方法论三角验证（methodological triangulation）。[①] 因研究者采取研究方法的限制，在研究过程中，主要采用了第一种和第三种三角验证。

（1）数据来源三角验证：本项研究的资料来源主要有三种，一是参与式观察获取的数据，二是访谈获取的数据，三是基于文本分析获取的数据。研究过程中的数据来源三角互证既运用于各个层面的数据获取，又发生在不同层面的数据来源之间。例如，参与式观察中的数据注重不同场景同一行为的比对，访谈资料中强调不同受访者就同一主题或事件的对照，文本材料注意不同性质材料（如文本材料与实践材料）的相互参照。至于不同层面数据来源之间的三角互证主要是不同获取渠道数据之间的相互参照。如就同一事件，同时参照受访者（如校长或教师）的陈述、表述，观察记录和文本呈现。

（2）理论三角验证：如前所述，"新基础教育"研究团队出版了大量研究著作，对"新基础教育"的研究历程、研究经验、研究成效等进行了系统的分析和回顾。此外，也有研究团队之外的研究者以"新基础教育"为个案，做出了不同层面的分析和探究，并形成了不同的理论或观点[②]。尽管这些研究的对象并不直接以"向阳小学"为对象（其中王建军的研究涉及"向阳小学"但不以其为重心），但因他们的研究都是针对新

---

① Denzin, Norman K. The Research Act: a Theoretical Introduction to Sociological Methods [M]. Englewood Cliffs, N. J.: Prentice Hall, 1989.

② 王建军：《合作的课程变革中的教师专业发展：上海市"新基础教育实验"个案研究》，香港中文大学，2002年；操太圣：《院校协作过程中的教师专业性：香港与上海的个案比较研究》，香港中文大学，2003年；王有升：《理念的力量：基于教育社会学的思考》，教育科学出版社2007年版。

基础教育的实验学校，带有一定的普遍性和相关性。因此，本研究在研究过程中也注重与已有研究理论或观点之间的对比和参照，并尤其关注理论分歧和差异。

5. 研究进入与过程

（1）研究进入

田野研究中，通过关键守门人（key gate man）进入研究之地非常关键。早在三年前，我就认识了"向阳小学"现任校长祝校长。2010年前后，我有幸成为H大学新基础教育研究中心的学生秘书，主要负责"中心"的日常会务筹备、各实验学校工作通知等。除上述工作之外，我还不时参加叶澜教授与各实验学校校长举行的一些会议，做做会议记录。大约2010年的一个冬天，在S市M区的一次实验学校校长联席会议上，我就见过祝校长。只是那时候我认识她，她却不认识我。因"工作"需要，2011年9月28日，我第一次进入了"向阳小学"。那天，叶澜教授与"向阳小学"举行了一次座谈会，主要讨论扎根研究阶段学校的一些变化和后续设想，我在一旁做会议记录。那时，我不过是一个观察者和记录者，"向阳小学"的人与事只是我观察的对象。2011年年底，我的博士论文开题，拟定研究学校变革过程中的价值观问题。综合研究的便利性和可行性等因素，导师建议我以"向阳小学"为田野研究点。当时导师已是"新基础教育"研究团队中的语文学科负责人，与"向阳小学"的校长和教师有着良好的私交。在本研究过程中，导师的推荐起了重要的作用。

有了导师的推荐之后，我一直在寻找一个合适的契机进入"向阳小学"。正当此时，阳老师[①]为我提供了一个绝佳的机会。2011年年底，在H大学一次国际会议的"茶歇"期间，阳老师和我聊起了他同"向阳小学"一起做的一个项目。该项目主要是从"互动共生"的角度研究"向阳小学"在组织制度、课堂教学、学生工作、校际合作等多个领域的基层经验。他问我是否有兴趣参与该项目，主要任务是同"向阳小学"的老师一起讨论写作提纲，并进行写作指导。咨询过导师的意见后，我答应了阳老师。当时我的主要考虑是，这是我进入田野点的一个自然而然的契机。事实证明，它的确为我提供了顺利进入的机会，并且这一机会给研究带来的便利超乎我原有的想象。在稍后不久的第一次书稿讨论会上，我正

---

① 阳老师为化名。阳老师是H大学的一位教授。

式向学校的校长及中层领导者介绍了我以及我的研究意图,祝校长及其他几位老师积极热情地答应了我的要求。

就这样,我以一名研究者和合作者的身份进入了"向阳小学"。从田野调查的角度来看,我的这种身份为同受访者构建一种互惠关系(reciprocal relationship)打下了初步基础。在田野调查研究中,互惠关系将是获取研究资料的重要保证和前提。为推进这种互惠关系,我偶尔也扮演咨询者的角色,如为教师在区级层面的发言提供文献支持和专业意见。对于研究过程中扮演的多重角色,我既惊喜又担心。惊喜的是自己能够在田野点扮演多元的角色,而田野工作中研究者资料获取的丰富程度和深度与研究者在研究过程中的角色承担的丰富度和深度有关。戈尔德(Gold)曾明确指出:"客观地讲,一种角色的选择只是获取特定层面信息的权宜之计。……主观、客观的因素夹杂在一起,实际上使得获取信息(田野工作者通过田野角色而获得)的成功程度,很大程度上取决于研究者扮演和承担角色的技能。"[1] 担心方面,我既害怕我不能很好胜任自己的角色,又怕我的这种角色会影响田野调查的客观性。后来的实践发展表明,我的这种惊喜和害怕并非毫无依据。研究过程中的多重角色既为研究提供了极大的便利,也带来了相关的困扰[2]。

(2)研究过程

田野研究的研究过程是以田野资料的获取为轴心的。我的资料获取过程可以分为三个阶段:一是初步接触阶段。这一阶段持续的时间最长,从2011年9月28日到2012年6月。这段时间虽然长,但因各种原因实际上去"向阳小学"的频率并不算太高。据粗略统计,这一时间去学校大概有3次。虽然次数少,但为后续高频度的调研奠定了人际关系基础。二是实质性资料获取阶段。这一阶段从2012年9月始至2012年12月止。尤其是在2012年的10月和11月两个月里,我前后到学校调研几十次,包括约一周从早到晚的连续蹲点。内容涉及课堂观察、日常活动观察、教研活动观察等等。在此期间,除个别访谈之外,还开展了多次与研究主题密

---

[1] Gold, Raymond L. Roles in Sociological Field Observations [J]. Social Forces, 1958, (3): 222.

[2] 关于我在研究中承担角色的多元化给研究带来的便利和挑战,以及研究过程中出现的伦理问题,将在第六章做详细论述。

切聚焦的群体访谈。从与最终论文主题和数据支持的关联角度，这里重点提及其中的两次。一次是以参与"新基础教育"实验教师为主的群体访谈，访谈对象包括学校一直参与"新基础教育"研究的语文、数学、外语、管理、术科等多个学科的骨干实验教师，多达十余人。另一次是以紧随其后的以"前任校长、一位已退休的专家和一位在他校任职的数学研究人员"为对象的群体访谈。这两次访谈主要聚焦于学校参与"新基础教育"的研究历程，研究过程中的问题及其克服，不同主体的研究、参与体验，研究过程中的趣事等等。三是资料补充获取阶段。这一阶段的时间主要发生在2012年12月至论文成稿。从时间上看，它与第二阶段有重复，但并不冲突。因为我在研究过程中，并没有将资料获取、资料分析和论文写作单独分开，而是在大体整块区分的情况下相互交织。资料的补充获取在前两个阶段也存在，但这一阶段的不同之处在于它服务于论文写作，如论文写作过程中关于某些部分的信息或叙述不是很详细具体，然后再向受访者问询或回到学校搜寻资料。

　　研究过程中的资料分析是一个重要的过程，也是一个耗费时间和精力的过程。调研中的大量录音转录耗费了大量的时间。有的录音转录资料获取同步，有的是放在最终的论文行文过程中，因内容实在太多，我将极少数关于背景性内容的录音烦请朋友或同学代为整理，而涉及关键事件和关键人物的录音都是亲力亲为。这种繁重的笔记任务曾经让我一度怀疑自己的选择：

> 　　我逐渐开始感到身心俱疲。繁重的观察场景的日记转换和撰写工作就像一座大山一样，压得我喘不过气。通过数天的观察，我发现了很多有意思的场景和故事，但许多仍只停留在照片、录音以及头脑的回忆中。很多时候，记录一小段对话或场景就需要一个多小时的回忆与写作。我再一次地发现，我不善于描写情境，也不善于写作故事。这与我的阅读习惯相关，从小我就不喜欢读散文、游记之类的文章。小时候的写作，多喜欢写一些空泛的议论文，虽然有利于中考高考，但却造成了观察记叙能力的缺失。我还有点粗枝大叶，对很多事情，尤其是细节缺乏敏感，而敏感恰恰是田野工作必须具备的品质。不仅如此，我还喜欢拖沓，甚至是一个懒惰的人，至少熟悉我的家人和朋友是这么说的。我越来越感觉到，自己缺少做田野研究的历练。田野

研究不仅需要细致和敏悟，更需要努力和毅力。（田野日记，2012 - 10 - 25）

至今，这种怀疑和自我剖析对我仍然适用。

在资料分析方面，杜菲（Duffy）曾提出过比较流行实用的四步法：①对访谈资料一读再读，将重复出现的"主题"和自己的评论记录下来；②以这些"主题"作为导引，重新检读实地资料，记录下研究者新出现的观念和关注点；③将研究者的这些主题、观念、关注点进行归类（categories）；④最后将这些归类进行排列、整理，形成研究报告。[①] 我在资料分析中，部分地借鉴了这一方法，但又不完全如此。因我的资料收集、资料分析和论文写作等工作部分地交织在一起，因此我的研究并不是完全按照上述次序，尤其是在研究主题聚焦转变以后，我对许多研究资料的分类和分析又重新进行了组合。

在研究过程中，我充分体验到，研究主题、资料获取、资料分析乃至资料呈现等并不是一种线性的递进关系，而是动态变化的链式乃至圈式关系。我最初的研究主题不仅试图聚焦学校变革中的冲突和观念转化问题，更想从历史维度来呈现一所学校教育价值观的变迁。调研期间，我曾经一度关注过学校的升旗仪式和黑板报，试图以二者来呈现时代的变化。在学校提供的一份有足足1TB的数据库里，记载了自2003年以来的多次学校升旗仪式。当时我看到这些信息非常兴奋，但最终还是放弃了。这主要是基于如下考虑：尽管拍摄升旗的活动次数多，但从横跨时间维度而言，八年的时间显得略短。在多次仪式中，存在着大量重复性的仪式，虽然可以从仪式社会学的角度进行剖析，但它不是历史人类学的重心。在有限的时空维度中，很难厘清它的沿袭与变革。除去拍摄者的立场原因和技术原因之外，更大的问题在于一直没有想好如何将其整合进一个更大的研究框架以及写作框架之中。因此无奈舍弃。对黑板报的关注始于学校举办的一次新教师白板字比赛，当时看着新教师写白板字觉得异常新鲜，因为这是我上学的那个时代没有的。我想着从黑板到白板，从粉笔到彩笔背后或许会有新的发现。于是视角开始关注教室的后面，黑板报一下就落入眼帘。只

---

① Duffy, Gerald G. Teachers' progress toward becoming expert strategy teachers [J]. Educational Administration Quarterly, 1982, (18).

是因黑板报保存等多种关系，资料获取的难度又太大。在学校档案馆，我曾发现过多本班主任工作笔记，里面记载了多个年级关于黑板报的标题，尽管可以提供部分支撑，但也是因为年份太短、样本太少等多重原因舍弃。在这两个研究切入点和载体取消之前，我还在"变迁"与"转化"之间徘徊，最初我的想法是将转化作为"变迁"的一小部分呈现，但因支撑"变迁"的材料不够，而且研究时间极为仓促，最后只能聚焦学校变革过程中主体的价值转化这一问题。于是，研究主题由"教育价值观的变迁"转向"学校变革中冲突与观念转化"。此时，我才深刻理解论文写作过程中导师的那句话："不是想做什么菜，就做什么菜，而是看有什么料，才做什么菜。"

五　研究思路与行文架构

在研究思路上，论文将综合历史研究、叙事研究、比较研究和理论研究等多种研究范式和方法。除绪论外，研究主要围绕"背景研究""专题（主体）研究"和"研究结论与反思"三个部分展开。其中，"背景研究"包括"区域中的学校"和"变革历程叙述"，前者主要阐述区位因素对学校的影响，并揭示学校日常生活中蕴含的内部法则；后者主要叙述学校参与变革的历程。专题研究主要聚焦学校变革中的冲突和教师观念转化生成的过程机制。"研究结论与反思"既是对"背景研究"和"专题研究"的总结，也是对研究过程的特定呈现。具体而言，研究思路框架如下。

行文框架是呈现田野资料的一种基本架构。它既需要包含一般博士论文框架的基本特征，还需要尽量将相关调查资料呈现在一个封闭性的盒子里。事实上，在架构与具体材料的叙述之间，在故事呈现和分析之间，其实存在很多矛盾之处。结合研究主题以及研究思路，经综合考虑，确定行文写作框架如下：

第一章"绪论"，主要介绍研究背景、研究问题、研究综述、研究设计及行文框架。

第二章"区域中的学校"，主要介绍研究学校所处的区域背景（地理、气候、人口与历史）、学校的历史背景以及学校一天的日常生活场景。

第三章"变革历程叙述"，主要阐述学校参与"新基础教育"研究的

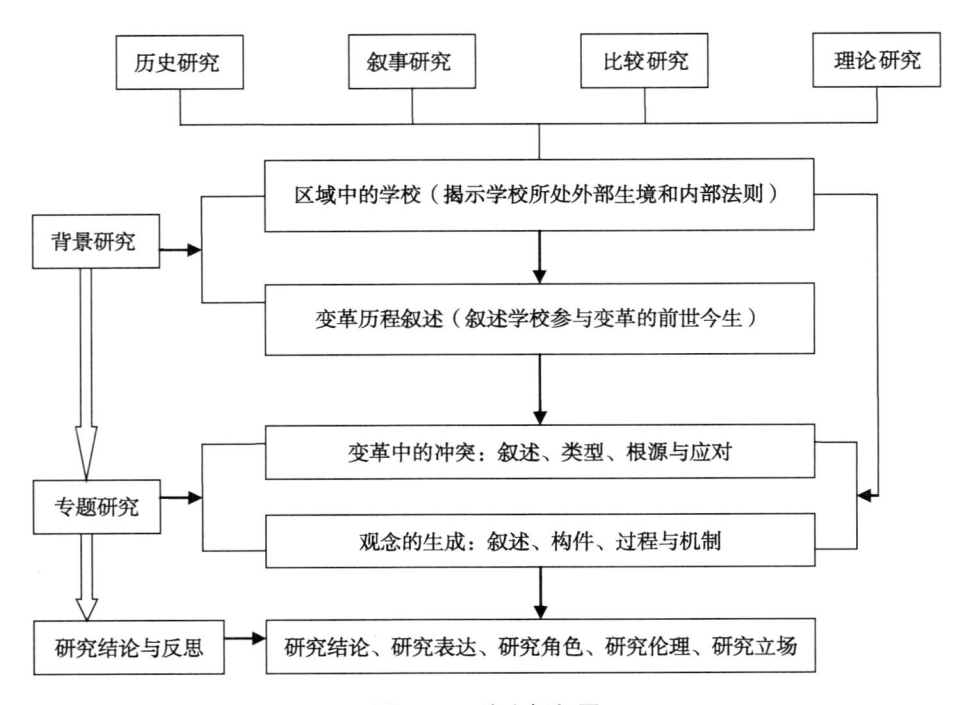

```
        ┌──────────┐  ┌──────────┐  ┌──────────┐  ┌──────────┐
        │ 历史研究 │  │ 叙事研究 │  │ 比较研究 │  │ 理论研究 │
        └─────┬────┘  └────┬─────┘  └─────┬────┘  └─────┬────┘
              └────────────┴──────┬───────┴─────────────┘
                                  │
┌──────────┐   ┌────────────────────────────────────────────┐
│          │──▶│ 区域中的学校（揭示学校所处外部生境和内部法则） │
│ 背景研究 │   └────────────────────────────────────────────┘
│          │   ┌────────────────────────────────────────────┐
│          │──▶│ 变革历程叙述（叙述学校参与变革的前世今生）    │
└────┬─────┘   └────────────────────────────────────────────┘
     │         ┌────────────────────────────────────────────┐
┌────▼─────┐──▶│ 变革中的冲突：叙述、类型、根源与应对          │
│ 专题研究 │   └────────────────────────────────────────────┘
│          │   ┌────────────────────────────────────────────┐
│          │──▶│ 观念的生成：叙述、构件、过程与机制           │
└────┬─────┘   └────────────────────────────────────────────┘
     │
┌────▼──────┐  ┌──────────────────────────────────────────────┐
│研究结论与反思│▶│研究结论、研究表达、研究角色、研究伦理、研究立场│
└───────────┘  └──────────────────────────────────────────────┘
```

图 1-1　论文框架图

几个阶段，包括缘起与萌芽、徘徊与接续、尝试与探索、深化与飞跃等。

第四章"变革中的冲突"，主要从教师和校长的视角叙述了她们在学校变革过程中遭受到的冲突与困难。这一章将从几位老师和校长的叙述开始，然后透过这些故事，分析学校变革中教师参与可能遭遇到的不同类型的冲突及其背后深层次根源。本章还将关注变革主体的行动逻辑，透析冲突下主体的应对机制。

第五章"观念的生成"，主要凸显教师在参与"新基础教育"过程中，变革主体教师如何内化生成变革理念及其实践行为。教师转变过程的叙述，教师转变的关键环节、观念生成的过程与机制，以及观念生成的渐进累积性将是本章的重点。

第六章"研究结论与反思"。研究结论主要是对学校变革中的冲突和观念生成进行提炼式概述，以形成清晰化认识。研究反思将聚焦研究文本表达问题、研究过程中的研究角色冲突、伦理问题以及研究立场问题。我们主张"介入式"教育人类学研究，强调教育人类学在实践改造过程中形成理论认识，实现理论拓展与实践改造的双向共生。

第二章

区域中的学校

　　学校总是处于特定生境之中。就外部而言，学校所在区域的地理、气候、人口、历史等因素不可避免地影响着学校的生存处境，尤其是生源构成。这一点在"向阳小学"表现得尤为突出。就内部而言，学校日常运作也有着内在法则。"外"与"内"的交织，协同影响着学校的过去、现在与未来，以及学校主体（校长、教师）的日常行动。本章将阐述"向阳小学"所在区域的地理人口和历史，并简短概述这些因素对学校发展的影响。学校自身历史也是本章关注重心。在最后，我们将描述学校日常生活的一天，展现师生尤其是教师的行动生境。这一生境与学校变革遭遇的困难和冲突密切相关。

一　P区：工人运动发祥地

（一）地理气候与人口

地理

　　"向阳小学"所在的P区，因境内的一条路得名。P区历来是S市的中心城区之一，位于S市中心城区西北部。S市是中国最为发达的城市之一，位于太平洋西岸，中国南北中间，内有两条著名江河汇集入海。就地理而言，S市北界长江，东枕东海，南依杭州湾，西连江苏和浙江，是长江三角洲冲积平原的一部分。

　　在P区境内，W江自东向西穿越而过。W江发源于太湖，在S市区汇入H江，后者是S市境内的第一大河。W江得名于其流经的一个古国。关于W江的说法由来已久，但在S市，W江流经S市的部分被称为SZ河。据说这一称谓沿用了外国人的叫法。早在19世纪，就有外国商人在

S市经商，他们知道经由这条河可以到达江苏省的SZ市——中国著名的丝绸之乡。据记载，1848年，英国领事馆与S市道台签订扩大租界协议时，S境内的W江正式改名为SZ河。SZ河静静地流淌了几千年，几乎催生了大半个S市，特别是近代一百多年以来，它为S市成为国际大都市搭建了最初的框架。

河道与水源的双重优势使得工业散落在SZ河两旁，由此积聚了大量工人人口和日常生活人口。20世纪中叶，P区境内工人众多，他们大部分是来自江苏、浙江、安徽等地的破产农民和逃避战争的难民。工人们在工厂里做工，所得工资仅能维持生活，大多在工厂附近的河湾滩地搭棚栖身。其中，SZ河旁小沙渡一带的"三湾一弄"棚户区①就是最著名的工人集聚区。"草棚一般搭在SZ河边，或者较大的空地上。1方丈的土地付地租一元；再花20元左右购置毛竹做柱，铅皮、芦席或稻草做屋顶，墙壁上，也有用木头加芦席的。草棚大都只有丈许高，中等身材的人进去也要弯腰。草棚区内没有路，每逢下雨，行走不便，便有人用泥土、煤屑或垃圾等物填上，日积月累，造成道路一天天高起来，最后比道旁人家高出尺把的都有。以至一到雨天，屋顶上漏水，地下水倒灌，水深没膝，苦不堪言。棚户区没有电灯和自来水，喝水、淘米、洗衣、刷马桶都用SZ河水。抗战爆发后，时有死尸和死马顺流而下，结果导致棚户区瘟疫流行，霍乱、伤寒猖獗，死亡率大增。冬天气候干燥，无情之火一旦燃起，往往一烧就是几百家。"②

早在唐代以前，P区部分地区就已成陆地。唐天宝十年（751年）年间置H县，元朝二十八年（1291年）置S县，现区南境属之；南宋嘉定十年（1217年）置J县，清雍正二年（1724年）置B县，现区北境属之。鸦片战争以后，S市成为列强通商口岸。嗣后列强强占租界，且多次扩大区域，至1899年，区境SZ河以南之大部分地区被列强辟为公共租界，开始了城市化进程，逐步成为S市区的一部分。抗日战争期间，汪伪

---

① 在地理上，如果一条江河与陆地，凹进去的通常会叫"湾"，凸出来的通常称为"嘴"。江河上的"名湾名嘴"非常之多，如造就长江道上难得一见的江水西流的"簰洲湾"，又如中国上海浦东的"陆家嘴"。这里的"三湾一弄"中"湾"因SZ河而成，另一弄是曾经一个制造纺染工业弄堂。在P区乃至S市，这个地方也非常著名，不是因为别的，而是因为贫穷。

② 上海纺织工人运动史编写组：《上海纺织工人运动史》，中共党史出版社1991年版，第52页。

图 2-1 1998 年的"三湾一弄"一角

政府接管公共租界，重新划分政区，并在 S 市设立 31 个警区，SZ 河以南之地被划为第十三警区，由 P 路警察局管理。1945 年，抗日战争胜利后，国民政府基本依照旧时警区地段设区，SZ 河以南之地域为第十三区。1947 年 1 月改称 P 区。自 1950 年始，P 区多次扩容，目前已有区域面积约 55 平方公里，下辖 6 个街道、3 个镇。

气候

P 区同 S 市其他各区的气候要素和特征大致相同。S 市气候属亚热带季风气候，温和湿润，四季分明。春天通常是温暖湿润，夏天炎热多雨，秋天气爽天高，冬天则雨雪少严寒短。相较而言，春秋时短，夏冬季长。S 市市区年平均气温大概 15℃—16℃，郊区略低。最热在 7 月，市区平均气温近 28℃，最热的时候能高至 39℃；最冷的是 1 月，市区平均气温在 4℃左右，最冷时可低至 -10℃。S 市昼夜温差在 7℃—8℃左右，春天表现得尤为明显。春天，晴朗之日，人们在户外着单衣即可，但晚间风大，需加套装。夏日虽炎热，但到了晚上偶尔会微风拂面，带着些许凉意。S 市境内降雨充沛，年平均降水量 1150 毫米左右，大约 2/3 的雨量集中在 4—9 月。秋天，则稍显干燥。冬天不经常下雪，一年平均就 6—7 天的样子，即便下了雪，两三天就可全部融化，积雪期一般不超过三天。

相比于长江口沿岸和杭州湾北岸地区，S 市雾天稍多，每年大概有 40 天。S 市的风给我留下了很深的印象。因地处三角洲，四周平坦又临江靠海，风速较大。4—8月间，往往盛行东南风；11月至次年2月则刮起了西北风。一天之中，凌晨2—3时风速最小，午后最大，而白天的风速均大于夜晚，冬春的风速则大于夏秋，3—4月风速大。一年中，最大的风速发生在7—8月间的台风季节。2005年，台风"麦莎"过境，成为近十年来对S市影响最严重的一次台风。市区最大风力8—10级，长江口区和沿江沿海最大风力达10—12级，东海大桥、洋山港海域最大风力达12级以上。S市全境普降暴雨和大暴雨，大部分地区总雨量在100—250毫米之间，P区更是达到了惊人的309毫米。除台风外，其他气象灾害发生概率较大，据统计，自清同治十二年（1873年）至1990年的117年里，S市出现气象灾害的年份就有113年，概率达到惊人的0.96。气象灾害主要与旱涝相关，通常会发生春涝、夏涝、伏旱或秋冬旱，此外不时也会发生破坏性潮灾，约18年一遇。

在气候方面，P区的独特之处在于其境内存在"热岛"现象。一般而言，城市热岛现象指的是城市中心城区的气温高于外围郊区的现象。据P区区志记载，该区境内有一条江沿岸昼夜的温差高于周围地区3℃—4℃。在S市境内，还有另外两处地方存在"热岛效应"，即Y区东段和另外一条江边上的钢厂地带。"热岛"形成的原因主要是吴淞江两岸工厂密集，烟囱林立，工业热源和能源利用率低，造成热量泄漏并上升形成中心热，继而形成气压旋涡，并吸收周围地区热量向中心聚集；其次，区境沿江地区，缺少绿化，大面积水泥地面和建筑物的辐射热，增大了地空的热量，而工厂排出的大量烟尘微粒，覆盖天空，阻止了辐射热量的扩散。[①] 有研究者基于城市化的多项要素指标，系统考察了1985—2005年S城市发展对城市热岛的影响，研究发现，城市热岛效应与城市化发展具有密切关系，不仅人口密度影响"热岛效应"，当人均GDP增加至5000元之后，影响作用更成增强趋势。[②] "热岛效应"从侧面反映了P区的经济发展状态，而这一经济状况在一定意义上影响着P区的人口构成。

人口

19世纪末，P区境内多是农村，人口约2万至3万人。自清光绪二十

[①] 《P区志》，1994年，第65页。

[②] 王桂新、杨汝万：《巨变中的城市危机与发展》，上海人民出版社2010年版，第157—158页。

五年（1899年），境内城市化进程开启，人口数量也逐渐开始增长。至民国19年（1930年），人口约9万余人。民国36年（1947年），P区定名时，辖区面积不足3万平方公里，人口13万人多一点。到1949年，人口已增至28万人，涨幅惊人。自1945—1990年，P区人口几进几出，起起落落。解放初期，苏浙皖等外地人员纷纷来此谋生，人口出现大幅度机械增长，仅1951年和1957年两年内嵌入人口就达到6万余人。不过，1955年，因部分工厂内迁，支援外地建设以及回乡支农等原因，迁出5万余人。1958年，国家开始动员知识青年上山下乡，截至1966年，约有1万余人奔赴外地。同一时期，因三年自然灾害，通过精减职工、动员回乡生产等方式，于1961—1963年迁出人口近4万余人。上山下乡运动在"文革"期间继续发酵，约9万人分落在全国各地。1978年，伴随着各项返城计划，至1990年，先后迁入近20万人。1990年，区常住人口76.33万人，较1945年的15.5万人增长了407.18%。

1990年以后，随着S市各项改革开放政策的实施，经济加速发展，经济的发展直接带动了人口的增长。2000年11月1日，P区常住人口增至1051672人，十年增长了288372人，增长近37.8%。平均每年增长28837人，年平均增长3.8%。显然，这是P区人口增长极快的一个十年。

2000年后的十年，P区人口同样增长较快，不过在速率上已经低于上一个十年。根据P区第六次人口统计公报，截至2010年11月1日，全区常住人口为1288881人，自2000年的十年间共增加了237209人，增长22.56%。平均每年增加23721人，年平均增长率为2.05%。在常住人口中，外省市流入常住人口为362977人，占28.16%。同第五次全国人口普查（2000年11月1日0时）的231090人相比，十年共增加131887人，增长57.07%。平均每年增加13189人，年平均增长率为4.62%。实际上，相比于S市的平均水平，P区的各项比例均相对较低。例如，与2000年第五次人口普查相比，S市常住人口增长37.53%，年平均增长率为3.24%；外省市常住人口占总常住人口的39%，年平均增长率为9.99%。各项数值低于平均水平，这在一定程度上反映了P区在S市的经济发展水平。根据P区国民经济和社会发展统计公报，2011年全区实现地区生产总值（区域GDP）现价619.98亿元，按可比价格计算，比上年增长7.9%。而同期S市全年实现市生产总值（GDP）19195.69亿元，按可比价格计算，比上年增长8.2%。在S市的18个区县中，P区国民生产总值（GDP）约占3.23%。这一数据表明，P区在S市的经济发展总量和水平并不是太高。

在人口构成中，有一项数据构成了教育环境的重要一维，即人口文化程度。民国36年（1947年）12月，区内6岁以上的人口有13.16万人，文盲半文盲有69357人，约占52.7%。按平均数算，1000人中，大学文化程度者7人，高中20人，初中46人，小学400人，文盲半文盲527人。解放后，党和政府十分重视普及教育。据《P区教育志》记，全区于1958年普及小学教育。在20世纪60—70年代，P区逐步开始普及中等教育。80年代以后，成人高教和普通高教发展迅速，1990年，具有大学文化程度的人口数已有7.26万人，约占人口总数的9.92%。1990年，平均千人中的大学学历水平的人数约有99人，高中文化程度约295人，初中文化人数程度约335人，小学文化程度约178人，文盲半文盲约93人。2000年，平均千人中的大学学历水平的人数约有127人，高中文化程度约245人，初中文化人数程度约263人，小学文化程度约101人，文盲半文盲约264人。2010年，平均千人中的大学学历水平的人数约有295人，高中文化程度约271人，初中文化人数程度约291人，小学文化程度约91人，文盲半文盲约52人。在近20年里，P区的人口受教育程度逐步提升，相对于S市的平均水平还稍占优势。2010年，S市平均千人中，具有大学程度的人口约220人，具有高中文化程度人数约为210人，具有初中文化程度约365人，具有小学文化程度的约有135人，文盲半文盲约70人。从文盲半文盲率来看，1990—2000年的十年间急剧上升，这可能与这一时期的外来人口流入过多相关。但随后的十年，这一数据逐渐回落。

（二）历史：工人运动发祥地

1840年，鸦片战争爆发，清政府被迫与英国签订以割地赔款开埠为主要内容的《江宁条约》（即《南京条约》）。S市作为通商五口之一，于1843年年底对外开放。外国对华贸易重心逐渐开始由广州转向S市，近代工业也开始缓慢发展。S市最初的工业主要以修船造船、丝绸纺织和印刷等为主，并主要为外国人开办。这主要是因为随着口岸开放的增多，外商贸易的需要日益拓展，对船舶制造的需求增长显著。丝绸纺织则是为了满足外国人和部分中国上层社会人士的需要。19世纪60年代以后，中资官办和华商企业开始出现，并迅速发展。尤其是在洋务运动兴起之后，造船、机器厂等成为重要工业。至90年代初,华商企业不仅数量增至30余家,经营业务也由船舶修造扩展到多种行业。

光绪二十一年(1895年)《马关条约》签订,外商在中国通商口岸设厂和输入机器合法化,英、美、日等国资本开始输入S市,并开设大批工厂。同时,清廷放宽对私人办企业的限制,并颁布《振兴工艺给奖章程》等,华商企业得到进一步发展。到辛亥革命前夕,S市出现华商造纸、面粉、染织、呢绒、麻纺织、卷烟、食品、榨油、烛皂等新兴行业,知名企业有电灯公司、求新机器轮船制造厂、大隆机器厂等。辛亥革命后,政府奖励华商办企业,第一次世界大战爆发后,西方列强减少对中国的商品和资本输出,为S市华商工业发展提供了契机。据统计,1913—1919年中国生产的煤、铁矿砂、生铁、棉纱、厂丝等分别增长了56%、93%、52%、50%、68%。[①] 第一次世界大战结束后,外商重新加强对中国的资本输出,在S市开设的工厂规模、生产水平都超过了以前。到了20世纪30年代,S市工业发展达到高峰,生产总量几乎占全国生产总量的一半。1933年,工业资产总额约占全国40%,产业工人约占全国43%,工业产值约占全国50%。到1937年6月,全市有工厂5515家,其中,棉纺厂65家,约占全国43.9%,纱锭占全国40.2%;卷烟厂46家,约占全国76.7%;面粉厂12家,占全国9.8%,磨粉机占全国32.7%;发电厂7家,装机容量26万千瓦,占全国总量45.5%。

就工业格局而言,P区是S市的老工业区之一。换言之,S市近代工业发展初期,P区的工业力量是主力。早在清光绪十五年(1889年),P区在境内的SZ河南岸开设了第一家半机械化的榨油厂。因得天独厚的水源优势,SZ的南岸逐渐形成了以纺织为主体的工业区。20世纪初,P区境内的公共租界逐渐拓展,不仅新开辟了道路,水电煤气管线等也相应健全,同时SZ河的船埠码头不断兴起,这些都促进了P区工厂的设立和建设。民族资本企业在P区主要以面粉、榨油、纺织、造纸和印刷等企业为主,并在随后也开设了为数不多的与上述工业相关的零部件制造业。民国26年(1937年),P区境内有大小工厂777家,职工8.14万人(其中民族资本企业750家,职工5.47万人;外资企业26家,职工2.67万人;

[①] 上海社会科学院历史研究所:《五四运动在上海史料选辑》,上海人民出版社1960年版,第5页。

官僚资本企业1家，职工100余人），形成了以纺织工业为主体的工业区，纺织业职工的人数占工业职工数的75%。① 在这些大大小小的工厂里，30人以上规模的工厂有98家、1000人以上的有10余家，500人左右的也有近10家。当时P区境内的纺织、面粉、榨油等行业已经在S市举足轻重：境内所产的棉纺纱共41万余枚，占全市108.21万枚的38%；织机3270台，占全市7238台的45.1%；面粉日产能力9.39万包，占全市日产能力10.11万包的93%；榨油年产能力20.94万担，占全市年产能力25.44万担的82.%。②

工业迅速发展促使工人的数量也急剧增加，并逐渐成为一支重要的力量。据统计，1919年S市近2300家机械工业的厂房已有18万余产业工人。因各种商家对工人盘剥严重，各种剥削层出不穷加之国内外矛盾的激发，该期工人斗争运动日益增多。其中，罢工是工人采取的最常见斗争形式。1918—1925年，S市各行业罢工总计383次，其中仅1925年就达到171次。③

在中国工人运动史上，S市的工人运动占有重要地位，而P区又是S市工人运动的先锋之地。P区的第一次工人运动与"五四运动"有关。1918年，第一次世界大战结束。次年1月，英、法、美、日等国家在法国巴黎召开"和平会议"，重新拟定世界殖民版图。"一战期间"，中国是参战国之一，派遣了大量劳工到欧洲战场。战争结束，中国成为战胜国代表之一参与了会议。日本在"一战"时期也对德国宣战，不过日本旨在夺取德国在中国的殖民利益，抢夺了德国在山东的特权，武装夺取了青岛和胶济铁路沿线。在巴黎和会上，中国代表提出，要求归还战争期间日本抢去的德国在山东的各种权利，取消"二十一条"等不平等条约，并取消帝国主义在中国的特权。但在帝国主义的操纵下，会议拒绝了中国人的正义要求。

消息传到北京，立即引起了全国人民的愤慨。1919年5月4日，北京的学生和市民在天安门举行示威游行。游行过程中，群众喊出了"外争国

---

① 《P区区志》，2002年，第406页。

② 同上书，第407页。

③ 上海社会科学院历史研究所：《五四运动在上海史料选辑》，上海人民出版社1960年版，第17页。

权，内惩国贼"，"还我山东"，"拒绝合约签字"，"废除二十一条"，"抵制日货"等一系列口号。示威群众还要求惩办卖国贼曹汝霖（时任交通总长，订"二十一条"任外交次长）、陆宗舆（订"二十一条"时任驻日公使）和章宗祥（时任驻日公使）。一批青年学生冲到曹汝霖的住宅赵家楼，一把火烧了大楼，还痛打了躲在赵宅的章宗祥。军阀政府出动大批军警，镇压了群众运动，逮捕32名爱国学生。军阀的所作所为激起了更大的怒潮。次日，北京学生总罢课，并通过各种宣传途径号召全国各地人民参与斗争。

北京的消息很快传到S市。6月4日，S市学生纷纷走上街头，宣传控诉北京军阀的暴行，并动员商店罢市。6月5日上午，S市商店罢市的消息已被P区境内的日本棉纺厂工人得知。罢工运动一触即发，最终被日本职员的"投毒"事件引发。早上工人准备关车时，发现日本职员把一只暖瓶里的水向工人泡饭的热水槽里倾倒时，热水顿时变色，有人惊呼："东洋人放毒了！"这声喊叫成为统一行动的信号。全厂工人愤然关车罢工，高呼"不替仇人做工！"当天罢工的还有境内外棉三、四厂（今上棉十一厂）工人，共五六千人。这一罢工行动迅速引发P区境外码头工人和S市另一处日商纱厂工人的罢工。事后，S市一家当地报馆做了如下报道：

>昨日（5日）全体罢市之信流传，上午十一时三十分，曹家渡日人所设内外第三、第四、第五纱厂男女工人五六千人亦全体罢工停作；下午一时半，陆家湾日华纱厂、杨树浦上海纱厂男女各工人亦相继停工罢作。该工厂共有工人二万余人，亦可见吾民之爱国心热矣。①

6月8日，SZ河旁小沙渡路内外棉纱厂的一万五千名工人在罢工时还举行了示威。②

11日，罢工已扩展至S市各行业，并汇合成一支强大的政治大罢工洪流。根据邓中夏的回忆，此次参加罢工的，在纺织厂方面，有内外棉第三、四、五厂，日华纱厂，上海纱厂及叉袋角日本纱厂数家；金属业方

---

① 上海社会科学院历史研究所：《五四运动在上海史料选辑》，上海人民出版社1960年版，第293页。
② 同上书，第355页。

面，有祥生船厂，船坞铜匠，江南船坞，铜铁机器工人，浦东和平铁厂，锐利机器厂，扎新机器厂等；运输方面，有沪宁沪杭两路机师工人，浦口各输船水手，沪南商输公司等；市政工人方面，有南市电车，英美公司电车，全埠汽车夫，全埠马车夫，华洋德伟风（属英国）接线人员，中国电报局，公共租界清道夫；其他的工人，有亚细亚美孚煤油栈叉袋角大有榨油厂，荣昌火柴第一、二两厂，华昌梗片厂，华章造纸厂，商务印书馆印刷工厂，英美烟公司烟厂，查礼饭店工人以及漆匠，泥水匠，洋行住户及西人饭店之执业者。总共人数无确实统计，大概有六七万人。①

后来的历史研究给予此次罢工很高的评价："中国工人阶级的政治罢工开始于这一次，后来中国工人阶级能发展自己阶级的独立力量和独立斗争，显然此次罢工有很大的影响。自然后者是为当初资本家所不及料的。"② 不仅"这次大罢工标志着中国工人阶级开始以独立的姿态登上政治舞台"，③ 它也使资产阶级知识分子、小资产阶级的学生感受到了工人的力量。④ 不仅学生感受到了工人阶级的力量，共产党人也开始关注他们。1920 年，S 市一位共产主义小组成员到 P 区境内开办工人半日学校。次年 8 月，一位干部在工人半日学校的基础上开办第一工人补习学校。工人补习学校主要是团结工人的力量，让工人认清造成自身处境的原因，其中一位纱厂的工人因思想觉悟高、行动积极而被发展为共产党员。到 1924 年，工人补习班逐渐发展成"HX 工人补习学校"，一位中共中央委员亲自到校讲课，少数工人被吸纳进来，并加入共产党。随着加入工人的增加，两位领头的中央委员将"HX 工人补习学校"发展成"HX 工友俱乐部"。当时这一俱乐部的宗旨是"联络感情、交换知识、互相扶助、共谋幸福"。俱乐部成立之后规模迅速扩大，不但在 P 区境内的工厂组织小组，参加俱乐部的人数还一度达到 2000 人。这一组织积极动员了当时的工人力量，并于 1925 年 2 月，发起了"二月同盟"罢工。罢工因日本领班殴打一名 12 岁女工引起，先后参与罢工的工人包括境内 11 个厂的 1.5 万工人，并随后波及 S 市 22 家日商纱厂的 3.5 万人。最后，日商与工人

---

① 中国科学院历史研究所第三所：《五四运动回忆录》，中华书局 1959 年版，第 116 页。
② 同上。
③ 《P 区志》，1994 年，第 157 页。
④ 中国科学院历史研究所第三所：《五四运动回忆录》，中华书局 1959 年版，第 117 页。

谈判，工人提出的多项要求得到部分满足。同年5月，因日商与工人的持续矛盾，一位共产党员在领导罢工的过程中被打死，随后，S市爆发了震惊中外的"五卅运动"。"五卅运动"中，S市先后有20余万人投入罢工，光P区境内的工人就有6万多人。运动过程中，S市的工会组织得到扩展，8月成立了S市纱厂总工会，会员达12万之众，会址就设在P区的TZ湾。

相关的运动一举奠定了P区在工人运动中的带头地位，在随后的岁月里，P区工人不仅参加了S市三次工人武装起义，在"四一二"反革命政变后还主动抵制国民党的工会，并在抗日救亡、争民主反内战运动、解放前期运动中多次扮演先锋角色。P区境内的XSD也成为中国共产党最初组织职工运动的起点之一。P区也因工人运动发祥地而扬名。P区成为工人运动发祥地的历史离不开境内的工厂发达、工人众多的天然原因。工厂及工人的基础不仅在解放前影响着P区的人口构成，也为解放后P区人口打下了底色。

"向阳小学"与其外部环境的关联，存在一条隐秘线索。P区的地理、气候特征为其工业发展奠定了基础，这使得P区自20世纪初以来就成为工人的聚集区。工人，尤其是外来工人为P区的人口构成打上底色和烙印。原有的工人人口结构，加上近年来急剧增加的外来务工人员，共同构成了"向阳小学"家长结构和生源结构。多年来，相对薄弱的家庭环境和生源结构构成了学校行动的基本生境。这一外部生境制约、牵制着学校每一步的决定①。

二 "向阳小学"："大跃进"时代的产儿

据P区区志记载，自明成化五年（1469年）至清光绪三十年（1904年），该区先后有11人中进士，其中明朝7位（明万历年间4位），清朝4位。11位进士分别来自P区的厂头和玉如镇②。厂头，1992年划入P区，原为P区北部相邻县属地，处于P区西北部。相传厂头为南宋一位抗击西夏和金将军的屯兵之处。因是熔铸军械的"兵工厂"，故有厂头之

---

① 本书第三章将具体讲述区域因素对学校及其变革的影响。
② 此两处皆为化名。

名。"头"在当地方言为"那个地方"。明代，厂头是有名的聚落。玉如镇则来源于一所寺庙名，该寺位于玉如镇北首，创建于南宋嘉定年间。元延祐七年（1320年）重建，并改名为"玉如寺"。后因寺而市，由市而镇，遂得镇名。按《玉如镇志》记，玉如镇1958年8月划入P区，同年10月又被划入临县某人民公社，1984年11月复划入P区。

图 2-2 "向阳小学"区位图

（图中黄色圈圈带有"2"字的为学校，底部的蓝色带即为SZ河的"三湾一弄"，如今"三湾一弄"已经改建成大型住宅区或商场，但"向阳小学"所在区域附近高楼很少，多是普通住宅区）

厂头和玉如两地之所以能有如此之多的进士，与两地重视教育有关。据《P区教育志》载，明嘉靖十四年（1535年），邻县李姓知县以玉如寺侧12楹地为地基建社学[①]，翌年建成，名玉如小学。同时，厂头亦有社学。清光绪元年（1875年），玉如有人在宝善堂设玉如义塾。翌年，玉如公立初等小学堂在文武庙创办，为区境内最早的近代新制小学。1908年，玉如公立女子初等小学堂建立。1925年，区域境内设立的潘氏公学设立初中部。此后，境内陆续开办一些规模不大的中小学，分布在SZ河南和

---

① 社学是地方官奉朝廷诏令在乡村设立的"教童蒙始学"的学校，始设于元代。按元制，50家为一社，设学校一所。明承元制，各府、州、县皆立社学，以教化为主要任务，教育15岁以下之幼童；教育内容更包括御制大诰、本朝律令及冠、婚、丧、祭等礼节，以及经史历算之类。社学是当时农村启蒙教育的一种形式，明清两代，社学成为乡村公众办学的形式，带有义学性质，多设于当地文庙。

ZR地区。区境内一些棚户区则分布着一些私塾。1946年,区境内失学儿童占学龄儿童总数的65%,有些儿童被生活所迫,沦为童工。1949年5月,区境仅有公立中、小学各1所,私立中学2所,私立小学32所;全区在校中学生1146人,儿童入学率40%,职工中文盲占75%以上。

落后的教育局面在新中国成立后得到了改善,尤其是在"大跃进"时期。1958年2月2日,《人民日报》发表社论指出:"工业建设和工业生产要大跃进,农业生产要大跃进,文教卫生事业也要大跃进。"[①] 根据统计,1957年,全国小学学校数547306所,学生人数6428.3万人。到了1958年,全国学校一年之间增加到776769所,学生8640.3万人。学校增长幅度达到41.9%,学生增长幅度达到34.4%。"大跃进"的浪潮很快波及S市。由于中央下放教育事业管理权,并提出"两条腿走路"的办学方针,在普及教育的大背景下,S市出现了群众办学的高潮,打破了国家包办教育、办学形式单一的局面,走出了多渠道、多形式的办学新路子。1958年至1959年,S市新建全日制小学59所,扩建225所,同时街道、工厂企业、人民团体、人民公社等也办起来许多民办小学,市区基本普及了小学教育。解决了儿童入学问题,而且方便学生就近入学,因此,民办小学显示出较强的生命力,1958年后,全市民办小学在校学生数占小学生总数的比例一直保持在20%以上。[②]

为实现普及小学教育的"大跃进"目标,P区1958年新建了5所公办小学(49所发展到54所),减并1所部门办理学校(由16所减到15所),增加了65所民办小学(由3所增加到68所);公办班级增加了300个(由905个增加到1205个),部门班级数减少3个(由165个减到162个),私立班级增加了157个(由24个增至181个);公立学校学生数由46594人增至61573人,部门学校学生数由7733人增加至10424人,民办学校学生数由1228人增加至5778人;公办教职工由1607人增加至2049人,部门教职工由290人增加至346人,民办教职工由38人增加至191人。[③]

与1957年相比,1958年P区学校数增加了101.47%,班级数增加了

[①] 杨忠虎、敖海波:《中华人民共和国经济史1949.10—1993》,陕西旅游出版社1994年版,第103页。

[②] 李进:《上海教育发展60年重大事件纪实》,上海教育出版社2010年版,第37页。

[③] 《P区教育志》,2002年,第124页。

41.5%，学生数增加了 40%。与此相对应，教职工仅增长 33.6%。基于相关统计数据可以发现，P 区境内的每所小学平均 22.8 个班级，每个班级平均 50 人，教职工学生比高达 1∶30。根据 P 区教育志的记录，1958 年，P 区普及小学教育。

"向阳小学"就是在此背景下成立的，它在一定意义上是教育"大跃进"时代的产儿。在 P 区教育志中关于"向阳小学"的有限介绍中可知，它创建于 1958 年，校址向阳路 41 号，学校占地面积 4458 平方米，建筑面积 2219 平方米。1993 年有班级 19 个，学生 932 人，教职工 52 人，其中小学高级教师 12 人。1998 年，"向阳小学"举行了建校 40 周年庆典，在一份校庆的官方宣传册中有如下简介："向阳小学"创办于 1958 年 8 月，原址向阳路 41 号，1995 年 7 月与 L 小学合并，迁入 L 路现址。目前有 23 个班级、1000 多名学生，70 多名教师。在 55 年的建校历程中，"向阳小学"先后经历了 9 位校长。首任校长是位女性，按照第六任校长浏校长的说法，最初的"向阳小学"是首任校长带着一群师范生建立的。在浏校长于 1986 年上任之前，先后经历了四任男校长。

图 2-3 "向阳小学"正门（1982 年）
（教学楼侧墙上刷上了毛泽东的字迹）

20 世纪 80 年代以后的"向阳小学"，绕不过两位校长。一位是自 1986 年起任职至 1997 年的浏校长，另一位是自 1998 年任职至今的祝校长。在浏校长和祝校长之间，有过两任校长，但这两位校长的任期都非常短，其中一位校长因年龄原因在有限的任期内很少主事。不论是浏校长还是现任祝校长，任期都非常长，其中浏校长主事 11 年，祝校长已担任 15

图 2-4 "向阳小学"主楼边的一栋平房教室（1982 年）

年的校长。在浏校长任上，"向阳小学"从向阳路搬到了 L 小学现址。在搬到 L 路现址之前的两年，浏校长一直在抓经济创收。那时经济创收的办法不是很多，主要是破墙开店。1992 年、1993 年，学校的教育经费着实有限，为了创收，浏校长向教师借款，在 1993 年把学校一扇墙全部建成门面出租，1994 年，"向阳小学"又开建了另一面围墙。当 1995 年，浏校长得知学校要合并到 L 路小学时，她差点没晕过去。最后在教育局的协商之下，浏校长得到补偿 100 万元，迁入现址。并入"向阳小学"的 L 小学创建于 1957 年，坐落在 P 区 L 路上。它的前身是 ZS 路第九小学，这是一所命途多舛的学校。1971 年，L 小学一度停办，后面又改办为 SQ 中学[①]和向阳中学分部。1990 年，L 小学复办，并采用现名。根据 P 区教育志的记载，L 小学占地面积 5653 平方米，建筑面积 4228 平方米。1993 年，L 小学有班级 20 个，学生 910 人，教职工 50 人。就在 L 小学复办的第五年，L 小学并入"向阳小学"。合并之初，浏校长曾经一度想将校名直接改为"L 小学"，后面经人提醒"向阳小学"的品牌资源比 L 小学丰富才改变主意，沿用"向阳小学"的校名。

尽管迁址后的"向阳小学"占地面积有所扩大，但学校还是显得有点小。当时的"向阳小学"只有 3 栋大楼，浏校长怀揣着补偿的一部分钱，兴建了另外一栋楼。这一栋楼在起初是与 P 区一个教育行政部门共同办公，后来该行政部门逐渐搬出，那栋楼随即成了学校的办公楼。算上这

---

① SQ 是 L 小学所在的街道社区。

图 2-5　"向阳小学"主大楼（1982 年）
大楼前面是操场，图中左上角是一个碉堡式的防空洞。
夏天热的时候，教师们会放一些水果到防空洞中"冷冻"。

栋楼，"向阳小学"也只有四栋楼，其中两栋是主要教学楼。学校有普通教室 21 间，专用教室 11 间。2005 年，教育局曾投资近百万元对学校进行大修，2009 年又经历了校舍加固工程，学校整体面貌焕然一新。在不到 6000 平方米的校园里，操场面积接近 1900 平方米，占学校总面积三分之一左右。学校布局显得异常紧凑。

如今的"向阳小学"紧靠着 L 路。从校门口到 L 路路面，宽的地方有五六米，窄的地方只有三四米。正对着校门口有一条斑马线，在马路的斜对面有一个公交车站。L 路紧邻着内环大动脉，平时十分繁忙，即便是下午三四点的放学时间，想要通过斑马线横穿马路也不是件容易的事情。L 路并不宽敞，只有两车道。在马路的两侧分散着一些装修的店铺，有卖衣服的，卖鞋帽的，还有一些卖水果、烤鸭、板栗之类的小店。这些店面大多不大，只有两三个人经营，一些卖零食的店面经常易主。天气暖和时，也有一些流动人口摆地摊贩卖一些袜子、内衣、装饰品等。中午，在学校不远处总会有一个阿姨推着流动餐车卖套餐给附近的民工吃。这并不是一条繁华的马路，有点拥挤，地面也不那么干净。

学校紧临马路，从马路的东边往西边走，首先映入眼帘的是一排红墙黑漆的铁栏杆，栏杆背后是一片一两米宽的草坪，草坪上长满了齐人高的杂草。曾经，这排学校围墙是学校开发的店铺，2009 年校舍加固，S 市几乎所有的店面都拆掉改建成了透明式的围墙。这一境况同浏校长当初建铺

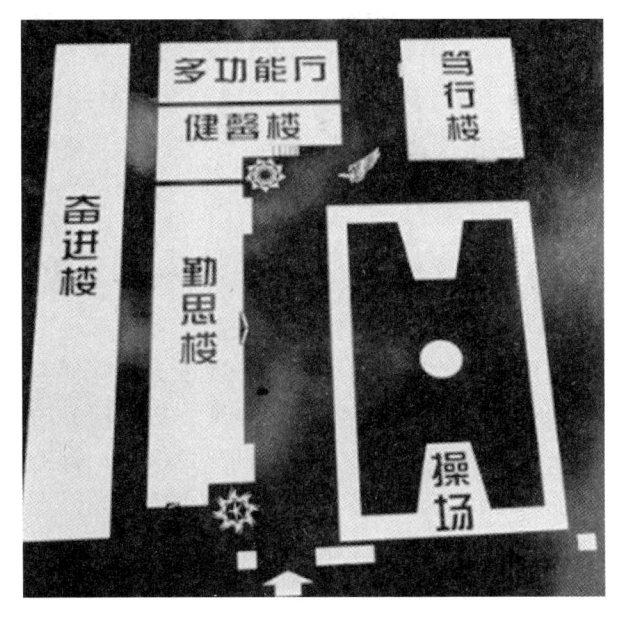

图 2-6 "向阳小学"校内导引图
（黄色标记是学校设计的几处标志性景点）

增收时状况已大为不同，教育行政部门不再像过去那么穷，他们手中有着大把的教育经费，学校也不再需要靠学校店面的收入来改善教育条件了。靠着草坪旁边的就是操场了，操场不大，只有两个篮球场，两个篮球场之间夹着几米宽的过道，这一过道正对着早操仪式的主席台。主席台后面是一条两米宽的小路，通往西边的就是校门，校门紧靠着 L 路。在那条小路的后面有两栋楼，一栋是主要教学楼，另一栋楼兼具办公楼和部分教室的功能。从校门进入学校，沿着那条小路往东走，走到底会看到一个花坛，花坛的后面是另外一栋楼，里面有会议室和多功能房；花坛的右边，也就是塑胶操场的后边是另外一栋主要教学楼。近 700 名师生就是在这样一个并不宽敞的地方日复一日地学习、生活。

三 学校的一天

每一所学校都有自己日常运作的基本逻辑和规则。国外有学者将这种基本逻辑和规则称为"学校语法"（school grammar），即组织教学工作的基本结构和原则,[①] 如班级制度、学科教学制度等。事实上,"学校语法"远远不止相关制度,还包括许多更为隐秘的力量和因素。揭示呈现学校日常生活中暗含的"语法",有利于人们认清校长、教师的日常处境。为此,论文将叙述学校一天中教师日常生活,并在最后呈现学校,尤其是教师所处的"学校语法"。

早饭

S市的早晨刮着微风,路看起来尚不是很清晰,街面上的汽车不多,行人也很少。殷师傅踩着自行车从家往学校赶。在向阳小学,每天起得最早的除了保安,就是食堂的殷师傅了。第一次见到殷师傅是在二楼的会议室,为了解学校食堂的日常运营,我对他做了一次专门的访谈。殷师傅进来时,上身穿了一件白色厨裈、下身穿一件灰色裤子,脚上穿了一双白色的长筒胶鞋。白色的厨裈上有很多星星点点的水渍,显得不是很干净,脚上白色的胶鞋也是如此。厨房的洗刷工作量很大,用水多,地面上常常湿滑,白色的胶鞋是一个很好的选择。殷师傅已经62岁了,一米七八左右,脸上堆满了皱纹,但看起来并不显老,只是手因经常年洗刷浸泡显得苍老了许多。殷师傅来向阳小学已经有一年多了,在退休之前,他在S市的一处街道食堂工作了很多年。按照教育局的规定,每一百名学生或老师就要配备一名厨师或勤杂工,学校有695名小学生,加上教师、食堂工、勤杂工、扫地工一共有809人。因此食堂一共有9名厨师和劳务人员,算上殷师傅,五男四女。这些食堂工人由殷师傅负责管理,他们平均年龄五十岁开外,大多已退休。在学校食堂工作,他们每月拿着S市的最低工资1400元。学校有时会根据食堂的情况发些补贴,当我问及具体数额时,殷师傅言辞有些闪烁,没有提及。殷师傅到达学校时,往往是早上五点左右。按照教育局的规定,各学校食堂的食材都统一由指定签约的"菜篮子"公司统一配送,为不影响正常的教学秩序,配送公司往往五点半到六点左右把菜送到学校。殷师傅要对这些食材进行验收。不新鲜或烂掉的菜或肉要退回去,缺斤短两的部分则需要补充回来。早晨六点半,厨房所有的员工都到位了,两位师傅负责准备教师的早餐,其他员工负责择洗菜。除了几位住得近的教师在家里吃早餐外,大部分教师都在学校食堂吃早

---

① Tyack, D. Tobin, W. The Grammar of schooling: why has it been so hard to change? [J]. American Educational Research Journal, 1994, (3).

餐。早餐从 7 点 20 分开始，种类主要是粥、烧卖、糕点、饼、面条、水饺等轮流变换。择菜、洗菜等工作一直要做到八点半，等教师们吃完早餐、开始升旗早操时，食堂员工才空出时间吃早餐。对于学校和殷师傅来说，食品安全、卫生和小孩子吃饱吃好是最大的问题，尤其是前两者。学生们多是独生子女，如有半点差错，谁也担不起责任。殷师傅每天都需要在安全管理上花很多时间，从食材到食堂卫生等一丝都不能马虎。区管理部门每一季度也会对食堂进行检查，确保卫生安全。

进校

　　8 点 10 分，电动的滚闸门自右向左徐徐展开。曾老师和保安胡师傅快步从"门房间"（即通称的门卫室，他们称之为门房间）走出校门，审视着即将进校的学生和家长情况。黎老师和甄老师正在商量着早上"护导"的事情，不一会，甄老师拿着几个印有"护导"字迹的红袖章疾步走向教学楼，黎老师继续站在校门口，准备迎接入校学生。一位戴有少先队队章的值日生站在校门的另一侧，与黎老师相对，她手上拿着一个记录违反规定情况的小册子。校门展开之际，学生们便开始陆陆续续进校了。几个高年级的学生对着黎老师，一边行少先队队礼，一边喊"老师早！"。黎老师微微一笑，学生就快步往校园里走了。几个戴着绿领巾的学生也要进校了。只见他们走到校门口停住，挺直上身，右手手指聚拢，然后放在靠近太阳穴的地方，喊道"老师早！"。他们喊老师好的时候并没有看着侧方向的黎老师，但其中几个学生的目光却炯炯有神，就像老师站在他们前方一样。在绿领巾学生走进校门后，又来了几个身材娇小的小女孩，她们如此娇小，以至于一眼就知道是一年级的学生。她们既不能行"队礼"也不能行"团礼"，而是躬下身子，边鞠躬边说"老师早"，就好像老师贴在地面上一样。在短短的几秒钟内，已有二十几个学生进校了。就在这时，黎老师随手抓住了一位戴着绿领巾的男学生，他正从黎老师眼皮底下径直往校门走。"你没有敬礼！"，黎老师提醒道。被抓住的学生大概是在想着早上的作业，忘记了行礼，一经提醒便给黎老师行了一个团礼，然后转身跑进学校。其间，黎老师还曾大声提醒一名男学生鞋带没系。这位同学看了看鞋带，发现真的没有系鞋带。当他俯身下到一半时，发现后面进校的学生快冲撞到自己，他"噌"地一下直起腰板,"噌噌"两步跳到一米开外的空地,重新蹲下来系好鞋带。值日生也没有闲着,她机警地看着进校的同学,看哪些人没有按规定穿校服、戴红领巾或校徽。早上的运气并不好,她一个都没有抓住。她并没有气馁,随即就发现了一名一年级小男生没有戴校徽。值日生走向前,拦住了小男生,问他哪个班级的。小男生顺口报了班级名就直往前走了。没走两步,这个小男生看到有一个摄像头在拍进校的学生,他笑了笑,摆了摆手说:"老师早!"

上述场景是向阳小学一位教师在2012年12月某一天早晨拍摄的学生进校片段,事件发生前后还不到两分钟。这两分钟基本涵盖了学生进校的师生互动场景。不同类型的学生敬不同的礼,但都喊"老师早",老师通过微笑回礼。护导老师偶尔会提醒忘记行礼的学生或其他粗心的学生。值日生负责监督学生是否遵守了规定,并记录下违规情况作为对班级考核的依据。与上述场景不同,门口的值日生通常有两位,相对而站,尽量避免学生漏网。在向阳小学,只要上学,类似的进校场面每天都要重复一次。对于学生而言,学校的一天是从进入校门开始的。自跨进校门的那一刻起,他们就要开始不同于在家里的生活了。不论是行礼,还是接受值日生的检查都提醒他们,这里是学校,不是家里,得开始学习了。

升旗

8点25分到8点50分是升旗做早操的时间。学校被看作是国家权力的渗透之地,国家仪式的在场必不可少。从周一到周五,学校每天都要举行升降旗仪式。每周周一或重大节日、纪念日的升旗仪式比平时要隆重。升旗仪式一般从早上8点30分开始。升旗时,在校人员脱帽肃立,行注目礼,少先队员行队礼,儿童团员行团礼。降旗时间为下午3点30分,降旗时,在校人员面向国旗肃立,行注目礼。如果碰到雨雪天气,学生不能到操场上参与仪式,就会在教室内举行升降旗仪式。每间教室前面黑板的正上方都会有一面小红旗,在特殊时刻,它代表了操场外的红旗。升旗仪式是由三到五年级的学生轮流负责的。负责的班级需要挑选主持人以及升、护旗手。升、护旗手是需要挑选的,他们通常是一些品学兼优的学生。在担任旗手之后,"大队部"负责老师会教他们标准的动作、规范、流程等等。负责升旗的班级还需要写好旗手及仪式的内容和过程,提前交到"大队部"。

平日的升旗是与早操连在一起的。有时教师也会做广播操。学生退到操场外的跑道上，操场空出来，全体教师做一遍广播操。学生则在一旁观看。教师所做的广播操与学生操并不相同，前者是全国第六套广播体操，后者是名为"希望风帆"的第三套全国小学生广播体操。学校对于教师的服装鞋式并没有统一规定，向阳小学女教师居多，很多女老师都穿着高跟鞋，还有一些女老师穿长裙子。她们做广播操中的一般动作问题不大，到了踢腿运动和跳跃运动就有点放不开步子了。一套广播操下来，女教师们多已气喘吁吁。教师做操退场后，就轮到学生出场了。一位领操老师站在升旗台上，拿着话筒喊着"一二一"的口号。学生们从跑道处往前，向着升旗台走来。各班班主任老师也不闲着，他们跟着学生队伍，时而监督学生的步伐，时而纠正学生的队列。"某某，左边一点"，"某某某，你站歪了没看见啊"。有时，班主任老师也会亲自动手，挪动学生的身体，以保证队伍整齐划一。国旗旗杆原来是在主席台上的，后来不知何故挪到了主席台的一侧。领导老师往往站在主席台上，学生出场后多是面向主席台，主席台后面的走道上也站了学生。等到升国旗时，领操老师会提示"面向国旗，向左向右转"。因为有的学生需要向左，有的学生则需要向右。平时的升旗很简单，升旗时，小朋友们在国歌唱到"起来"时，齐刷刷地举起右手，行少先队队礼或团礼。升旗结束后，小朋友们仍然保持面向国旗的站位，然后伴随着国歌的再一次响起唱国歌。国歌唱完后，礼仪的中心重新回到主席台，学生再转向主席台，开始做学生广播体操。一、二年级的小朋友并不能完全做完整套的广播体操，他们往往只做自己学过的部分，到了后面不会的只能看着高年级的大哥哥大姐姐做。在做早操之前，教师仍然会在学生队列中游走，纠正学生的动作和站位。等学生广播操开始时，教师会退到队伍前面或后面，三三两两在一起聊着事情。领操老师不会闲着，他站在主席台上，环视学生队伍，不时在过程中提醒学生。有时他会用高亢的"一二三四"压过广播操音乐中的女声，提示学生"手臂伸直"，或者反问"方向搞清楚伐？"早操有时也并不总是学生广播操，在12月的冬练活动里，体育部的老师将红极一时的《江南Style》中的骑马舞改编成了学生操，这一改编大受学生欢迎，学生们纷纷跟着主席台上的示范老师和学生又晃又跳，有模有样。教师们也连忙拿出手机拍照，发微博。

相比而言，周一的升旗仪式隆重很多，因升旗时间长，早操通常会被省略掉。每周一的升旗仪式都有一个主题，这些主题多与日常时事、历史风俗、学习习惯以及某种倡导相关。如"迎世博，讲文明""英语节""乐运动、强体魄、人人争当健康星""节能环保伴我行""说到做到"等等。按照一般流程，在上一个周五和周末，负责升旗的班主任老师和学生都会提前排练。升旗时先有两个主持人（一男生一女生）引出当天升旗的主题，然后会根据当天的主题预演之前排练好的节目，节目的类型很多样，有时是舞蹈、有时是快板、有时还会有角色扮演、情景剧或才艺表演。节目表演完后，主持人就会介绍升、护旗手的事迹了。这些事迹都是一些正面的典型，如某某同学自立自强，坚持不要家人接送，自己上学放学；某某同学回家帮家长做劳动；某某同学在班级管理小岗位上尽心负责等等。升旗手介绍完毕后，一位学校老师会给四位小朋友授予"光荣升旗手"的肩带。随后，四位小朋友会走到主席台旁边的旗杆旁，主席台对面操场跑道处的四位护旗手会迈着正步将国旗护送至旗杆处，然后走例行的升旗、国歌程序。这些程序履行完毕后，会有一位老师讲"三分钟小故事"。"三分钟小故事"由"国旗下的讲话"演变而来，因嫌后者空泛而改成"三分钟小故事"。三分钟小故事切入点小，大多是学校日常生活中小朋友们的事迹，如某某同学值日时候捡垃圾、某某同学如何热爱读书而取得好成绩等等。有时，老师也会讲一些富有浅显道理的寓言或者童话，让学生做真善诚实之人。等到这位老师的小故事讲完，主持人交代两句，升旗仪式就结束了。不论是周一的升旗仪式还是日常的广播操，学生在退场时都会受到领操老师、护导老师和班主任老师的监督。小朋友们需要迈着方步，摆着小手、依次整齐地退场。偶尔也有调皮捣蛋的家伙，在退场的时候打闹或者不按规定退场，他们通常会被领操老师揪出来，一顿训斥之后按照规定再模拟走一遍。升旗的最后，领操老师和几位班主任或护导老师会简短交流几句仪式中各班的情况。伴随着第一节课的上课铃声，学校开始进入上课时间。

上课

8点50分，学生开始上第一节课。从8点50分到11点50分，学生要上四节课，每节课之间有10分钟的休息时间以及5分钟的眼保健操。13点10分到15点29分有三节课以及10分钟的眼保健操和室内操时间。每节课时长35分钟，从课程类别上来看，传统的语、数、英、自然、体育、品德与社会、美术无一落下。低年级有"唱游"、数学兴趣活动课、英语兴趣活动课等课程，这些课程主要是吸引小学生的兴趣、培养学习习惯。"新课程改革"实施以后，课程中还新增了探究和拓展课。在每个星期五上午第四节课，全校各班召开一节学校班会课。到了高年级，会逐渐加入音乐、劳技和信息技术等课程。

中午12点45分到13点5分有午会午间活动，从宽泛意义上来讲，这也可以算上学校的短课程。午会和午间活动主要分主题活动和学生自主活动。这些活动安排随着时间和年级差异而不同。通常星期一是红领巾主题活动或少先队活动。这些活动由三年级到五年级的孩子轮流承担。他们自己寻找、设计主题，设计主持稿并安排主持人。主题往往与社会上流行的大形势相关。比如世博会期间，学生会准备中国与世博会的相关主题，介绍中国参加过哪些国家的世博会，介绍有哪些作品获奖。奥运会、学雷锋日等也是常见的主题。少先队的主题活动节日，学校的一些节庆活动也可以是主题来源。有时小朋友们还会在日常生活中挖掘资源。有些小朋友看到很多学生买校园旁边小摊贩的油炸食品，他们知道这样不健康、不卫生。于是一个名为"健康生活每一天"的红领巾广播主题诞生了，学生会通过这些活动来引导大家不要在路边买不干净、不洁食物。社会上的热点事件也会构成广播主题，如"小悦悦事件"。星期二是学校的主题广播。这些广播包括图书广播、卫生广播、科技广播和心理健康广播等，比如科技节时，会宣传"神舟"九号升空等。一个月有四个星期二，这些活动会在一个月内轮流一次。星期三是十分钟队会，这是孩子们自己组织策划的活动。它既可以用小组的方式轮流承担，也可以两两组合，自主报名。十分钟队会主要是想让每个孩子都当一次十分钟的主持人。十分钟队会的活动主题更多的是与小朋友生活密切相关的主题，如孩子们喜欢玩的游戏。低年级的小朋友往往会有高年级的大哥哥、大姐姐帮助他们一起做。二年级主要是介绍一些桌面游戏、小竞赛、脑筋急转弯、猜谜等。这些主题都没有硬性规定，除非有时需要配合学校的大主题，学校会给班级一个大方向，然后让学生开展相关方向的活动。星期四是主题教育时间。班主任老师会根据学生的年段特点设计自己的主题教育内容。例如一年级的教育内容主要是培养学生的一种习惯，午会时通过念念儿歌的形式教会孩子如何整理书包、如何上课听讲、如何站、如何走、如何吃饭以及如何劳动等。这些行为习惯都是通过午会教育渗透的。到了二年级就是入队教育，三年级是聪明系列的，让孩子自主设计活动。另外在行为规范方面、学生自主教育方面、中队建设方面，老师也会进行指导。四、五年级的组织活动，会涉及班委活动、部门设计、学校主题活动的策划，老师和学生一起讨论。周五往往是成长手册的填写，学生们会把一周来的成长收获填写下来，让老师评阅。

在周五，老师们得带领学生开展快乐活动日活动。为了丰富学校课程，几乎每一位老师都自主申报了一门课程。这些课程中既有礼仪课，如中西餐文化、日常礼仪；也有科技创造类课程，如机器人、航模建造、电子百拼、生物小实验等等；还有体育课，如篮球、健身操、花样跳绳；最后还有一类艺术课程，包括软陶制作、合唱、口琴、器乐等。学校老师一共为学生提供了四十几门课程，学生可以根据自己的爱好选择。这些活动并没有年级的限制。每到周五，上课老师要到班级领走低年级学生，高年级学生则自主到班。如果天气良好，秩序不会受影响，一旦碰到雨天或下雪天，操场上的活动就得换到其他地方。下午快上课时，学校广播会播报下午课程的地点变换情况。由于课程众多，学生听广播时有时注意力不集中，就会发生学生找不到上课地点的情况。学校会安排两位老师巡视，把找不到地点的学生领到指定位置。有时周五下午还会举行大型的体育活动，如有集体接力跑、拔河等项目。每到此时，学生们都会像放开翅膀的小鸟一样，自由驰骋，这一天下午也是学校呼喊声最大、欢笑声最多的时候。

学生上课期间，没有上课任务的老师大多在批改学生作业。新教师还需要备课，如果是老教师，花在备课上的精力相对会少很多。批改作业是项繁重的任务。高年级教师通常需要一两节课来批改作业，如果是作文老师，批改时间会更长。如果教师让学生多默写了几个单词或词语，批改时间就会翻倍。教师们需要认真批改每一个学生的作业并做好分数记录工作。每一次作业的成绩都会记录下来，以观察学生的学习进展和状态。学生有进步时，教师需要给予鼓励，买一些小饰品或小红星送给学生。学校偶尔会抽查作业批改情况，如果碰到作业刚收上来或者之前有些作业没有认真批改的情况，教师们就会顿时紧张起来，匆忙地"赶工"。在每周的周一或周二，学校行政领导班子会召开行政例会，以周为单位，布置一周的各项活动或安排。而在每周的某一个固定上午，各教研组会举行集体的听课研讨活动。这些活动都是学校例行的，如果有其他教研活动，教师则会花更多的时间来准备。学校上课经常有校外的专家或者同行前来听课，如果人多，学生往往会被安排到多功能教室。学生们对这种听课场面多是见怪不怪，许多小朋友一到这种场合会表现得更积极。在一次随堂听课后，三年级的小朋友们纷纷围过来问我问题。一位小女孩还和我讲，说我像李玉刚。显然，和我们那一代人相比，他们并不怕生。

课间

课间是学生抓紧时间玩闹的时间。学校操场并不大，供儿童玩的器械也不多。学校操场内，只有一个脚蹬木，一个跷跷板、一个吊绳架和一个单杠。曾经操场东部的跑道上有几个抓杠等器械，后面因为扩建场地原因，只保留了现在的四个器械。因为器械和场地原因，小朋友们最常见的方式是追逐打闹。他们三三两两互相追逐。低年级的孩子并没有太多的男女性别隔阂，在他们眼中，男孩女孩的差别尚不明显。课间的操场上，总是可以看到一个小男孩和小女孩手牵手或者你追我赶的画面。有时候也会是三两成群的追逐。尽管低年级的男女性别意识不明显，但在游玩方式上，不同年级之间存在着差异。在操场上打闹追跑的往往是低年级学生。尽管中低年级和高年级的教室离操场都近，但高年级的孩子似乎不再热衷于追闹了。可能他们觉得，追打嬉闹不符合他们大哥哥大姐姐的身份，又或许随着年龄的增长，对这些活动不再感兴趣了。有的学生会在课间下下象棋、五子棋或者是围棋，有的还会打打扑克牌。四、五年级的教室门外放置了几台电脑，一到课间，那里就是男孩子的天堂。谁先到，谁先得，每人一台。那些没有抢到位置的孩子只能三三两两围在旁边，看着抢到的人在那里玩游戏。原来，他们的嬉戏天堂已由现实走向了虚拟。偶尔也会有女孩子加入，但通常很少，四台电脑也就有一台为女孩子所占。孩子们玩的游戏多是一些在线的小游戏，如"愤怒的小鸟""数码宝贝格斗""暴力大狗狗""飞狐狸踹小忍者"等。这些游戏往往操作简单，没有特别复杂的情节，只是简单的动作，在游戏的最后往往有一个比分。课间十分钟本来就短，孩子们也并没有太多的时间在电脑游戏上缠斗。高年级的学生不大喜欢到操场上嬉闹，并不是说他们丧失了玩性，只是"战场"发生了改变，我就看见四年级的小朋友在厕所打闹戏水，这样的场景很多但通常只能私下玩耍。每一楼层都有护导老师，她们往往会监督孩子们在课间守护纪律，如走路不能跑，不要大声喧哗等，自然在厕所内戏水是被禁止的。所以每次当我走进厕所时，即便他们知道我不是老师，但多半也会减弱或停止戏水活动。

课间是学生休息放松时间，但教师却不一定。下课铃声一响，班主任就得"盯班"。尽管各楼层都有护导老师，学生打闹还是有的，低年级学生尤为如此。有时一不留神，学生就可能闹矛盾。一会儿 A 同学把 B 同学推倒了，一会儿 C 同学在 D 同学脸上抓了一把……尽管这些矛盾不经常出现，但班主任也得小心翼翼地处理。班主任有时还得接受科任老师"投诉"，你们班"某某某"最近状况越来越差。班主任与科任教师的交流、沟通往往是在课间。对其他科任老师来说，"课间"是"见缝插针"（一位受访老师语）的好时候。相比于低年级，高年级学生的作业量相对较多，需要订正的地方也会多一点。在课间，往往会有几位科任老师同时出现在班级里，收改作业，对于那些经常出错的"差生"而言，他们课间往往比其他小朋友更忙碌。根据我的了解，这种"差生很忙"的现象普遍存在于各级各类学校之中。当然，"差生很忙"也意味着"教师很忙"。

午餐

11 点 50 分，第四节课下课铃声一响，学生们就要开始吃午餐了。按照学校食堂的流程，9 点时，17 屉米饭已放入蒸箱。9 点 15 分，所有要炒的菜要上厨师的灶台。师傅们从 9 点一刻开始炒菜，10 点 25 分，饭基本上蒸好，十分钟后，各类菜也已炒好。炒好的菜先放到巨大的保温桶里，到 11 点 5 分左右，汤和饭菜开始装盘了。几位打饭工人轮流工作。夏天天热，汤和饭菜会提早打，以免烫伤学生。冬天天气冷时，打饭时间会稍晚一点，饭盒上面还会铺上塑料袋和棉絮，以免冷掉。学生们一般不大喜欢吃鱼，像红烧肉、咖喱鸡块等荤菜比较受欢迎。殷师傅每天都要看看盛剩饭剩菜的垃圾桶，如果剩饭剩菜少，就说明学生们吃得好，反之可能是饭菜不合学生胃口。为了让学生们吃好，食堂经常需要变换口味，红烧的不行换咖喱，清蒸的不行换醋溜。学生比较喜欢红烧肉等荤菜，每每烧这类菜时，会有一些学生排队到食堂添饭。装饭的饭盒是统一定制的，由两部分构成，一是钢质的盒盘，分为三四个凹下去的小区域，一块盛饭，另两块装菜。饭盒的另一部分是盒套，塑料的，与盒盘一起合起来可以防止饭菜冷掉，同时也方便小朋友们拿取。班主任和学生在教室进餐，大约十一点半左右，各个班级的饭菜都已经由食堂师傅放在教室门外了。学生的饭盒装好后会放在一个白色或蓝色塑料箱子里，旁边还有一个箱子用来装盛汤的小碗。汤碗很轻，钢质或铝质。因为饭盒形状限制，汤是另外提供的,通常是放在一个铁桶里,铁桶上面有个盖子,里面带个大汤勺。

吃饭时,老师得教小朋友先排队。小朋友们从后门开始往前,一字排开,然后依次从两个塑料箱子里分别拿一份米饭和一个汤碗进教室。学生吃饭并不用筷子,而是用勺子,由班主任老师在门口分发给学生。一来怕筷子误伤人,二来低年级的小朋友在筷子使用上也不利索。坐到课桌前,学生把饭盒打开,准备吃饭。等所有的学生都拿到饭盒并坐好之后,小朋友们再依次到老师处领汤。所有的学生都安顿好后,班主任老师才盛上一碗汤,打开那份放在讲台上的饭盒,同学生一起吃。午餐一般是一荤一素,如土豆烧肉加个青菜,或者是黄瓜炒蛋加红烧茄子。食堂师傅在做菜的时候不仅要考虑营养,还要考虑便利。虾虽好,但低年级的小朋友吃起来就显得费劲了。与菜相比,汤则方便制作。一般都是番茄蛋汤、紫菜蛋汤或者是罗宋汤、酸辣汤之类。教师往往需要监督学生快点吃完、同伴之间不要讲话,以及不要浪费。在大约二十分钟的时间里,小朋友们需要快速地解决战斗,尽量把饭菜吃完。吃得干净的人会得到老师的表扬,剩饭剩菜的小朋友则会得到批评。偶尔,班主任老师也会在吃饭的时候讲一些节约粮食的小故事。小朋友用完餐后需要把剩饭剩菜倒进之前的汤桶之中,然后把饭盒放到之前的两个大箱子里。因为浪费并不是被鼓励的行为,所以在倒剩饭剩菜时,小朋友们就要"斗智斗勇"了。一位小学生在一篇随笔里面介绍了几种"斗智斗勇"的方法。第一种是"压缩法",学生会将吃不完的饭压扁,尽量让老师觉得剩得少,这种方法的成功率很高,因为老师会考虑学生的饭量大小,并不会做硬性规定。第二种方法是"填埋法"。学生会将不喜欢吃的菜埋在饭里面。这种方法也有局限,比如虾与鱼就不方便"填埋",因为吃下来都会有虾壳或鱼刺,看不见这些会引起老师的怀疑。还有一种方法是"拖延法"。这种方法就是等食堂的叔叔阿姨收饭盒时倒饭,这个时候老师大多会放松警惕,有的学生会趁机将剩饭剩菜倒掉,此法考验学生的耐心,耗时耗力。最后一种是"转移法",这种方法受食材因素影响较大,运用机会不多。有时食堂偶尔做骨头肉或骨头汤,一些同学会把剩饭剩菜填到骨头里的剩余空间里,以掩人耳目,瞒天过海。

除班主任之外,科任老师都在学校食堂进餐。几位不同年级或学科老师三三两两坐在一起,边吃边聊。聊及话题通常与学生或下午活动安排有关。教师们吃饭速度很快，如果碰上下午有活动，速度就更快了。大部分老师一吃完饭就往教室里赶，忙着收作业或者给个别学生订正辅导。

劳动

12点35分至12点45分是学校的"劳动十分钟"，这项活动在向阳小学已经有几十年的历史了。劳动十分钟开始时，会有一阵音乐声提醒。一听到音乐声，老师和学生就开始行动了。劳动时，每一个人都有特定的分工区域。教师也不例外。除班主任外，教师往往需要打扫自己的办公室、学校的会议室或其他房间。学校的公共场所如操场、花坛、领操台等则从高年级抽调几个学生负责。小朋友们最常用的劳动工具是抹布，每人一块，可大可小。这些抹布都是学生从家里带来的。除去抹布，很多小朋友还会随身携带一个塑料袋。塑料袋的功用是多重的，它既可以用来装抹布，也可以用来装地面上捡到的垃圾。有的小朋友怕脏或怕冷，会把塑料袋当手套用，然后拿抹布擦地。有时，如果小朋友忘记带抹布了，塑料袋又摇身变成了抹布。教室内部的分工多是安排好的，一人负责一块，有的负责窗台，有的负责大门，有的负责图书角，如此等等。劳动虽有分工，但次序却是同时的。按说扫地应当在先，然后再去拖地或者用抹布抹。通常铃声一响，小朋友们就各自拿出家伙，扫地的扫地、擦地的擦地。因为每天都有劳动时间，地面上其实并不是很脏，只是偶尔会有一些纸屑或吃饭时掉在地上的纸巾。这个时候地面上聚集了大量的兵力。小朋友们或蹲或跪，拿着小抹布在地上来回擦抹。女孩子可能会稍微注意一点儿卫生，男孩子就没有那么讲究。有的坐在地上，有的单跪在地上，有的则双膝跪在地上，像开火车一样向前或者原地打转。除了抹布，校服也成了实用的劳动工具。班主任老师见了，偶尔会提醒一下不要弄脏了衣服，更多则是见多不怪，由着他去。需要擦拭的地方并不难打理，除了黑板。低年级的小朋友很难够得着黑板，这时候就需要借助凳子。一个小朋友踮着脚尖，另一名小朋友则扶着凳子，自从教室前面的黑板换成白板之后，黑板擦就需要涂抹特别的药水了。打扫卫生也不见太多的灰尘。班主任也会参与劳动，高年级的班主任一般只负责讲台，其他的部分学生都会处理的。低年级的班主任需要更辛苦一点，有的需要帮忙扫扫地，有的需要帮忙拖地。为了保护地板，拖地并不多见。在我观察的时间里，我只见过四年级的一个班拖过一次地。小朋友的书桌是滑动的，桌子被置于教室的后方，老师拿着拖把示范两下就交给学生了。前面拖好之后，桌子又被挪到前面，再进行后面的清理。也有小朋友把校服变成了拖把，在地上来回爬行擦拭。一年级的小朋友很多都是第一次劳动，这些"少爷公主们"在家里怕是很少动弹的。但看见小伙伴们干得热火朝天，他们就都手舞足蹈、兴高采烈地加入其中了。因为还没有劳动经验，所以高年级的大哥哥大姐姐会给他们示范。示范几次，他们看着看着也就学会了。

放学

下午3点40分，一、二年级的小朋友就开始放学了。班主任老师会在教室门口让学生排好队，与早上入操的队伍一样，也是女生一队、男生一队，队伍最前面有一个小朋友领队。领队小朋友手举"班牌"。班牌是由班主任和学生一起设计，往往会有一个名字，如二（一）蓝精灵中队。这些名字多是小朋友们熟知的卡通形象如小海豚、七色光、喜羊羊、机智豆等。班牌的作用除了让小朋友们形成集体意识之外，更主要的是让门口接人的家长区分走出来的学生属于哪个班级。

学生需要列队，走到学校大门口要停住给老师行礼。放学时段因人数众多，而学校又临近马路，这时送学生的老师会多一些，校门左右都站有老师。小朋友们走到校门后会站住分别给两边的老师行礼并说"老师再见"。这个时候的行礼就都是鞠躬了，没有年级的分别。小朋友通常是腿仍保持向前的姿势、但上身则是侧着向左右两下鞠躬，然后嘴中喊着"老师再见"。每每在学校里面看到这一画面，我都忍俊不禁，因为我很少见有人是侧着上身鞠躬的。行完礼后，在保安大叔的指示下，班主任把队伍带到校门外的一侧。带到左侧还是右侧并不是固定的，通常哪边学生少，就往哪边带。这个时候，家长会发现"班牌"很重要。有时候家长在右侧等待，但孩子却被带到了左侧。这也没有办法，因为学校离马路太近了，只有几米远，接人的家长和放学的孩子太多，根本施展不开。

来接小朋友的通常都是爷爷奶奶或姥姥姥爷，年轻的家长也有，但为数不多。电动车是家长最常用的工具，小汽车很少，一来家长的条件大多不是很好，二来学校门口根本没有停车空间。小朋友们见到来接他的人大多兴高采烈。大部分家长会焦急地盼望着自己的孩子出来，看到自己家的小朋友出来会笑面相迎，伸出手迅速卸下小朋友身上的书包等重物。也有的家长性子不好，碰到留堂稍晚的小朋友会发脾气。我曾看到一位老爷爷对着笑脸飞奔向他的小女孩劈头一阵斥责，小女孩的动作瞬间僵在半空中，随即流出委屈的泪花。

班主任老师必须安全地把孩子交到家长的手中。他们需要确认来接小朋友的是否是真正的家人。对学校而言，没有什么比安全问题更为重要。在我调研期间，我曾听一位老师讲，有陌生人来接学生并且差点带走。这件事情不仅惊动了学校领导，家长们也紧张起来。学校强调班主任老师必须确认接走学生的是家长或亲属。家长也告诫学生，不要和陌生人接触。对于顽皮的学生，班主任老师往往会在交接学生的时候，叮嘱家长做些配合。这时候，犯事的学生基本上都像蔫茄子一样了。如果学生在校门口都被接走了，那班主任就轻松了。如果有个别或几个学生的家长没来，老师就得把学生带到学校里面。这一类待接的学生会被聚集在靠近校门的一片空地处，保安会为他们提供小板凳。班主任老师则需要同家长电话联系，确认什么时候来接学生。如果天气寒冷，小朋友会坐进"门房间"，或者直接被班主任带到办公室，等家长来了再送出来。天气暖和的时候，待接的学生更乐意坐在空地上，那里可以嬉闹，尽管旁边就有老师监管。有的家长可能只是晚几分钟，有的则要很晚才能来接孩子。等待的这段时间，孩子们没有什么事情，纷纷拿出书包里的玩具玩耍。有的小朋友拿出黑石子和白石子，在凳子上下棋。永远不能用成人的规则来判定他们的下棋规则，他们下棋，我看了好几次也没有看懂。我问过他们，怎么才叫赢？一个小朋友说谁的声音大，谁就赢；另一个小朋友说，把对方的棋子围住了算赢；还有的小朋友则说谁下到最后没有棋了就算输。"门房间"提供的凳子并不多，有的孩子并没有座位。这些没有座位的孩子则会蹲在地上弹"珠子"。他们大多是男生，珠子也不是真珠子，而是校徽。他们并不知道校徽的真正含义，只知道早上会有大哥哥大姐姐盯着他们检查是否戴了校徽，而这会儿显然可以用来弹珠子。当然，此时大多数老师已不在场，偌大的操场也只有他们几个。保安偶尔会发现他们的把戏，走过来，一把抓住校徽说要没收。小朋友们顿时傻了眼，慌忙委屈地说："我没有玩校徽。"保安大叔也只是吓唬吓唬他们，训斥几声后就还给他们了。他们也不敢再拿校徽玩了，而是改成了别的项目，如跳绳、赛跑之类。当然，这一切都发生在老师不在的时候。

当低年级的小朋友已经被家长手牵手接回家的时候，高年级的学生还在老师的照看下订正作业。低年级的小朋友多没有书面作业，所以早早放学回家。高年级有晚托班。晚托班从4点10分到5点左右，每个班大概有12个学生。是否参与晚托班，老师需要同家长商量，如果觉得有的学生基础不是很好，就会争取家长的同意在放学后做些补习。这些补习都是免费的。有的家长因为忙不能在放学的时间接孩子，也会将小朋友放入晚托班。教师在晚托班上，主要监督学生做作业，协助订正或完成家庭作业。一位老师告诉我，相比于在家做作业，晚托效果要好很多。晚托班上，也会有两到三位老师在场，他们一般都是语数外等主科老师。相比于主科老师，综合科目教师在四点半就可以下班回家了。有时候学校也会有一些社团活动，如足球、跳绳等。这时候综合科老师就要陪学生一起，直到五点半。五点左右，晚托教师开始打扫（整理）教室。高年级教师要好一点，学生可以稍微做些打扫工作，低年级教师则要自己亲力亲为了。"护导"老师也会在五点半时巡视教室，看看门窗、水电等是否安全处理。

五点半，学生基本上都已回家，极个别小朋友会在六点左右被家长接走。五点半左右，教师就可以在食堂就餐了。食堂工作人员通常会在下午两点以后下班，其中三位工作人员会留下来准备五十几位教师的晚餐。晚上学生就不在学校里吃饭了，教师的伙食因是自费，所以饭菜质量比中午要好。晚上的饭菜往往是"两荤一素一汤"。因为有很多老师住得远，或者懒得回去做，有一些老师会从食堂打饭回去吃。学校规定，每个老师最多可打两份饭菜，对于三口之家而言，这已经足够了。一份饭菜十几块钱，也比外面实惠卫生。烧晚饭的师傅在教师们吃好晚餐，收拾完毕后，7点15分就下班了。那时，学校除了个别加班的老师，基本上已经没有什么人了。学校繁忙的一天也逐渐落下帷幕，但学校生活的触角还会延伸到教师尤其是班主任家里。晚上老师经常会接到家长电话。沟通的问题是多种多样，例如"为什么我孩子的校服换错了？"（上体育课时，校服脱掉以后很容易弄混），"为什么我孩子午餐中的汤里没有一片肉？"等等。此时教师们又需要和家长好好沟通。

待到第二天，一切又重新来过，周而复始。

日复一日的学校日常生活中，实际上呈现了深层的"学校语法"。深层的必然渗透在日常之中。学校日常生活处于"切割分块"状态。早饭、进校、上课、劳动、放学等各个环节都局限在某一特定时间和空间。教师在什么时间、什么地点做什么事情，都得照章行事。如果在时间和地点上出现偏差，学校日常生活就会陷入无序状态。就像周五快乐活动日如果下雨或下雪，相关教学秩序就会打乱。因此，学校需要安排两位老师巡视，矫正失序。学校的这种"确定性寻求"倾向决定了学校主体的行动逻辑往往是遵循惯例。"学校语法"的另一个维度是教师行动的"碎片化"。教师，尤其是班主任通常很少有大段时间来集中精力处理或思考一件事情。她们往往在批改作业时会被学生一场"摩擦"打断，在与同伴交流时被领导突然布置的"事件"牵制。更多时候，教师不是牵着学生走（尽管在课堂上有可能），而是被学生牵着走。进校时，教师要看着学生；上课时，教师要带着学生；下课时，教师要盯着学生；劳动时，教师要领着学生；吃饭时，教师要管着学生……

　　学校日常生活的"切割分块"以及"碎片化"构成了教师行动的基本生境和内在法则。这种隐秘"语法"，既构成学校变革的生境，又构成学校变革的内容和对象。当变革发生时，必定会引起"语法"与行动之间的冲突①。

---

① 论文将在第四章论述"学校语法"与学校变革中冲突的关联。

第三章

变革历程叙述

在本章，我们将以"向阳小学"参与"新基础教育"研究的"前世今生"为主线叙述，试图阐明一所草根小学进行一项草根改革所遭遇的时代背景和困惑。就学校变革的现实图景而言，"新基础教育"虽然构成了"向阳小学"发展的核心实践，但不论是过去、现在还是将来，它都是与学校的官方改革实践和日常实践[①]交织缠绕在一起的。忽视这一点，不仅无助于获得对学校变革的复杂性认识，也无助于学校变革的真实推进。因此，我们也尝试在主线叙述的同时，或明或暗地呈现与"新基础教育"相互影响、相互作用的其他改革实践。

一 缘起与萌芽

任何变革举措都不会无缘无故地发生，无论是官方发起的改革实验，还是学校自主选择的变革举动。一段旅程可能不会有终点，但总会有起点。"向阳小学"参与"新基础教育"研究的缘起还得从20世纪80年代的"ZZ学区调查"说起。

（一）"ZZ学区调查"

对于20世纪八九十年代教育变革的亲历者和见证者而言，"学区"并不是一个陌生的概念。不过，由于现行教育管理体制很少采用"学区"

---

① 不论是官方发起的学校改革实践还是学校与大学合作的变革行动，都试图改变学校日常实践，尤其是师生的生活方式和生存方式。但我们不能因此认为，学校的日常实践与各项变革举措所倡导的实践形态之间会完全"无缝对接"。现实与理想之间总是存在距离，有时很遥远，有时也很接近。远与近的切换，实与虚的交织共同构成学校多层次、多维度、多形态的立体画面。

管理制度，所以也有很多人并不了解它的背景。因此，我们需要停下脚步，讲讲"学区"的故事。

中华人民共和国成立后，尤其是1953年至"文化大革命"期间，许多地区的教育行政采取"学区"管理制度。例如，广西西林县在1953年规定，县下各行政区设立教育学区，设区中心完小校一所，校设校长、教导主任、辅导员各一人，校长管理全学区小学行政事务，教导主任管区中心小学校教学业务工作，辅导员负责对全学区教学业务辅导。① 区管理体制对于下移教育管理重心，加强一线小学直接领导起着重要的作用。但在"文化大革命"期间，全国各地的教育领导机构全方位瘫痪，各地区成立的革命委员会取代区县教育领导机构，"工宣队"（工人宣传队）进驻学校管理。"文化大革命"之后，各级教育行政管理制度逐渐恢复正常状态。很多地方教育行政管理重新回归"学区"管理制度。这一"回归"普遍发生在20世纪70年代末至80年代中期。

实际上，S市在20世纪50年代至60年代并没有采取"学区"管理制度。1980年，S市采取学区管理制度的原因主要是重点小学制度实施困难。重点中小学制度始于20世纪50年代。在那一特殊年代，教育基础薄弱，只能集中优质教育资源来重点培养合格毕业生。1953年5月，毛泽东在中央政治局会议上明确提出要办重点中学，这一号召立马引发教育部的后续举措。5月26日，教育部通知要求全国各地积极充实、重点办好高级中学和完全中学，提高教育质量。6月，教育部在第二次全国教育工作会议上提出《关于有重点地办好一些中学和师范的意见》。②

这些意见迅速传达到S市教育行政部门。1954年，S市市政府批办10所重点中学和一批重点小学。1959年，S市再次确定重点中学23所，重点小学31所，其中重点小学占全市小学总数的0.55%。1960年，重点小学增至60所。尽管"文革"期间，教育秩序受到了破坏，但在"文革"之后，相关的教育制度迅速重新确立。1978年，邓小平在全国教育工作会议上提出："为了加速造就人才和带动整个教学水平的提高，必须考虑集中力量，加速重点大学和重点中学的建设。"同年年底，S市市委批准了市教育局《关于设置本市重点中小学的请示报告》，确定76所重点中

---

① 西林县地方志编纂委员会：《西林县志》，广西人民出版社2006年版，第826页。
② 李进：《上海教育发展60年重大事件纪实》，上海教育出版社2010年版，第42页。

学，97 所重点小学，2 所重点幼儿园。①

尽管 S 市市区已普及小学教育，但不同小学之间办学水平和质量存在重大差异。与全市的众多小学相比，97 所重点小学不仅是鹤立鸡群，更是凤毛麟角。"僧多粥少"的局面使得招生矛盾异常突出。为此，S 市教育局经市政府批准，撤销了重点小学设置，改按学区设立中心小学。到 1985 年，全市有中心小学 288 所，其中市区 80 所，郊县 208 所。

除招生矛盾之外，推行"学区"制度的另一个原因是学校事业的迅速扩张。自 1978 年至 1993 年，P 区公办小学由 49 所增加到 84 所，学生人数由 28267 人增加至 63886 人。② 随着学校的增加、学生的增多，P 区在行政领导和专业领导的力度上开始凸显不足。据前任浏校长的回忆，那时候局里就几个人，连到各个学校听课都排不过来。1981 年 8 月，P 区按照 S 市教育局规定，分设学区，并在学区设立中心小学。按照当时的设定，P 区共有 5 个学区，每一个学区设中心小学 1—2 所。1985 年，毗邻区县的一个镇划入 P 区，增设一个学区。1992 年，又有两乡划入，复增设两学区。至 1993 年，P 区有学区 8 个，中心小学 9 所。③

从 1985 年开始，P 区在原有学区管理体制基础上试行"学区主任制"，即在每一学区设主任一名，辅导教师 2 名，人事干部 1 名，财务 1 名。人员编制由原中心校及党总支转化而来。学区内统一使用教育资源、自由调配人员，学校领导、教职工队伍结构大致配置相当。"学区"制度的确立使得小学管理体制由"二级"变成"三级"，各学区集中力量办工厂，让学校领导集中精力抓教育，在规范、管理、评价方面统一要求。管理重心的下移不仅激活了各学区办学的积极性，更在区域层面上整体提高了教育质量。

在整体提升教育质量方面，"向阳小学"所在的"ZZ 学区"④ 最为典型。由于地缘和生源等多重原因，人们对 ZZ 学区的评价是"五差"：校舍设备差、学生来源差、师资条件差、教育质量差、校风校貌差。根据统计，20 世纪 70 年代末 80 年代初，仍有 15%—25% 的毕业生不能升入中

---

① 李进：《上海教育发展 60 年重大事件纪实》，上海教育出版社 2010 年版，第 42 页。
② S 市 P 区教育志编纂委员会：《P 区教育志》，2002 年，第 125 页。
③ 同上书，第 140 页。
④ 当时学区的划分多以地理区域的连接为特点。"ZZ 学区"是 P 区"Z 路"和"Z 湾"两块区域的联合体。这一划分使得许多学区在地理位置、生源特点、教育质量等多方面存在近似。

心学校，截至 1983 年，毕业会考有 6.7% 的毕业生留级。ZZ 学区的整体教学质量在 P 区排末位。教育质量的低下使得约 20% 的学区学生转到其他学区入学，有限的教学骨干也纷纷外流。概言之，ZZ 学区的教育状况是"家长不放心，教师不安心，学生不专心，领导没信心"。但就是这样一个学区，自 1984—1985 学年以来，各年级合格率连续五年稳定在 98% 以上，毕业生合格率高达 99% 以上。毕业生合格率，语文、数学、外语三门学科总分、平均成绩连续四年在 P 区名列前茅。学生的不良、不法行为（如说脏话、逃夜、偷窃）迅速减少，1986 年以后，数千名学生的轻微违法活动只发生过 3 起。同时，学生的身体素质、身高、体重、肺活量、脉搏等发育指标均优于全市平均水平。在当时举办的少年科学技术活动中，ZZ 学区的学生也先后获得各级各类的奖项。据不完全统计，ZZ 学区教师和干部在 1981—1989 年间，受到区级单位表彰达 159 次，市级单位表彰 16 人次，国家级表彰 3 人次，受表彰的先进人物达 100 人。[1] 1986 年 4 月，S 市教育局在 ZZ 学区召开"端正办学思想，大面积提高教育质量现场会"，向全市推广"ZZ 学区"的经验。1989 年 4 月，时任 S 市市委书记专程来到学区，挥笔题词"教书育人"，并赞扬学区干部与教师为提高教学质量，提高民族素质所作出的非凡努力。[2]

ZZ 学区的教育面貌就像"过山车"一样，一下子由低谷走向高峰。许多人不禁想问，是什么因素让 ZZ 学区实现了惊人的蜕变？为了弄清个中缘由、总结经验，1988—1989 年，ZZ 学区、P 区教育局和 H 大学教育系的部分师生联合成立了一个课题小组，开展调查研究。

课题组中的大学合作研究者中，有一位就是叶澜教授。她被称作是"在上海与新的时代共同成长"的教育家[3]，她与"向阳小学"后来的发展密切相关。课题组花了多年时间深入调查，先后召开过 25 场座谈会，做过 40 人次的访谈，并参照了学区近十年来总计不少于 100 万字的文字资料。最终，课题组从教育管理、师资培训、少先队工作、教学科研、典

---

[1] ZZ 学区联合调查组：《S 市 P 区中 ZZ 学区大面积提高教育质量系列研究报告集》，教育科学出版社 1992 年版，第 3—5 页。

[2] S 市 P 区教育志编纂委员会：《P 区教育志》，汉语大辞典出版社 2002 年版，第 317 页。

[3] 此为许美德（Ruth Hayhoe）的说法。在日常学术生活中，叶澜教授一直将自己看作是教育学家而非教育家。关于叶澜教授的生平叙事可参见 [加] 许美德：《思想肖像：中国知名教育家的故事》，周勇等译，教育科学出版社 2008 年版，第 237—250 页。

型学校案例以及总体哲学反思等多个方面对 ZZ 学区大面积提高教育质量做了系统深入的经验总结和概括，最终成果在一家国家级教育出版社出版。①

正是通过这次调查研究，叶澜教授看到了多方合作研究的优势，也积累了初步的合作研究经验。② 在一次回顾自己学术生涯发展历程的报告中，她谈到了此次调查研究对于她的意义：

> 这次调研是我研究的一次重要转换，这一次调查还不是像"新基础"那样深度的介入研究，它主要是了解别人如何做出来，是和别人交流、讨论的调查。这个研究给我最深的体会是：你要读懂实践，不能孤立地读，你要了解它的整个系统，还要了解它的整个历史变化。在读懂学区负责人、教师推进学区发展的过程中，我体会到了一种智慧叫实践智慧。这种智慧并不能通过读书学会。由此，我感受到实践会给我一种滋养，实践会让我懂得什么叫作智慧。因此，对实践产生了一种感情。这一研究尽管在当初不显眼，5000 块的科研经费，但是我们做得快快乐乐，并感受了许多在课堂上和书本上学不到、想不出来的东西。当初调查的一所学校现已成为我们"新基础"的实验学校，我始终记得这所学校在我的学术人生中给我的启示。当然，那次的调查涉及的不止这一所学校。③

也正是通过此次调查研究，叶澜教授结识了"向阳小学"的浏校长，为后续的延伸研究结下了业缘。

（二）"基础教育与学生自我教育能力研究"

如果说"向阳小学"与"新基础教育"研究的结缘始于"ZZ 学区调查"，那么"萌芽"则应该是一项课题研究。1990 年秋，叶澜教授与几位同事一起申请了 S 市教育科学规划办立项的自报项目"基础教育与学生自

---

① ZZ 学区联合调查组：《S 市 P 区中 ZZ 学区大面积提高教育质量系列研究报告集》，教育科学出版社 1992 年版。

② 同上书，前言第 4 页。

③ 叶澜教授于 2011 年 10 月 16 日在 "生命·实践" 教育学研究专题报告会上的发言。

我教育能力发展"研究。叶澜教授曾讲到,这一课题的提出,首先是与其个人体验相关:

> 我自己本人开始有自我意识大概是在初三,那个时候面临选择考一个好的高中的问题。我自我意识的觉醒不算早也不算迟。在我读高中之后,就开始懂事了,对未来有憧憬规划,对英雄人物有崇拜。当时读了很多苏联的英雄人物的故事。这些人生的精神食粮有着绝对重要的作用。高中以后,我每次的关键人生选择都是我自己做出的。不论是选师范学校还是专业,都是如此。我特别意识到一个人的自我意识、自我发展的清晰对人生的价值。很多人浑浑噩噩过一生,没有关注自我意识问题。在我看来,一个受过教育、有文化的人和没有受教育的人的主要区别,就在于有没有自我意识,有没有自我发展的清晰和努力追求。[①]

个人的生活体验问题随后转化成了学术问题。1986年3月,叶澜教授在《中国社会科学》上发表了《论影响人发展的诸因素及其与发展主体的动态关系》一文(以下简称"《论》文")。[②] 这篇文章突破了关于影响人发展的"三因素论"。"三因素论"认为,影响人的发展的主要因素有三种:遗传、环境与教育。其中遗传素质是人的发展的物质前提,环境和教育对人的发展起决定作用,在起决定作用的影响因素中教育起着主导作用。《论》文认为,要深入分析影响人的发展因素,不能只在因素分类标准及数量的增减上做文章,还要从方法论上寻求突破。它需要破除静态的、形而上学的思维模式,抓住人的发展的特殊性,用动态的、系统的、辩证的思维方式重新认识影响人发展的因素。这一方法论的视角得益于叶澜教授于1979—1982年在南斯拉夫的访学。在一次访谈中,她谈到了这次访学对她的影响。"我最大的收获就是通过学习教育理论理解了人的发展、独立和每个个体的自我意识。我意识到,不同的视角和不同的思考问题的方法会导致在同一环境中的不同评价。一直到那时,我才比以往任何

[①] 2011年9月28日,"向阳小学"座谈会录音。
[②] 叶澜:《论影响人发展的诸因素及其与发展主体的动态关系》,《中国社会科学》1986年第3期。

时候都强烈地感受到个体的存在。"[1] 显然，个人生活的体验，加上南斯拉夫访学的精神财富，浸入叶澜教授的思考深处。《论》文指出，关于影响人的发展因素的分析，必须从生物学立场上升为人学立场，需要把发展主体的实践活动纳入可能影响人发展的关键性因素考虑，并从发展过程和变化的动态角度重建影响人发展的"二层次三因素"理论。[2] 这一思想理论在1991年叶澜教授著的《教育概论》中得到了进一步深入的阐发。[3] "二层次三因素"理论的提出，在教育理论界引起较大反响，既有学者赞同，也有学者商榷[4]，更多的人则认为，这是一种有意义的理论，但做不到。为了检验这一理论的合理性和可能性，叶澜教授提出了上述课题，并开始与"向阳小学"合作。

彼时的"向阳小学"并没有今天的名气，即便是在因大面积提高教育质量而名声大噪的ZZ学区，它也不过是中等水平。它既不是ZZ学区的中心小学，也比不上后起的典型学校。在《P区教育志》中，并没有太多"向阳小学"的介绍；在"ZZ学区调查"的系列报告中，提及"向阳小学"的内容也只有寥寥数句。好在学校有一位对教育事业有热情、不满现状，并且相信教育研究能够提升学校办学水平的浏校长。我第一次见到浏校长是在一次了解过往研究历史的群体访谈会上，浏校长个头不高，讲话声音洪亮干脆。当天她穿了一件红色毛衣，外面套了一件黑色马甲，戴了一副大框彩色眼镜，显得异常时尚。她为我们提供了当时的结题材料附录以及学校建校40周年的纪念册。访谈期间，她提议和参与访谈的老师一起照张相、做个留念，并在多次拍照中摆了多个姿势。一会儿她戴上那副时髦的眼镜，一会儿她又拿一本书摆在自己面前作为"道具"。后来一位老师和我讲，通过那天的接触，她感觉浏校长是一位对学校有着深厚感情的人。这位老师刚调入学校时，浏校长已快离开"向阳小学"了，她们并没有多少接触。对于校长，当天参与访谈的老师大多也只有那种——

---

[1] ［加］许美德：《思想肖像：中国知名教育家的故事》，周勇等译，教育科学出版社2008年版，第244页。

[2] 叶澜：《论影响人发展的诸因素及其与发展主体的动态关系》，《中国社会科学》1986年第3期。

[3] 叶澜：《教育概论》，人民教育出版社1991年版。

[4] 傅岩：《对教育与发展问题探讨的断想——与叶澜同志商榷》，《教育理论与实践》1987年第3期。

"哦，浏校长啊"（崇敬的语气）。

在浏校长的讲述以及所提供的材料中，我们大致了解了这一课题的基本做法和研究内容。三年的实践研究中，学校在一、三两个年级分别挑选了两个实验班。那时刚好碰上入学高峰，一年级的实验班有50多人，参与教师是一位刚参加工作两年的青年教师。三年级的实验班则找了一位有一定教学经验和研究能力的老教师。研究内容上，主要有班级建设研究和语文学科研究，后者包括阅读教学、作文教学、童话教学和识字教学等。班级建设方面已经开始尝试通过小岗位来培养学生的自我教育能力了。在后来"新基础教育"研究时期，岗位教育一直都是班级建设的重要手段。只是那时的岗位还比较少，只有12个，如大、中、小队长，科代表、卫生员、节电员、发行员、财产保管员、图书管理员、小记者、生物管理员、推普员等。除了小岗位之外，还有"小班主任"制度，在两年时间里，每个学生都轮流当一回"小班主任"，他们需要主持班队活动、写好班级日记，并处理班级事务。从今天"新基础教育"的视角来看，那时候的改革还仅仅是点状、萌芽式的。例如，在作文教学方面，倡导课内观察作文，开展班队活动为作文教学提供素材以及自由作文。在"新基础教育"研究后期，学校尝试班队活动与学科的整合，在这里我们可以看到这一做法的最初尝试。与后期深入拓展不同，这里的"整合"还仅仅是单向度的，即班队为学科服务。自由作文方面也是如此。2005年以后，学校的作文教学曾开展过随笔写作教学，2009年，"新基础教育"成型性研究结题会上，"向阳小学"一位实验老师呈现的就是随笔欣赏。当这位实验教师看到早期实验研究的材料时，她异常惊讶。她后来和我讲，她发现原来现在的一些理念在1993年研究时就已埋下种子。尽管今天的实验教师并不清楚当初的做法，但有些联系却一直潜伏在日常生活之中。1994年，一位实验教师提及，在一次周记写作中，全班53个同学写了43个不同主题内容，仅有9个同学主题撞车。2011年，另一位教师讲述了一个异常相似的故事：区期末考试的作文命题是"难忘的一课"，"向阳小学"的学生多是从比喻的意义上理解"课"，近70%的学生写的是日常生活中的"课堂"，而非一堂学校中的"课"。相比较而言，其他学校的学生则有90%的学生写的都是具体课堂。对于今天的实验教师而言，因为他们没有亲历整个变革过程，所以并不了解1993年项目研究对"新基础教育"的影响。但对于两项变革项目的负责人和亲历者叶澜教授而言，她清晰指出了二者的关联:"如果没有该项目的认知开展和基本达成期望中的成功,我不可能也不敢提出'新基础教育'。正是在这个意义上,而不只是在时间意义上,我把这项研究看作'新基础教育'研究的前奏。"① 按照叶澜教授的说法,这是她"生平第一次用实地研究的方式,去检验自己提出的一种理论的合理性和可行性,去研究一种理论如何实现向实践形态的转化,以及去认识、体验转化过程研究中的问题与复杂性"。②

二 徘徊与接续

课题研究的开展过程中困难重重,一路走来是跌跌撞撞③,但最终还是取得了成功。课题组的一位心理学教授,通过自我意识发展的情境实验对三年级的实验班进行测评,结果显示实验班比平行班普遍优越。这一研究成果发表在心理学的一家权威期刊上。除情境实验之外,课题组还对四年级学生进行了作文投射测验。他们在黑板上呈现几个儿童模糊的背影,然后让学生看画作文。结果显示,实验班在集体感、互助、心境等几方面同样优于非实验班。当学校校长、教师和课题组专家们正在为课题研究的成功而欣喜时,一场看似平静却影响深远的市场风暴正在向"向阳小学"席卷而来!

(一)"市场风潮下的哭泣"

"一九九二年,那是一个春天,有一位老人在中国的南海边写下诗篇……"当董文华唱起这首《春天的故事》时,绝大部分人都知道歌中的这位老人是邓小平。但可能也有一些人对于"春天的故事"并不是很了解。1992年1月18日至2月21日,邓小平南下视察武昌、深圳、珠海、上海等地,发表了著名的"南方谈话"。这一系列谈话,其核心精神是改革开放胆子要大一些,敢于试验,要大胆地试,大胆地闯。同年秋天,中共十四大在北京召开。会议上,江泽民在十四大报告中首次提出要建设社会主义市场经济体制,并提出推进行政管理体制和机构改革,切实

---

① 叶澜、李政涛等:《"新基础教育"研究史》,教育科学出版社2010年版,第152页。
② 同上书,第147页。
③ 关于学校变革过程中的困难与冲突,我们将在第三章中作集中叙述。

做到转变职能、理顺关系、精兵简政、提高效率。同一年,国务院废除了约400项关于限制经商的条约。高层的一系列动作促使了一波"下海"①经商风暴。根据人事部统计,1992年,辞官"下海"者12万人,不辞官却投身商海的人超过1000万人。②"官员下海"的各种报道充斥着全国1700份报纸,火爆的标题包括:"市长摆地摊""书记县长摆夜摊""不挤官场挤市场""市政府决定允许人才从事业余兼职工作""纷纷扬扬'辞官潮'"等。③对于熟悉今日公务人员优越生存处境的人而言,上述现象不可思议,也无法想象,但这确实是那个时代的实情。官员"下海"经商主要是经济的考虑。一个地方科员道出了门道:"按现在中等偏下的生活标准算,我每天早餐2元钱,中餐4元钱,晚餐4元,一天10元少不了,我一天抽一包大鸡牌烟2.5元,这样一个月少算也得370元,可我每月全部收入加起来才240元"。④1992年年初,山东某市统计局城调队对全市十大行业年平均收入做调查,发现机关人员收入倒数第二,由过去的"老大"变成"老九"。⑤

"下海潮"不仅波及机关人员,还卷入了知识分子。20世纪80年代末90年代初,工资收入分配领域中长期存在"脑体倒挂"现象(即脑力劳动者的工资比体力劳动者工资低)。民间流传的"教授教授、越教越瘦""穷得像教授、傻得像博士""研究原子弹的不如卖茶叶蛋的,拿手术刀的不如拿剃头刀的"等口号就是那一时期的真实反映。1985年,一个卖茶叶蛋的每月收入至少为750元,而一个制造导弹原子弹的科学家月薪才400元左右。到1995年,卖茶叶蛋的一个月大概可以收入1050元,而造原子弹的科学家也不过700元(包括"特殊贡献"的国家津贴100元)。在当时,一个给女士做美发的人一周收入600元,轻松赶上外科主任医生一个月的收入。⑥

官员"下海",知识分子"经商",加之乡镇企业、个体户经营,使

---

① "下海"这一说法本身就展示了一种屈尊。在中国传统文化观念中,一直有"士农工商"的说法。机关人员丢弃铁饭碗,下到"商海",想做时代的弄潮儿。
② 新京报社:《日志中国 回望改革开放30年》,中国民主法制出版社2008年版,第8页。
③ 王宝良等:《中国再思考'92大写实》,专利文献出版社1993年版,第275页。
④ 同上书,第276页。
⑤ 同上书,第275页。
⑥ 李友梅:《上海社会结构变迁十五年》,上海大学出版社2008年版,第228—229页。

得 20 世纪 90 年代初的中国出现了一阵凶猛的"市场潮"。据统计，到 1992 年年底，全国登记的公司数达 48.7 万户，比 1991 年增长 88.8%；1993 年又翻了一番，达到百万户之多。① 这一浪潮席卷了政府、涌向了大学，并向最坚固教育堡垒——中小学发起了冲击。市场大潮对"向阳小学"以及课题研究的冲击还得从一次"校长的哭泣"说起。

> 曾经呢，有一个学生我是很喜欢，很喜欢。他工作呢，是拼命地干。他是第一个来，比我还要来得早。以前我是来得很早的。大概七点就到校了。但是呢，他比我来得还要早。他走得比我还晚。那么，我呢，想把他留下来，他也想留下来。留下来以后，就 2 个月不到。有一天，他叫我出去。他说浏校长你出来，我有点事情跟你说。他和我说：现在我工作都安排好了，我今后不来了，我辞职了。他说已经找好了，他的妈妈生癌症，他爸爸是神经病，住院押金要 2000 块，这里只有 160 块。他是新疆回沪知青，他和他爸爸住在叔叔家，从新疆回来每人 100 块。他后来找到了一个月 2000 块的工作。我觉得当时的"跳槽风"已经刮到"向阳小学"了。我觉得不可以接受。当时（我们教师）要结婚都是在暑假寒假，大家都不请假，专心搞好教育工作。（这件事让我在想）我做事就做得这么失败？人家要离开"向阳小学"了。我扶在门上大哭，我觉得天也塌下来了，从来也没有人跟我说过我不想做教育了。所以我觉得经济也是很重要的一点。当时我们每个教师有五毛钱的报费，一块五的菜贴，其他学校的老师都很羡慕我们，但相对于外面的收入不过是微乎其微。（那时）我觉得要做好教师的经济问题。（群体访谈，2013-1-8）

这是在一次群体访谈中，前任校长浏校长讲述的变革过程中的一件轶事②。它表明"市场化"大潮已经开始波及中小学校，并影响教师。据另

---

① 中共中央宣传部新闻局：《新闻报道精品选》（1994 年第 3 辑），学习出版社 1994 年版，第 127 页。

② 这一事件不仅给曾经的校长留下了深刻印象，也给参与研究的专家团队留下了深刻印象。叶澜教授曾多次提及这一事件对她的冲击。相关描述可参见叶澜、李政涛等《"新基础教育"研究史》，教育科学出版社 2010 年版，第 152—153 页。

一当事人，课题研究语文专家陆老师回忆，当时她是同校长一起痛哭的①。略显不同的是，陆老师感慨的是为什么做实验这么难，浏校长痛哭的则是教师为什么会放弃光荣的教育事业。在时代的大潮中，个人不过是一朵渺小的浪花，尽管可能迎风绽放，但终究会落入潮水之中，随波进退。浏校长本人有着对教育的满腔热情，但她阻止不了经济大潮"卷走"自己的同事，甚至不能避免自己被裹挟其中。在课题研究的后半段，浏校长已经被区教育局里抽调去做房地产开发工作。在她的坚持下，初期她仍然顶着校长的职位。

一开始，浏校长并没有将这一状况告诉课题组研究的专家和老师。每周四上午她还是按例先安排好专家在学校的两节研究课，大概十点钟的时候再跑到房地产公司去工作。浏校长的这种两头跑、两头分心表现出来的来去匆匆和心神不宁，逐渐被心思敏锐的叶澜教授发现。最终在实在瞒不下去的情况下，浏校长向大家讲出了实情。实验教师的跳槽，校长的抽调，使得原本红火的课题研究陷入了困境，好在课题研究已近尾声。彼时，叶澜教授已经开始酝酿"新基础教育"的探索性研究，如果没有这一系列的人事变动，或许"新基础教育"的发展史将会是另一幅画面，至少"向阳小学"应该在"新基础教育"的最初成长期扮演更重要的角色。历史没有假设，课题组同"向阳小学"的缘分走到了一个分岔路口。对于叶澜教授和她的团队而言，人事变动对草根实验的影响问题会是她们后面十几年一直无法躲避的问题。

（二）"再续前缘"

叶澜教授和她的团队与"向阳小学"分手时，并没有人会想到将来还有机会再聚首。但人生总是充满惊奇，当我们走向两条不同的岔路时，或许并不是渐行渐远，而是为了前路的再一次聚首。

浏校长调离之后，几经辗转，祝校长上任了②。祝校长上任时只有29岁，但她作为语文老师已经在"向阳小学"待了十个年头。她刚上任的时候，学校状况并不乐观。除本身基础薄弱之外，学校还遇到两个棘手问题——一是"多校合并"，二是"骨干教师"抽离。多个学校合并既与学校

---

① 2013年1月8日访谈录音。
② 可参见第二章关于"向阳小学"的介绍。

办学质量相关，也与学生招生人数变化有关。1982年至1988年，S市的小学招生数直线上升并达到顶峰。随后至1991年有所回落，并在1993年达到第二个高峰。1993年以降，学生人数直线下降。与小学招生人数不同的是，S市中学招生人数在1994—1995年达到高峰[1]。为应对学龄人口变化，P区教育局需两头着力，一方面要加紧新建、扩建中学，另一方面又要撤并小学。据一位前教育局局长介绍，从1993—2000年，P区进行的撤点、并校、迁移、重组的中小学学校就有60多所。这还不包括幼儿园和九年一贯制学校。[2]

"向阳小学"的迁校合并就是在此背景下发生的。1995年，为了扩大向阳中学招生规模，"向阳小学"从向阳路校址搬到了现址，与L小学合并。L小学的前身创建于1957年。1971年停办，先后改办成两所中学。1990年复办小学，名"洛迦路小学"。1993年，洛迦路小学占地面积5653平方米，建筑面积4228平方米，班级20个，学生910人。[3] 1995年两校合并时，学校还是浏校长主事。她曾打算直接用洛迦路小学校名，后经教育局领导提醒，学校历史也是无形资产，才放弃了更名念想。在与洛迦路小学合并以后，学校又先后合并了两所学校。一时间教师队伍瞬间扩大，又极不稳定。那时候跳槽的很多，教师流动性很大。

问题还不只是"学校合并"，更为严重的问题是"骨干教师"的挑离。而这又要从国家的民办教育发展说起。自改革开放以后，各届政府越来越重视教育的发展。但国家在教育投入，尤其是财政投入上一直维持在较低水平，远低于发达国家水平，甚至还低于许多欠发达国家水平。[4] 例如1978—1998年的20年间，我国财政教育投入占教育经费总投入的比例从80.9%逐年下降到53.09%。[5] 而1993—2000年的8年间，财政性教育经费增长率一直低于财政收入和支出的增长率。[6] 国家教育投入偏低与穷国办大教育等因素相关，也与社会投入不足有关。为调动各层面社会力量

---

[1] 小学入学人数的高峰（1988年）与中学入学人数高峰（1994年）刚好间隔6年。
[2] 胡卫、丁笑炯：《聚焦民办教育立法》，教育科学出版社2001年版，第226页。
[3] S市P区教育志编纂委员会：《P区教育志》，汉语大辞典出版社2002年版，第114页。
[4] 陈赟：《1978年以来我国教育投入研究》，《清华大学教育研究》2006年第2期。
[5] 沈百福：《改革开放以来我国财政教育投入研究》，《复旦教育论坛》2008年第5期。
[6] 陈赟：《1978年以来我国教育投入研究》，《清华大学教育研究》2006年第2期。

的办学积极性，增加总体教育投入，1985年，《中共中央关于教育体制改革的决定》提出"地方要鼓励和指导国营企业、社会团体和个人办学"。1987年，国家教育委员会发布《关于社会力量办学的若干暂行规定》。1992年，国家教育委员会《全国教育事业十年规划和"八五"计划要点》提出"要逐步建立以政府办学为主的社会各界共同办学体制（规定'中小学教育以地方政府为主'）"。1993年，中共中央国务院《中国教育改革和发展纲要》提出"逐步建立以政府办学为主体、社会各界共同办学的体制（规定'现阶段基础教育应以地方办学为主'）"。1997年，国务院颁布《社会力量办学条例》，"鼓励社会力量举办实施义务教育的教育机构作为国家实施义务教育的补充"。1998年，教育部《面向21世纪教育振兴行动计划》提出，"今后3至5年，基本形成以政府办学为主体、社会各界共同参与、公办学校和民办学校共同发展的办学体制"。1999年，《中共中央国务院关于深化教育改革全面推进素质教育的决定》提出"形成以政府办学为主体、公办学校和民办学校共同发展的格局""可允许设立少数民办小学和初中"。

为响应国家民办教育的号召，S市先后出台各类民办教育政策，并着手兴办民办教育。民办小学的数量由1995年的58所增加至2000年的125所。[①] 发展民办教育，除了政策导向之外，更多的还是来自于学校内部的经济处境。一位专家曾给出了一个非常形象的说法，叫"捧着金饭碗要饭"[②]。在政策没有放开之前，一方面社会有强大的教育需求，另一方面公立学校教育投入有限，办学经费捉襟见肘。显然，在那一特殊时期，民办教育的发展是顺应时代要求的。但对于"向阳小学"而言，民办教育的发展并不一定是好事。自国家和S市倡导发展民办小学以来，P区不甘落后，通过社会力量投资办学、公立学校转制等方式，从1993年始，在7年的时间里发展了各类民办学校38所（其中小学6所）。民办学校的发展不仅关涉投入资金问题，更涉及教育质量尤其是师资问题。P区教育局前局长在发展民办教育时提到了"两怕"，第一"怕"就是怕民办学校不争气。他说道："不管有多少困难矛盾，我都不怕，就怕你自己站不住。如果民办学校质量不高，乱收费，搞

---

① 《S市年鉴1996》《S市年鉴2001》。
② 2013年1月8日访谈录音。

歪门邪道，那就把民办学校的牌子全都砸了。它们办不下去。我也不好交代。"① 为了保证民办教育的质量，P区教育局的一大举措就是从各校抽调骨干教师。在此过程中，"向阳小学"的8名骨干教师一次性被抽调去支援民办教育。按照祝校长的说法，她有一种被釜底抽薪的感觉。在一次回顾学校变革历程的座谈会上，现在祝校长还用玩笑的口吻跟该校前任浏校长提及此事。浏校长笑着表示，这也没有办法。毕竟人家家长交了那么多钱，必须找最好的老师。

对于29岁的祝校长而言，面临学校重组和骨干教师的抽离，困难可想而知。在一次闲聊过程中，祝校长向我描述了当时的局面："我刚上任，在教师心中也没有什么威信。几个学校合并，尤其是一些老教师更是不服我。中国就是这样。如果你是软柿子，谁都可以捏你。学校就像一潭死水。"年轻的祝校长并没有太多的选择，要避免学校被兼并，让自己的校长之路走得更久远，她必须有所改变。在浏校长的引荐下，祝校长加入了"新基础教育"研究。当初学校的加入，更多的是形势所逼。就像祝校长所言，她必须借助外力来搅活学校这潭死水。当时"新基础教育"因倡导"把课堂还给学生，让课堂焕发生命活力"而显得尤为独特。祝校长多次提到她选择加入的原因："叶老师开展的基础教育改革研究最吸引我的有两点：一是，她提出'尊重生命，相信每一个生命都有发展的可能'的教育理念，让我看到了我校学生未来发展的希望与前景；二是，叶澜教授和她的团队开展研究的方式是'直击课堂'，以一种'下沉式'的方式进入一线课堂进行诊断研究。"②

虽然主动加入了"新基础教育"研究，但对于这条路能否坚持走下去，祝校长心里也没有底。不仅她没有底，叶澜教授对此也有怀疑。在一次与记者的谈话中，叶澜教授讲道，"1998年，祝校长找到我，希望成为我们'新基础教育'研究的实验学校。当时我虽然答应了，但不确定略显内向、柔弱的她能否坚持下去，因为对他们学校当初的处境我是

---

① 此为P区前教育局长在一本著作中的原话，因遵循匿名原则，不注明出处。特此说明。

② 祝校长在多个场合提到这一点。在同我的闲聊中，在2012年2月的一次记者采访中，在2012年秋天的一次新疆西藏校长班参观培训会上，她重复讲过好几遍。

了解的"。① 尽管如此,"向阳小学"与叶澜教授及其团队还是一起开启了一段新的旅程。只是谁也不清楚,这段旅程能够走多久、走多远。

三 尝试与探索

"新基础教育"的诞生与"老校长的那场大哭"不无关系。当时的叶澜教授也不解,为什么教师就如此经不住诱惑?是教师道德沦丧还是其他的原因?回想起新中国成立以来的教育史,无论是政治上的"文化大革命",还是经济上的市场经济都给教育带来了大冲击。为了解决个人的心中困惑,叶澜教授翻阅了自十一届三中全会以来的国家大政方针方面的所有文本资料,尤其是当时发表不久的《中共中央关于建立社会主义市场经济体制若干问题的决定》。政策文献的阅读,再加上对邓小平 1992 年"南方谈话"后社会上呈现的万物复苏的生机的感悟,叶澜教授敏锐地意识到,问题也许不在教师本身,而在于计划经济向市场经济的转变,在于中国宏观社会结构的变迁。这些变革不仅仅影响了社会,也影响到了学校、校长和教师。时代正在发生变化,单纯从道德角度来批判教师既不合理,也不公平。面临一个进入新时代的社会,叶澜教授异常欣喜,她看到了新时代对教育目标和教育要求的改变。叶澜教授不再"愤怒""不解",而是"惊喜""兴奋"。带着这种惊喜和兴奋,她发表了《时代精神与新教育理想的构建》一文,提出了在转型性变革时期教育培养目标——"理想新人"的特征。② 因为有了在"向阳小学"的早期课题研究经验,此时的叶澜教授更倾向于通过实验研究来促成理论向实践的转化。

在课题组退出"向阳小学"后不久,S 市 D 区的一所实验小学(W 校)的两位校长,找到了 H 大学教育系的邬老师寻求合作研究。邬老师同叶澜教授是同班同学,一直在做语文教育研究,并是"基础教育与自我教育能力研究"结题时的评审成员。巧合的是,这所实验小学的一位副校

---

① 2012 年 2 月 28 日,叶澜教授在"向阳小学""新基础教育"扎根性研究阶段总结会上对 S 市一家教育杂志主编的谈话。2011 年年底,"向阳小学"被评为 S 市首批"新优质学校"。为宣传经验,这家教育杂志编辑部主任对"向阳小学"进行了为期一个月的蹲点式采访,并随后刊发了"向阳小学"的长篇纪实通讯。关于"新优质学校"的情况及其对"向阳小学"的影响,将在后面做出具体叙述。

② 叶澜:《时代精神与新教育理想构建》,《教育研究》1994 年第 10 期。

长还上过叶澜教授的《教育概论》课。各种机缘，让"新基础教育"落根于 W 校，并且开启了长达十余年的旅程。

（一）"关起门来做实验"

刚上任的祝校长需要在"向阳小学"打上自己的印迹，尽管在随后十几年间她成功地做到了这一点，但在起初，进展并不顺利。无论是加入"新基础教育"，还是其他的举措，她都有急于树立自己威信、提升办学水平的考虑。上任之初的祝校长知道，如果要办出特色，就必须拿出有形的东西。除了参与"新基础教育"研究之外，学校还参与了一项"学会学习"的国家课题，以及两项区级课题（一项是关于"小学生心理辅导"，另一项是关于"小班化教育"）。当初的状态，祝校长在 S 市的一次中小学骨干校长研究班上做了如下描述：

> 除了组织人力、物力投入"新基础教育"研究之外，我还主动承担了许多区里的课题研究任务，积极参与各级各类竞赛、活动，力图包揽每一块奖牌。现在回忆起来，我感到那个阶段工作特别忙：组织培训、报名参赛、准备公开课、汇报课、筹备现场会……由于课题繁多，我和老师们始终处于疲于应付的状态，常常是开题报告连着结题报告，把中间最重要的研究过程架空了，结果造成学校的发展处于停顿状态。可以说，在最初一年半时间里，我面面俱到地抓了许多事，也做了很多工作，但是没有成效。[①]

没有成效既是祝校长的自我感受，也是各方的反馈。在 1999 年"新基础教育"实验小结会上，课题组在听了实验教师的汇报之后给了一个消极的反馈。课题组专家提出，在教师的汇报中，教师只是罗列了一年来做了些什么，却没有思考为什么这样做，也没有考虑其中存在的问题以及是否有更好的改进举措。教师没有能够将实践与"新基础教育"的理论紧密联系起来，出现了"两张皮"的现象，而在教师平时的教学实践中，也看不到课堂的明显变化。其中，有一位专家甚至说大家都是在浪费时间。"眉毛胡子一把抓"不仅没有得到"新基础教育"课题组的认可，区

---

① 祝校长在 S 市中小学骨干校长研修班上的发言。

教育局同样也不认可。在何谓一堂"好课"上,"新基础教育"与区里标准完全不一样。前者强调尽量的"开放""把课堂还给学生",让学生有更多参与学习的机会,后者则强调教师要控制教学进程,教学环节要清晰,时间控制要严格。教师上的课在"新基础教育"专家眼中不够"开放",而在区教学比赛评委眼中又不够"精致"。曾经一度,"向阳小学"在区教学评比大赛中全军覆没。一位老师回忆起当初的状况说道:"别说在区教育局比赛获奖,就连ZZ学区的预赛都通不过,决赛的资格都没有。"① 两种不同的标准,让夹在其中的教师无所适从②。

学校既得不到"新基础教育"专家组的认可,也得不到区教育局的肯定。这对于踌躇满志的祝校长而言,无疑是一个沉重的打击。在"新基础教育"小结会后,祝校长静下来进行了仔细的思考。显然,"熊掌与鱼"不可兼得。对于当时"向阳小学"的条件而言,不可能在两条线上都取得突破。相比较而言,集中精力主攻一面还是存在成功的可能性。但问题在于,往哪一条线突破呢?经过深思熟虑,祝校长选择了"新基础教育"。在一篇回忆参与"新基础教育"心路历程的短文里,她提到了选择的理由:

> 我定下心来认真研读了叶澜教授主编的"探索性研究报告集",通过反复、深入地学习,从一个个"疑惑"到渐渐理解、认同和接纳,我对"新基础教育"的理论内涵的理解也在不断提升——"新基础教育"是从人的生命高度和基础教育的整体出发开展的研究,是实实在在的研究学校的发展,具有先进性和前瞻性。同时我更被华东师大课题组老师的敬业精神所感动。他们的年纪都大了,作为大学教授,在过去的两年中,他们不计报酬,不吝时间与精力,每周坚守一天在小学的课堂上,上午听四节课,下午与教师交流、评课,从不间断。专家们这种对教师生命的尊重与期盼深深地打动了我,对教育科研的执着与坚守深深地感召着我!

---

① 甄老师在2012年12月28日访谈录音。
② 关于两种评价课堂标准的差异引起的冲突及其教师的应对,我们将在第四章做具体的论述。

在我看来，除了上述原因之外，还有另一个很现实的缘由。以"向阳小学"当时的条件，走一般学校的发展道路显然是不具优势的。因为无论是师资、生源，还是外部力量支持，学校都不占有优势。选择"新基础教育"，除了其教育理念之外，更重要的是，祝校长可以借助于课题组的专家力量来促进学校的改变。

坚定方向之后，祝校长做出了她一生中最重要的决定——"关起门来搞实验"。①"关门"是相对的，主要是学校尽量减少各种校外层面的竞赛与活动。同时，学校也不再像过去那样频繁地请教研员了。即便邀请学校教研员，也避免与实验班教师的碰撞。对于祝校长和"向阳小学"而言，她们走上了一条充满风险的道路，这条路究竟通向哪里，连她们自己也不清楚。

（二）"硬性规定"与"心灵对话"

"关起门来做实验"以后，学校的实验氛围和环境，有了很好的提升。尤其是实验教师们开始明白，祝校长已是一心开始做实验了。单纯环境的改变并不能带来局面的改变，新问题又出现了——没有教师勇于尝试。经历多次尝试，实验老师们仍然不知道如何上出具有"新基础教育"理念的课。而指导专家们往往又是对事不对人，点评不留情面。渐渐地，敢于尝试、挑战研究课的人越来越少。无奈之下，祝校长亲自尝试，她用她的实际行动告诉教师们，要敢于实践，敢于否定自我、超越自我。祝校长想形成一种勇于尝试的氛围，她没有选择，必须身先士卒。

看着校长的尝试，实验教师们也有了更多信心，开始一点点、一步步地尝试。看着局势在慢慢变化，祝校长顺势在制度上做起了文章。学校制度的确立是从"科研制度"开始的。首先是以"文摘花絮"为主题的理论学习，要求教师们坚持自学，每月完成一定数量的摘抄。然后就是《科研札记》的填写，教师通过记录小课题研究的进展程度、取得的效果、碰到的困惑等，积累第一手资料，反映每月的研究过程和结果。除此之外，教科室每月组织教师召开科研例会和科研沙龙各一次。其中，科研例会放在每个月第二周的周一，时间大概一个半小时，从下午4：30到6：00。在科研例会上，讨论内容主要是学校内部小课题的研究，如课题研究的重点、进展、效果、困惑，观摩活动主题以及下一阶段的研究重点等。科研

---

① 2012年2月28日，祝校长对S市的一家教育杂志采访时所讲。

沙龙在每个月第四周的周一下午4：30到6：00举行。主要方式是交流各自学习心得，科研沙龙会以辩论会的形式开展或者采取校外观摩学习的方式。偶尔也会用教师自己的实践来解释实验的理论思想或者个案分析，相关制度都是硬性规定的。每个教师如果想要参加科研例会或者沙龙，必须事先提交入场券（即书面发言稿）。

在祝校长看来，"硬性规定"是为了建立教师日常学习的习惯和兴趣，尤其是注重反思和重建。规定付诸实施的初期，教师往往是应对式的。一位教师和我说，那时候也没有办法，学校的规定嘛，大家都在这么执行。但随后教师的心态慢慢发生了变化，这种变化主要取决于与校长的"心灵对话"。

对于教师提交上来的《科研笔记》，祝校长花了大量的时间来阅读。她要从一个侧面了解教师的专题研究动态，了解教师课堂教学实践中的成功和问题。重要的是，她在每一本札记上都写上了自己的阅读后记。后记的内容多是一些鼓励的话，也有她对相关认识的看法和见解。校长的鼓励起到了很好的作用，好几位老师在聊到当初科研札记的时候都印象深刻。在教师眼中，校长在繁忙的管理工作中还能关注自己的工作，十分难得，也令她们备受鼓舞。教师的感受有点类似学生得到了老师的表扬。此外，学校还组织了一些主题的讨论。比如"什么是幸福""什么是快乐"等等。在一篇谈论"幸福"的短文里，她提出"工作并幸福着"。文章里肯定了教师工作的独特幸福感，溢满了校长对工作和幸福的理解。她想用她对生活的理解来触动教师。在一篇《山不过来，我就过去》的短文里，校长写道："世上本无什么移山之术，唯一能移山的方法就是：山不过来，我就过去。如果事情无法改变，我们就改变自己。"在另外一篇《不是不可能，只是暂时还没有找到方法》的文章里又有如下表述："失败一定有原因，成功一定有办法。让我们调整自己，把'不可能'这个极其消极的字眼从我们的'字典'中永远删去。即使真的遇到难题，我们至少还可以说：'不是不可能，只是暂时还没有找到方法。'"

（三）"十佳青年校长（园长）评选"

2003年，S市推出"S市中小学校长论坛"。论坛之一"中青年校长论坛"以"我的教育理念和学校可持续发展"为主题，通过评比的方式，选取了"S市十佳青年校（园）长"。按照S市教育委员会的文件所示，此次评选是"为全面贯彻党的十六大精神,实践'三个代表'的重要思想,按照'科教兴市'的战略目标,从加强中小学(含幼儿园)校(园)长队伍建设出发,开展的 S 市中小学青年校长论坛活动。通过活动涌现出一大批优秀的、以现代教育理念指导学校持续发展、办学有实绩的中小学青年校长代表。按照规定,参评校长被严格限定为正职校长或主持工作的副校长,中学校长年龄不得超过 45 岁,小学和幼儿园校(园)长不得超过 40 岁。最终,经过近一年的时间,决出了四位中学校长,三位小学校长以及三位幼儿园园长。在三位小学校长中,就有祝校长。在入选的三所小学里,一所是 S 市实验小学,它建立于 1911 年,曾经是教育部在 S 市的唯一一所部属重点小学,声名远扬。另一所学校则是挂靠 S 市教科院的实验小学,自 1997 年成立以来就是小学办学的公立转制试点,并在区内进行小班化教育试点,是 S 市首批小班化教育的试点学校之一。最后一所就是"向阳小学"。"向阳小学"也推行过小班化教育,不过是在 2000 年以后。相比于另外两所学校,"向阳小学"并没有相对优势,祝校长也因此成为那届评比中最大的"黑马"。

2003 年 6 月,论坛评审委员会在"向阳小学"召开了现场会。祝校长以"构建人文化的互动共生的精神家园"为题做了陈述。在这份陈述中,主要介绍了人文化环境的建设(校园环境的营造等),教师的人文化关注(让教师参与管理,让教师成功),人文化的课堂(注重教师的倾听)和人文化的评价("档案袋"评价和"成功袋"评价)。陈述会后的答辩环节,几位专家进行了提问。提问的问题聚焦在几个方面,一是关于学校举措的进一步了解。有的问及学校教育科研的特点,有的问到学校在张扬学生和教师个性上的做法,还有的谈及学校在教学形式、策略方面的具体改变和具体成效。二是校长本人的教育理念。一位专家请祝校长谈谈"二期课改"后对 S 市中小学语文教育的看法,另一位专家请她介绍精神家园的具体内涵并说说她理想中精神家园的标准。最后是具体的细节问题,问及对 S 市中小学语文教育看法的那位专家回过头来又问祝校长是否知道学校教师现在读什么书、图书馆的图书册数、购置经费等。前面几个提问都没有太大的问题,祝校长结合学校的做法及自己的了解做了具体回答。回答过程中,她巧妙提及当初加入"新基础教育"的原因以及前任校长留下的遗产(其间还介绍了到场的前任校长)。在细节问题的回答上,气氛稍显尴尬。祝校长没有说出图书馆书籍的种类和数目,只大致讲了购置书目经费的数额。略显尴尬的气氛被另外一位评审专家的提问转接了过去。这位女性评审专家问道,学校是如何吸引家长力量来建设家园的。在祝校长明了简短的回答中,现场会结束了。关于教师读书情况的问题并没有影响大局,祝校长最终一路过关斩将,成功赢得一个席位。2004年4月29日,S市教育电视台举行了十佳青年校长颁奖仪式。作为小学组的青年校长,祝校长是最后一位上台的。她从S市党委副书记的手中接过了证书。在获奖感言中,祝校长讲道:"今天是一个珍贵的日子,我想从今天起,我会永远告诉自己,没有最好,只有做到更好。"

按照祝校长的说法,她是"被迫"参加此次评选的。祝校长并不知道评选一事,区教育局组织科的一位官员电话告知了她此事,并"建议"她参选。起初,祝校长并没有抱太大期望,但最终的结果对于"向阳小学"的学校发展有着重要的意义。通过这次评选,区教育局逐渐开始认可"向阳小学",尤其是专业上对学校参与"新基础教育"的接纳。转折效应也开始体现出来,首先是教育局给学校拨了一项3万元的课题经费,紧接着是学校各种"公开课"在区里频繁获奖,"向阳小学"所有的教研团队都被评为区优秀教研团队。学校的境遇在瞬间发生了天翻地覆的变化,关于这一点,无论是校长还是教师都始料未及。

四 推进与飞跃

任何一项教育变革要想取得成功,最终都将指向变革主体生活方式的改变。无论是制度架构、组织更新还是具体内容的变革,无非是要创建一种新型的教学方式和师生之间新的生活方式。围绕着师生生活方式的变革,学校在管理、教学、学生工作等多方面进行了综合立体式的变革。关于这一进程的叙述,有利于我们认识学校在不同变革阶段采取的举措、改革进展以及存在的问题①。随着实质性变革的推进,"向阳小学"不仅面貌焕然一新,也得到了教育行政部门前所未有的关注,实现了另一层意义

---

① 关于"向阳小学"这一阶段改革举措的叙述并不是完全局限于"十佳青年校长"选拔之后。管理、教学和学生工作等领域的叙述将会涉及之前的改革举措。学校在2004年之前的"新基础教育"改革尚处于点式推进阶段,未全面铺开,各项举措虽有但不系统。同时,在对学校校长及相关老师的访谈中,他们谈论更多的是前文述及的内容而非变革的举措。

的"飞跃"。详述这一"关注"过程,既可以体悟教育行政部门推进学校变革的不同路径和策略,也能感受当代中国学校"发展"的别样道路。

(一) 管理变革

"向阳小学"的管理变革最初是从制度初建开始的。这一举措可以追溯到祝校长上任之初。在制度建设的初期,确立制度的目的其实是双面的。一方面,校长试图通过制度建设确立学校日常生活的制度规范,形成学校管理的日常秩序。这些规范不仅仅针对参与"新基础教育"研究的实验教师,对全体教师同样具有约束力。随着"新基础教育"的引入,学校各个层面的制度建设与实验推进勾连起来,制度建设的蕴含也丰富起来。学校在这一阶段先后建立了课程管理制度、科研制度等。在各项管理制度建立之后,为实现新型学校"价值提升、重心下移、结构开放、过程互动、动力内化[①]"的形态,学校开展了旨在推行学校变革的部门整合行动。学校重新构建管理平台,本着"合并中层部门,实行功能整合"的原则,对现行中层职能部门进行调整:取消教导处,设置了"课程管理研究室""学生发展研究室""后勤服务保障室"三个部门,并对它们的职责进行了重新定位,做到职责分明,责任共担。其中,"课程管理研究室"的成立旨在整合教导处和科研室的功能,"学生发展研究室"融合德育室、大队部的职能,拓展了管理人员与教师的学生工作视野,改变了学生工作概念窄化的德育观念,在工作策划与研究实践中引导了"管理人员和教师全面而整体地关注学生发展"这一思想。这一阶段的结构重组主要是横向结构层面的统整。随着学校各领域研究实践的深入推进,作为中层部门的分管领导,一方面要负责每学期具体实施计划的制订与推进,进行专业研究与实践方面的引领与指导;另一方面,要全面关注在实施过程中分管领域内教师的成长与发展。这决定了学校中层管理人员既是一名管理者,又是一名专业引领者。为了推进中层管理者在两方面共走的协调,学校改变原来单一的"条块分割"而走向"条块结合"。这一变革主张让管理者既要能成己事,也要能成他人之事;不仅能成己,也要能成他人,引领、带动教师们共同成长。学校组织在历经了结构重组、职能调整等阶段

[①] 叶澜教授在《"新基础教育"论》中对新型学校的形态有过具体阐释。可参见叶澜《"新基础教育"论——关于当代中国学校变革的探究与认识》,教育科学出版社2006年版。

之后，中层各职能部门都有相应"分工负责"的领域，这种"分工负责"虽然明晰了不同部门、不同主体之间的工作任务与职责，但在形成学校变革合力方面仍存在缺失。因此，学校进一步提出了"分工负责与协作推进"的管理理念。这一理念表明，各中层职能部门在学校整体格局中，既承担自身"分工负责"的工作，又与其他部门和团队负责人"协作推进"学校的各项工作。"分工负责"与"协作推进"并非截然分开的两个方面、两个环节，而是相互关照、相互敞开、相互融合的两个领域。在实施管理的过程中，部门之间相互支持，内外联动，融会贯通，相得益彰，形成了纵横交错的管理网络。学校整体转型也一步一步得以实现。

在组织整合变革的末期，学校管理变革单位逐渐开始由组织转向文化。"向阳小学"的管理变革进入文化引领阶段最早可以追溯到2005年，实质性推动则发生在2011年前后。当然，这并不是说2005年之前的学校变革与文化无关。实际上，学校一直注重文化的更新和引领作用。早在20世纪80年代，"向阳小学"就提出"不怕差，只要抓，因为差，更要抓"的精神。这一精神主要是直面当时学校生源差、教育条件差等困难，体现了中国传统文化中"直面困境、自强不息"的奋斗精神。同时，"强调教师的职业奉献和自我牺牲"与20世纪80年代末90年代初奉献集体、奉献社会的精神一脉相承。1995年，学校提出"求文明之学，做真善之人"的校训。这一举措，缘于当时学校社区的文化特点和生源特征。当时学校的学生家庭背景复杂，部分家长存在吸毒、赌博等陋习，普遍疏于对孩子的教育。学生不仅学习成绩差，更存在生活习惯、学习习惯不良和学习态度不端正的行为。"求文明之学，做真善之人"中的"文明"是与"野蛮""行为不端"相对的，强调培养学生的基本学习习惯和行为规范，"做真善之人"强调让学生成为一名诚实、善良的人。引入"新基础教育"之后，学校教育理念与"新基础教育"——培养主动健康之人结合起来，校训变成"创文明之学，做真善之人"。这既承接了学校的文化传统，也融入"新基础教育"的核心价值和理念，积极回应了社会市场经济带来的挑战。如果说在此之前的学校仅仅聚焦于办学理念或校训，2005年以后的学校文化则聚焦于学校整体。是年，学校提出"寻阳文化"的理念。其中"寻阳"是学校校名的谐音。按照祝校长的解释，"寻阳"既指追寻阳光般的事业，追寻阳光般的人生；也包含着善良与博爱，氤氲着幸福与快乐，倡导着民主与公平，激发着开拓与创造。为实现文化理念的渗透，学校提出人性化管理，强调教师培育中的合作，倡导课堂教学中的师生和谐，努力将寻阳文化融入班级建设中。尽管文化意识在这一阶段的管理实践中开始萌发，但文化引领和统整的思路还不够清晰。2011年，学校提出"润泽生命，洵美且异"的文化理念。"润泽生命，洵美且异"的提出是对学校"寻阳"文化的提升与丰富，它的内涵是：一样的阳光，滋养学校中每一个生命不一样的成长。"润泽生命"是阳光的功能。阳光是一切生命成长之源，它是七彩的、温暖的，它象征着希望、公平、博爱、乐观、积极、主动、和谐，它滋养生命，润泽生命，赋予生命成长的力量。"洵美且异"出自《诗经·静女》篇，意为"实在是美，而且美得出奇"。"洵美且异"中的"美"是一种朴实无华的自然之美、个性之美、和谐之美；"洵美且异"中的"异"是一种和而不同的"异"，是基于共性的个性。与前一阶段的文化渗透和转化相比，这一阶段的文化引领更为深入。在制度文化方面，学校提出"管理者成为工作合作者"的理念，同时进一步探索学校工作重心下移的机制。例如形成学科内不同年级间的综合互动，将散点式教研与聚合式教研融合，把日常小教研组的散点式教学活动和整个教研大组的长程式教研融合起来，发挥校本化研究资源的更大效益，全面形成学科改革的综合推进态势。在文化的课程转化方面，学校深化"基于学生成长需要"的教学理念，以"一样的阳光，不一样的成长"作为学校课程核心价值，深化基础型课程校本化研究，开发阳光校本课程，通过课程的整体设计与架构，为学生提供多种学习经历，丰富学生的学习体验，转变学生的学习方式，全面提升学生成长质量和水平。

（二）课堂变革

课堂教学变革的初期是从"教学时空的归还"开始的。在这一时期，课堂教学改革强调开放、重心下移以及学生资源的把握。参与的实验老师多由专家进行一对一的辅导。1998—2002年，通过这种个别化的指导，学校在语、数等学科培育出几位骨干教师，为后续实验推进奠定了组织基础。这一时期的研究主要是相关理念在具体课堂的转化与渗透，在具体研究内容上并没有系统化、结构化。相对整体的年段系统研究始于成型性研究阶段。2006年，语文老师甄老师领衔了一项市级课题——"基于学生成长需要的小学语文教学长程结构研究"。这一研究使整个学校五个年段的语文教学研究有了更整体、更系统、更全面的策划，各年段的教研活动与课题研究得到了整合与细化，并形成了多线并进，滚动发展的研究模式。语文教研组的多个梯队老师都提出了相应的课型研究计划并在不同梯队、不同年级之间构建起了相应的序列联系。随后，数学等领域也构建了相应的研究序列。在此基础上，学校开展了一系列的校本教材的开发，课程教学改革也随之进入一个新阶段。

这一阶段研究为后来研究的深化和推进奠定了良好基础。在扎根性阶段，学校对于如何树立儿童立场、彰显对个体生命的尊重和养育有了更具逻辑性的认识。学校总结了课堂教学研究中树立儿童立场的三个可行举措。一是研究学生的"前在"。通过教学前测，分析学生已经具备的学习基础与能力。例如，一年级语文学科在教学前对学生汉语拼音识记和识字量进行摸底；数学学科对学生 5 以内、10 以内、20 以内的口算能力进行前测；英语学科用问卷的方式了解学生已有的英语基础。二是预设学生的"潜在"。教师承认并相信每一个生命都有发展的潜能，并在教学中注重开发学生内在的潜能。在提供的学习方式上尽可能具备多样性、差异性和选择性，使学生的"潜在性"在各种舞台上都能得到充分发展。三是重视学生的"差异"。强调把"差异"作为教学的资源，设法研究和利用，将其转化为促进学生进步与成长的动力。教学设计中留有"弹性区间"，分层制定适当的目标；教学过程中开展同质、异质小组的分层学习。课后，设计分层作业，尽可能贴近不同层面学生的巩固学习。

扎根研究阶段，年段系统研究也得到了进一步地深化与推进。学校以国家课程为蓝本，以统一制定的确定性的教学内容为基础，以学生成长需要研究为重点，对学科教学提出了基于结构视角的反思，力图打破传统的思维瓶颈，使教师重新认识"教"与"学"的关系，将"教学"作为一个基本的分析单位，以"整体意识"统领教学设计，学习从整体把握小学阶段五年的教学，摸索到整体内部的复杂结构，实现教师思维方式的整体转型，进而实现三个转化：其一，价值转化。把一般教学价值观转化到育人价值上。将学生学习从掌握知识转化为与教师共同探究学习的方法，形成举一反三、触类旁通的自主学习能力，为学生的终身学习奠定基础。其二，纵向转化。将学科教学内容按照学生年段特点及成长需求梳理成不断递进的纵向序列，帮助学生把握学习的方法结构，主动地学习同类知识。其三，课型转化。研究具体到不同课型在相同学段的呈现，同一课型在不同年级的表现方式。

同时，学校还开展了类结构教学研究。类结构教学强调在教学内容、方法和过程三个方面贯穿整体意识。在教学内容结构方面，在整体结构意识的引导下，对现用教材进行规划、重组和加工。研究老师把学科的书本知识按其内在的逻辑组成由简单到复杂的结构链，在新旧知识之间、新知识各构成部分之间、新知识与学生生活世界之间等相互关联，帮助学生形成对知识的整体性认识。这一重组包含横纵两个向度。横向方面，把相关知识点按其内在的类特征组成一个整体，使学生在整体感悟中把握知识的共性与差异性。纵向方面，依据学生年段特点、教学目标要求和学生学习的成长需要进行了内容建构，帮助学生把握学习的方法结构，主动学习同类知识。在教学方法结构方面，教师以结构为大单元进行教学内容的组织，使贯穿教学的认知主线逐步复杂化，使学生将知识融会贯通，真正纳入自己的认识框架，与原有知识经验结成一个整体，又具有灵活性。例如在听说训练方面，学校总结出了教学结构的四步法：听，初步了解——由录音或教师讲述故事内容，学生静听，知道大概内容，训练瞬间记忆能力；记，边听边记——由录音或教师分步讲述内容，学生静听，努力记住故事，训练语言组织和表达能力；说，先分后合——分步说出故事的开头、经过、结尾，再完整复述，训练语言组织和表达能力；评，互评修改——师生共同评议学生的复述，在原有基础上改进提高，做到清楚完整。类似的教学方法结构有很多，如语文学科中故事创编类课型的方法结构5个、句群训练课类课型方法结构4个、阅读课教学类课型方法结构11个、作文教学类课型方法结构6个；数学学科中也有"融和渗透型"方法结构、"规律探究型"方法结构、"转化探究型"方法结构和"整体感悟型"方法结构等。除内容结构和方法结构之外，学校还形成了教学构成结构的认识。就深化程度而言，相关理论认识和实践探索要明显高于前一阶段。

（三）学生工作

相比于语文、数学两门学科的研究而言，"向阳小学"的学生工作、班队建设的研究起步较晚。"新基础教育"的学生工作或班队建设提倡"把班级还给学生"，关注学生成长需要、促进学生自主成长。从"班级建设"一词的字面上意义就可以体会到这种理念同一般理念的差异。通常人们强调的是"班级管理"，"管理"强调的是自上而下的规训，而"班级建设"中的"建设"则注重学生自下而上的生长。如何让学生在班级活动中获得更多更有效的成长,是学校班级建设的关键。"向阳小学"起初的学生工作重心立足于学校活动,像艺术节、儿童节、体育节、英语节等活动。这些活动也能促进学生的发展,但受众面有限,得到锻炼的往往是那些经常参与的学生。在后续的改进中,学校主要进行了两个改变,一是活动策划重心的下移,学校将班级工作的重心下降到年级组,让年级组开展起始年级的回溯研究。二是立足于学生的成长需要,开展班级建设工作。认清"学生的成长需要"说起来容易,但做起来难。教师往往会根据时事形态的发展来开展班级活动,比如3月开展学雷锋活动、5月开展爱劳动班会等。由于教师对学生在日常生活中存在的问题及其进展状态并不了解,因此班级建设的效果往往是表面热闹,而实际上对学生没有教育价值。为了凸显学生工作的教育性,专家经常引导班主任思考:学生从一个年级进入另一个年级后,发展状态上取得了哪些进步,又存在哪些共性和问题,并基于这些问题设计活动。例如,一年级学生因班级活动及其评价多聚焦于个体表现而缺乏集体意识,因此在二年级时,班主任会通过小组竞赛等方式提升学生的集体观念和意识。在一段时间的实践之后,各小组之间的集体意识和观念有了相应提升,但又出现新的问题,即在小组内部和不同小组之间容易形成狭隘自我、过于竞争和相互抱怨的局面,于是"如何分工合作"又成了新的班级活动主题。

在学生工作的具体推进上,学校最初的做法还包括"小岗位"教育和"成功袋"。"小岗位"教育主要是引导学生自我管理和自我教育,通过在班级中因人而异设立小岗位,发挥每个学生的个性,使学生在参与班级管理的自主活动中接受自我教育。通常家长都希望学生当"小干部",学生也希望自己当,但一方面"小干部"的数量有限,能得到锻炼的学生寥寥无几,另一方面也容易滋生小学生的"官本位"意识。因此学校在中低年级设立了各种各样的"小岗位",如"气象小专家"(负责"天气预报"报送)、饮水管理员(维持饮水秩序)、"卫生小卫士"(负责给老师擦黑板)、"午餐管理员"(维持午餐秩序等)等提升学生的服务意识和责任意识。成功袋实际上是"学生成长册"。在设计形式上,学校并没有统一规定,由班主任老师和学生自主设计。成功袋的目的在于帮助学生认识自己,激发前进动力,因此它由老师监督、学生保管。放入成功袋的物品类型并没有限制,主要取决于对学生的价值和意义,如一次取得进步的作业、一次活动的照片、自己设计的作品等等。老师会根据学生提供的物品以及背后的价值意义进行评价和表扬,从而激发学生更大的前进动力。

上述学生工作的举措主要发生在2005年之前,尽管在实践中取得了成效但也存在诸多问题。首先,学校德育工作没有形成年级"序列",缺乏对各年段学生成长需要的研究。其次,尽管班主任能将"新基础教育"中关于"班级建设"的理念与班级工作相结合,但班级建设缺乏内涵,缺乏个性色彩。针对上述问题,学校在"新基础教育"成型性研究阶段进行了针对性的探索:

首先,丰富学生工作的组织架构。学校采取了多层面的研究体系,第一层面开设由学生工作部主持、由各年级教研组长参与的研讨活动,主要通过组长来了解学校各年级的学生成长状态和学生工作开展的整体情况。第二层面开设由教研组长主持、同年级班主任参与的研讨活动,主要通过班主任来实现每个班级学生工作开展的情况和每个班主任研究状态的横向交流。第三层面由班主任负责,通过与学科老师沟通了解班级学生的状态和同年级学生的发展状况。

其次,逐步开设了各年段学生的主题活动。例如一年级的"我是能干的小主人——小岗位建设";二年级的"奔向星星火炬城——小队建设";三年级:"管理班级我们能行——班委建设";四年级:"让爱成为习惯——大手牵小手活动";五年级:"菁菁校园,浓浓情谊——为母校献礼"。

与此同时,学校在年段活动开发的过程中还形成了序列性的班队活动类型。这类班队活动主要聚焦于三大类:第一类主要来源于学生内部成长问题,以满足学生成长的个人需要。如进入到三年级的学生尽管活动热情高涨,但缺乏工作策略与方法,而三年级又是培养小干部的最佳时机。基于这样的一种思考,年级组的老师推出了"岗位结对""小队岗位对对红""师徒之间""慧星耀中队"等系列班队活动,同时调整了班级的组织结构,有效解决了学生在服务策略上的一些问题。第二类主要是利用外部资源,满足学生成长的社会性需要。学校曾面向区各级领导、区少工委及各校德育教导和大队辅导员召开了以"传承民族文化,滋养书香童年暨三年级十岁生日仪式"为主题的现场会,将学生的成长与校园的读书活动以及仪式教育活动相结合,真实展示了日常性学生活动的全过程。第三类是系列活动的前移后续，以满足提升活动效应的需要。这一类型的主题班会是系列活动的有效节点，也是对活动效应的"趁热打铁"，主要是在年级组研讨的基础上，做好整个活动的整体性设计和策划，由各个班级根据各个"节点"进行落实。

不仅如此，学校还尝试"班级建设"与"学科建设"的融合与沟通，例如在低年级将童话教育与习惯教育结合起来，告诉学生每天要自主和自觉养成学习、生活的好习惯；用聪明人的故事来启发三年级学生学会学习，学会管理自己的班级；结合"与爱同行"的主题活动，让四年级学生在老师、父母同学身上寻找爱的故事，进而落实到自己的行为上，真正为班级、学校、社会付出自己的爱；开展"浓浓校园情"的活动，充分调动了学生对母校的热爱、依恋之情，也促使他们回顾了自己的小学成长历程。

与探索性研究阶段相比，学生工作经过成型性研究的几年实践，已经基本形成学生成长系列的教育，但各个序列之间、各主题教育之间的连贯性和针对性尚有提升空间。因此，在"新基础教育"扎根阶段，学生工作的序列化得到进一步的深化，并根据年级差异以及各年级学生年龄和成长角色的共同特征，确立学生工作不同年级的主题、仪式和班级建设项目。其中一年级的主题是"我是神奇漂亮的小学生"，仪式有"入学仪式""入团仪式"，班级建设项目是"我有小岗位"；二年级主题是"我是光荣的少先队"，仪式是"入队仪式"，班级建设项目是"我的岗位组"；三年级主题是"我长大了"，仪式是"十岁生日仪式"，班级建设项目是"班委与岗位"；四年级主题是"我是小小志愿者"，仪式是"志愿者成立仪式"，班级建设项目是"部门与岗位"；五年级主题是"我是自豪的毕业生"，仪式是"毕业典礼"，班级建设项目是"校园小当家"。这一学生工作序列与成型性阶段的序列相比，在衔接性、连续性和合理性等方面都有所发展。扎根性研究阶段学生工作的另一个推进在于学生工作的平民性。学校选择口琴和"跳跳（跳绳、踢毽子）"等作为各年级学生普及的活动项目。同时，在岗位教育方面，学校提出低、中、高年段不同层次的岗位教育目标，并在岗位活动中实施竞聘、实践、轮换等系列活动。实践重心上，"小岗位"教育由低中年级转向中高年级，让学生从班级、年级走向学校管理和学校活动的策划，培养学生的自我管理和学校建设能力。学生工作的策划重心上，进一步下移到年级组，注重形成各年级班级建设的各自特色。在学生工作与学科融合方面，融合的学科从语文学科拓展到数学、音乐、自然等学科。

（四）"新优质学校"

对于祝校长来说，境遇似乎在她身上轮回着。1998年，她校长初任，6年后，因当选S市十佳青年校长，学校的境遇发生了巨大的转折。从2005年开始，她和她的学校又开始了新的一轮蛰伏，同样在6年后，又一次全新的机遇向她和她的学校敞开。与前一次不同的是，上一次的荣光仅仅聚焦在她身上，而这一次则是照耀整个学校。

2011年，S市开展了一项"新优质学校"的评选活动。关于这一项目的背景，项目组的负责人在向阳小学召开的"新优质学校"推进进展工作汇报上做了阐述：一方面，S市已经高标准地普及基础教育并达到了世界先进水平，一批学校的教育改革实验取得成功，并且在一项国际学业能力测验中取得好成绩。但与此同时，教育领域内仍然存在应试教育、唯分数是从的教育文化，各层面实施新课程的自信力普遍衰微，相当的一部分学校感到办学方向迷茫。2011年3月，S市基础教育工作会议举行。会议提出S市基础教育必须走出依靠分数指标、估值计量、工具价值来判断教育效应的惯性，应追求学生全面发展、学校内涵发展，从教育人本价值角度，去做理智的思考和实践的回应；要特别注重实现基础教育价值指向和质量评价标准的转型，要从过度追求现实功利转向教育对人的发展，必须重新审视教育质量的评价标准。S市分管教育工作的副书记也提出："今后S市要能够涌现一批新的名校，不是靠学业成绩排名和升学率成名，而是靠育人质量过硬成名。包括对困难学生、农民工子女教育取得卓有成效的学校，也能够成为S市教育的名校。"

对于"新优质学校"的界定，项目组负责人从三个角度进行了阐释。相对于"老名牌学校"而言，"新优质学校"没有可供挑选的学生来源、没有政府积聚的优质资源、没有官员老总的异常垂爱，也没有特别深厚的文化积淀。但这些学校体现了"转型"方向，它们有"负责任地接纳就近入学全体儿童的全纳性态度，促进每一个孩子良好成长的价值追求，尽可能满足学生发展需求的办学思路和教育措施"，并取得办学实效。这种实效表现为"近年来学校综合办学水平、育人质量明显提高，且较为稳定；其经验在S市基础教育均衡发展和教育转型中能产生积极的示范作用;通过具有实际针对性和一定创造性的研究探索过程,形成个性特色较为鲜明的办学经验"。在项目"推进"方式上,首先是对初步具有"新优质学校"特征的学校的成功经验加以总结和提炼;其次是通过回顾总结、展示交流、个别指导、深入研究、深化实践等多种途径,使这些学校的改革与发展得到持续的推动;最后是树立S市基础教育转型阶段的优质学校典型,对其他学校产生引领与辐射作用。

在首批入选的25所学校中,向阳小学名列其中并独占鳌头。在项目组专家考察调研的研讨会上,一位评审专家认为向阳小学最符合"新优质学校"的标准,并得到了项目组负责人的认可。S市师资培训处的一位老师在一次向阳小学的考察培训活动中也向来自各地的校长透露说向阳小学在首批二十五所学校里名列前茅。2012年5月,"新优质学校"扩展到43所,在S市向教育部汇报义务教育均衡发展典型案例的新闻通气会上,向阳小学校长同另外三所学校校长一起作为学校代表与会介绍经验。在整个项目的评选推介过程中,祝校长多次在各种场合讲述了学校一路走来的历程。叙述过程往往是这样的:校长上任之初的学校处境首先被介绍,学校区位和生源背景也会被凸显,随后叙述会转向主动寻求高校合作。在有行政官员的场合,合作研究最初的困难,尤其是两种观念的冲突会被忽略。紧接着,制度建设、教学改革、学生工作等多个领域的变革推进会被介绍。最后,相关的实验效果,取得的研究成果会被提及,与学校的不利处境形成鲜明的对比和强大的现场冲击力。

如果说2004年祝校长当选"S市十佳青年校长"让她和她的学校转变了学校变革的境遇,2011年的"新优质学校"入选则从更深层面提升了校长和学校的知名度,甚至改变了学校的发展前景和命运。不论承认与否,这种改变已经发生并且将会在未来较长的一段时间之内产生影响。至于是扭转已有的学校变革还是提升学校发展境界,还有待观察。自入选以后,向阳小学得到了前所未有的关注。2012年春季学期开学的第一天,市领导、市教委、P区等部门的领导参观调研了学校。10天以后,P区教育局的党委书记到学校组织了学校教师"我心中的新优质"研讨活动。2012年3月,S市组织国家科技馆、中国教育学会、多地教育局等部门在"向阳小学"召开了考察会。三周以后,S市分管教育的副书记、教委等领导再一次视察学校。随后一周,S市的一位督学专家到校与教师一起探讨了语文类结构教学问题。5月,祝校长参与教育部义务教育均衡发展典型经验的新闻通气会。用学校一位老师的话说,2012年的上半年就是学校"新优质学校"推介学年。这种集聚关注一下让向阳小学成为S市基础教育界的明星,而祝校长也因为学校卓越的办学成效而被推介为S市政协委员。显然,这些是在她十四年前就任校长并引进"新基础教育"时没有想到的。

第四章

变革中的冲突

> 对于学校中普遍存在的冲突不必大惊小怪,冲突尤其可能发生在组织内不同群体或单位之间的交界或接口处。真正的问题并不是谁的感觉是对的,谁的感觉是错的,而是如何应对人们考虑和感受冲突的方式。冲突不会消失,也不应该被忽视。[1]
>
> ——(Michael F. DiPaola, Wayne K. Hoy, 2001)

就性质而言,"向阳小学"参与"新基础教育"的研究类型属于大中小学合作变革研究的一种(即通常所言的"U-S"合作研究)。在大中小学合作变革中,存在诸多不同合作类型和合作方式。从介入方式维度,大中小学合作研究可以分为"间接介入式"和"直接介入式"两种类型。其中,前者在英国和美国等国家的"U-S"合作中广为流行,在我国香港地区也普遍采用。在"间接介入"合作研究中,大学研究者并不直接介入学校与一线教师接触,而是通过"学校发展主任"或"借调教师"[2]来间接推动学校改进和教师发展。与"间接介入"合作不同,"直接介入"合作研究指大学专业研究者与一线校长、教师就课堂教学、班队建设、学校制度建设、教师发展等问题直接对话,他们一起出谋划策、做出诊断并进行实践改造,从而推动变革发展。"新基础教育"是典型的"直接介入"合作研究。不论何种类型合作研究,都不可避免涉及不同主体文化的冲突和碰撞,"直接介入"合作研究尤其如此。

---

[1] Michael F. DiPaola, Wayne K. Hoy, "Formalization, conflict, and change: constructive and destructive consequences in schools"[J]. International Journal of Educational Management, 2001, (5): 238.

[2] "学校发展主任"由大学聘任,负责指导项目学校,他们大多来自一线"中小学"。"借调教师"是从非项目学校借调而来,多为公认的"优秀教师",他们用一半时间来进行项目指导。

第四章　变革中的冲突

正如迈克·狄宝拉（Michael F. DiPaola）和韦恩·霍伊（Wayne K. Hoy）所言，学校中的冲突不可避免，重要的不是回避它，而是如何正视并解决它。关于"冲突"，我们赞同贝蒂·阿钦斯坦（Betty Achinstein）的观点："冲突可以被理解为观点和行为存在分歧（或显著分歧）或者是感到某种程度的不兼容的情形或持续过程。换言之，冲突可以是个体或群体碰撞的事件，在事件中分歧的信念或行动得以呈现。冲突同样可以是个体或群体意识到存在差异、问题或困境，并因此开始区分他们信念或行动差异的性质的过程。在此意义上，冲突是一个社会互动过程，借此个体或群体可能感知到他们自己。"[1] 在本章，我们试图通过变革主体的声音来呈现学校变革进程中的冲突画面，尝试对变革中的冲突进行分类、分析造成冲突的深层次原因，并阐释冲突背景下的主体行动逻辑。相关分析重在解释主体对冲突的认识和理解，并试图从行动逻辑视角呈现学校变革的复杂图景。

一　冲突：教师与校长的声音

本部分的几个故事，由四位教师和一位校长的叙述构成。我们对故事中的冲突进行了类型化分析。它体现的是在变革过程中变革主体可能会碰到的几类冲突。从逻辑上来看，最后部分校长的叙述并不属于变革过程之中的冲突，但她的故事能够为我们理解学校变革的复杂性提供宏观的背景与框架。在冲突的叙述上，我们重点呈现主体的感受与体验。

（一）"两头不着边"

程老师是语文老师，已经有二十多年的教龄。她从事"新基础教育"学生工作研究有十多年了。程老师是那种真诚但谨慎的人。她下面的讲述，源于本书临近尾声的一次补充访谈。访谈开始之前，她开门见山地和我讲，不要录音。尽管十分遗憾，我最终还是遵循了她的意见。

> 刚开始接触叶老师的理念，我觉得真的非常新，感到很震撼，也

---

[1] Betty Achinstein. Conflict amid community: The micropolitics of teacher collaboration [J]. The Teachers College Record, 2002, (3): 425.

认为那是我们应该追求的课堂。但我也觉得那是"空中楼阁"。以我当时的教学能力、学科素养、教学经验以及生源水平，我真的觉得那是可望不可即的。接触"新基础"时，我也算是有一点知名度的老师（说这句话时语气压得很低）。之前，我一直是跟着区里面的教研员（学习），他们都是老前辈、老专家。在这些老师的影响下，我基本上已经形成传统的教学模式，像预习、新授、练习等。进入"新基础"后，发现它追求的课堂和我原来接触到的课堂完全不一样。它要打破原来的教学模式、教学行为和教学习惯。你知道这一过程是很难的。"新基础"不像其他改革，有一个固定的模式，然后让你去学习去感受去体会。它完全没有操作的具体步骤。在最初那会儿，我上一次课"失败"一次，这严重打击我的自信心。我在想，自己怎么那么失败呢？专家来听评课和教研员也是不一样的。她不断地提出批评，找课堂中的问题，让你不断地反思自己的思路，背后的理念，然后要求你对课堂进行重构。所以一开始我真的觉得那是"空中楼阁"，理念很好，但我做不到。我们刚开始做的时候和甄老师还不一样，她已经研究很长一段时间了，基本上掌握了"新基础"基本理念和设计思路。那会她迈的步子也很大。但我那会还弄不清楚（它是怎么回事）。那时我也参加区里的一些示范课或比赛课，结果弄出来的课"四不像"，既不是"新基础"的课，也不是区里的课。原来指导我的一些老师也和我说，你怎么现在把课上成这样了？那会儿我真是处于夹缝之中。学校里面"新基础"的课我上不好，区里面的课也上不出原来的味道，所以是"两头不着边"，然后各方面给你的反馈都是消极的。那个痛苦，真的，你很难想象的……（教师访谈，2013-3-16）

（二）"理念很好，但是怎么做呢？"

姜老师是数学老师。我见过她很多次。我在学校单独调研时，时常待在二楼会议室。这个会议室是姜老师负责打扫的地方。每天中午12点35分，姜老师都会准时走进会议室打扫卫生[①]。我和姜老师虽不熟悉，但闲

[①] 学生劳动十分钟的状况可参见第二章。

聊过几次。当她知道是我找她访谈时,惊诧地喊道:"原来是你找我访谈啊!"随后,姜老师讲述了她参与"新基础教育"的困难与冲突。

我最开始参加"新基础"是2000年。那会"新基础"在学校里面是风风火火,开展得很热烈。当时我是由一位专家指导,她每周都来听我的课。我们那会儿主要在低年级层面(做研究)。当时我觉得还是能接受的,"新基础"真的很新,它注重过程性的开放,让低年级孩子敢讲、敢说。那会儿我们还没有多媒体,没有高科技,就全凭一支笔,也能创造出很好的课堂境界。这是起初的两年。后面因为各种原因我调到另外一所小学一年,等我一年后回来,就发现自己有"断层"了。因为在我调入的那所学校没有从事相关方面的研究。原来的课是复习、新授、练习,各个环节分得是很清的。"新基础"注重探究过程,主张让学生去发现知识的内在逻辑,但因为前面环节花掉了很长时间,练习就没有时间了。那会儿我会给大概有三分之一的落后学生补课。原来的教学,学生是一直操练下来的,但"新基础"的课堂,学生操练很少。但你知道,数学课没有练习是不可能的。所以我会私下给落后学生补课。不过通过上"新基础"的课,我真的觉得它的理念很好,对学生也好。它面向全体学生,注重培养学生的思维、能力。我倒觉得这和"二期课改"不谋而合。不过学生的差异很大,等到了高年段,我就觉得重心下移的效果不如低年级。这时好的学生会越来越好,那些不好的学生就变成了倾听者,没有自己的思维。所以我觉得数学必定要有大量习题,不然对这些相对较差的学生来说,他们什么也没有学到。

做"新基础"感觉到的最大困难和冲突,就是你不知道它究竟是个什么样子。有时候专家会给你提供一些指导,等后面你按照这种指导去上另外一节课时,专家又会说不是这样了。这次我们一位数学老师就上了一节"挑扁担"的四则混合运算。我们和这位老师在备课的过程中,把重心放在运算顺序上,让学生了解先算什么、后算什么,为什么这么算,以及它背后的逻辑是什么。这堂课就是这个思路,后面的练习也是寥寥无几。但后面负责指导的专家对这节课提出了批评,说这节课不成功,没有做具体的区分。但是,"计算顺序怎么得来的"这一关注点和指导原则也是专家的意见。有时候我们真的不能很好领会专家的意见。你按照专家的指导思路去做，最后她又说不对。对于它究竟是怎么样的，我们也很纳闷。很多次上课就是这样的。有时候就会很害怕上"新基础"的课，你不知道究竟怎么做才对，才能得到他们认同。我也知道，"新基础"的课是能够发展学生多方面的能力，但就是达不到要求，害怕上不好。所以这也是一个很矛盾的地方。"新基础"的一些观念、理念，在外面都听不到的。它确实很好，但当你真的要去做的时候，面对具体班级、不一样学生和内容时，你又真的不知如何是好。这就是我感到的最大冲突。（教师访谈，2012-12-16）

（三）"时间和评价是个问题"

舟老师是语文老师，教五年级。在语文和学生工作方面，舟老师都有一定的尝试并取得了相应的成绩。在调研期间，我曾经现场观察过她先后承担的"新基础教育"和P区语文教研活动的两次课。两次课风格迥异，这给我留下了非常深刻的印象。

> 像我们从外校并进来的，最开始接触"新基础"，也就是听听课、然后看专家评课。一开始并不知道"新基础"是怎么回事，后面慢慢开始了解，发现"新基础"与传统课堂在关注点、流程等方面都是不同的。这给了我一种非常不同的感觉。起初，我们以为"新基础"就是学生多说说、老师退居后面。所谓我们开展的课堂就是让学生多发言，那会儿课堂气氛非常活跃，活动形式非常多。当时我们还以为靠着了边。后面专家评课之后，才知道情况不是这样。不过开始和专家碰撞之后，我们的感受也和其他老师差不多，感觉"新基础"很新，很有冲击力，但对于这种理念怎么做，我们也不知道。那会儿一位专家单独指导我，在这个过程中我们慢慢地发现，"新基础"的课堂实际上更难把控，老师的立足点很高，课堂的灵活度、敏锐度等对教师提出了非常高的要求。
>
> 当时一位专家正在教我们拼音识字教学，"新基础"那时非常注重为学生的学习提供"拐杖"，比如说先让学生认拼音，然后再教偏旁部首，再教识字方法等等，当时我们开始研究的是拼音识字教学同

步，学校有一套校本教材，叫"阅读芳草地"，这是"新基础"专家在前期探索形成的。那会儿我们觉得最大的冲突就是课时的冲突，我们通常是先上"新基础"的"阅读芳草地"，然后再上"二期课改"的课堂。因为我们要多上"新基础"的课，所以在教学进度上比其他学校要慢很多。学生在学习的过程中也很缓慢，学会拼音识字背后的方法拐杖也不是一件容易的事情。学生在起始阶段非常慢。在这个过程中我也非常着急，因为要学的内容太多了。等指导专家走了以后，有时我也会偷偷地用一节课把"新课改"的内容上一遍。那会儿我们也有在整合，我把"二期课改"可以上的字也拿到拼音识字教学上面。

那时候我们压力很大的。首先是要学两本教材，学生要学的内容会比外面多，刚开始学的时候又很苦。所以学生回去也会给家长抱怨，说学校学的内容太多了。家长就打电话过来问老师，为什么其他学校只学一本教材，我的孩子要学会两本教材。当时S市"二期课改"刚刚推行，我们又是第一批试点学校。本来原来的课文是50篇，"二期课改"以后就变成84篇了。对于我们来说，既要赶"二期课改"增加的课文，还要上"新基础"的内容。所以老师有压力，学生的压力也更大。（访谈过程中另一位老师补充）

我觉得发展过程中，专家的作用很大。专家个人的特质也会影响到我们的心态。指导我的那位专家品性很慢，不是急于表面。她总是告诉我们不要着急，在改革过程中确实会有困难甚至失败。但无论如何，只要你认真尝试了，肯定会有帮助的。当然，她也会帮我们想很多办法。我们那会儿学生差异很大，有的学生会拼音，有的学生不会拼音。她就让我们分组，把会的与不会的分成两组，让好的学生带弱一点的学生，做"小老师"。在目标上也做出分层，不会的学生相对降低要求，而不做强行规定。我感到，如果专家急功近利的话，我们压力就很大，如果她允许你失败并帮你解决困惑，我也会放下很多。指导我的专家就是那种能让你静下心来做研究的人。她会告诉你很多，比如告诉你一堂课中有哪些没有关注到的地方，某一环节有多少孩子没有学会，或者有20几个孩子没有参与等等，然后说下一节课可以做些尝试改进。

其实我在研究心态上也发生了很大的变化。一开始我总是觉得我们教育与当今的社会体制有很大关系，如果社会体制不变，教育改变根本不可能。后面通过研究我慢慢发现，学生是有变化的。我的态度也慢慢开放起来。我有时会对自己说，你一个小老师，能做多大改变社会的事情呢。虽然我不能改变社会，也不能改变体制，但我能变一个孩子就变一个孩子，能带动一批孩子就带动一批孩子。这个体会与我做的东西也非常有关。现在班级里基本上都是独生子女，在家里养得很惯，在与人交流、沟通、合作上基本上没有什么意识，都是自我中心的。我们通过"大手拉小手"、小组合作等活动就能够解决学生的一些合作问题。这个过程中，确实有孩子是有成长的。我那会儿就在想，至少还有孩子是成功的。

我觉得学校改革过程中，最困难的就是时间问题和教育质量评价的问题。我们老师的时间是有限的，学生的时间也是有限的。做好一件事情是需要大量时间的。后面我们就尝试做整合，比如在五年级我们试着把语文和学生的班刊结合起来，试着挤出时间来，这样人很累的，之前要考虑很多，前期的思考必须周全。还有一个就是教育评价问题，做"新基础"肯定会有它的好处，对学生好，但是你考出来的成绩不一定高。考试很多都是知识记忆类的，"新基础"则是面向整个人的发展。我们也是处于两种标准之中，有时候也很矛盾。（教师访谈，2012-12-16）

（四）"我整个人是分裂的"

我第一次正式与"向阳小学"的祝校长交谈是在她的办公室。我走进办公室时，她正在同一位教师谈话。我后来知道，这是她当天上午约谈的第三位老师。我在隔壁办公室稍等了一会儿，待她们的谈话结束后，我走了进去。我刚坐下不久，她就拎了茶几上的水壶出去了，说要泡一杯普洱茶给我。这时我才留意到茶几上面有一套精致的茶具。水烧开之后，她将开水倒入一个比拳头大的茶壶，然后又将茶壶里的茶水倒入一个只有铜钱大的口杯并递给我。随后，我与她聊起在学校调研的事情，她说可以全力支持我的计划。期间，我们还聊到了星座和血型。她说她是摩羯座，做什么事情都很执着，认定了目标就一定会坚持下去。当知道我也是摩羯座的时候，她很高兴，并探讨了一些摩羯座的特征。我说摩羯座是那种外表

"冷"但实际上热心的人。在我论文开题过程中,一位老师问我是否是到"向阳小学"调研,当得到肯定答复时,他笑着对我说,"向阳小学"的校长可不太好接近哦。后面,这位老师还给我举了两个例子,说她在开会的时候,很少和人交流,并且每次座谈或讨论的时候,从来不做笔记。对于这位老师所说的,我是有印象的。在我初次见到祝校长的那次"新基础教育"基地学校校长联席会议上,情况就是如此。祝校长已经四十多岁了,但看着只有三十岁出头一点。她穿衣很时髦,经常会穿那种高七八公分的高跟鞋,不像一般校长穿的那样"中规中矩",并且有着S市人特有的精致。这种精致不仅反映在她的身上,也体现在学校的环境之中。她将学校的一间教室改成教师餐厅,风格虽不豪华,却有着家庭式的温馨。另一间供教师聊天讨论的房间则被设计成酒吧包厢的形式,有沙发、电视、会议桌和一个吧台。祝校长和我说,有人说她像明星,而不是像校长(实际上我也有这种感觉)。但她随后又反驳说,她只是外貌穿着上像明星,而现在学校里的很多校长才是真的"明星",到处"走穴"演讲作报告,心思全然不在学校里。在聊天的过程中,祝校长告诉我说,她正在学习茶道、古筝以及中国古代的琴棋书画。她说之所以学习这些东西是为了让自己慢下来,因为教育是一项慢的事业,在慢的过程中才能有时间和空间创造。在随后的调研过程中,我多次和祝校长聊天,内容涉及学校处境以及她当校长的感触。在一次闲聊中,她讲述了自己做校长的感触和经历。

> 刚开始做校长那会儿,我是一个很有魄力和冲劲的人。那个时候(大概2002—2003年),我内退了5、6名老教师。"内退"在那会儿还很少见,面临着很大的阻力。但我也没有办法,我必须这么做。那时学校里面是一潭死水,一些老教师不仅不做事,还整天叽叽歪歪,给你添乱,起了很坏的影响。在学校发展的初始阶段,你必须拿出勇气出来,保证水是活动的,这样学校才会有活力。那会面临的压力也大,被"内退"的老教师来吵、来骂,来"要"(指要钱或其他条件)。我都顶住了。那会儿我也很强硬。在中国,你知道的,软柿子是被人捏的(她一边讲,一边用手做了一个捏柿子的姿势)。如果你不强硬,你就会被人欺负。不管他们吵,还是骂,我都顶住了(第二次强调"顶住")。他们要钱,我不能从学校总账里面出,我自己想办法筹了4000块给了其中一位老师。还有一年(她记不起具体年

份),我给3个刚毕业的大学生评价"不合格",这在区里面也是绝无仅有的。区教育局人事科的科长给我打电话,提醒我注意干群关系①。我明白他的好意,但我还是坚持我的决定。尽管这样,我没有收到一封人民来信。我在过程中给老师们立下规矩。我和他们的父母一次次的访谈,让他们的父母明白,他们的子女真的不适合做教师。最后他们走的时候,一对父母还感谢我对他们子女的教育。

随着工作阅历的丰富,身体的原因,以及思想的改变,我现在慢慢开始纠结起来。我现在怀疑当初做的那些事情对不对。我曾经把一位教师从小学送到了幼儿园,现在感觉有点残忍了。现在我做校长,如果不是从学校的角度,而仅仅是从我个人的角度,很多东西我都下不去手,我会徘徊,犹豫。中国传统文化里面讲,遇见就是一种缘分,人要结善缘,不结恶缘。现在的我比过去内心平静很多,也安定很多。但中国的人和事,你懂的(她用一种期许我肯定的目光看了看我)!做校长,你就必须强硬。那个时候,我太在乎,一切都要去争。我想的是争一口气,想的是摆平一件事,一定要搞下来!现在我没有了以往的一种劲道。我开始纠结,没有以前的果断和雷厉风行。可能是因为那会儿我还年轻。这也让我坚定了我自己的想法,一定要用年轻人,因为他们敢闯敢冲。这对于学校的初始阶段很重要。

"那您的思想是从什么时候开始转变的呢?",我打断了她。

近四五年吧。这几年,我看了《西藏生死书》,感触很大(在第一次正式会面时,她也和我提到了这本书)。

我钦佩过去的我,但更喜欢现在的我。哪一个好,哪一个对学校更好,我分不清楚。我原来的个性不符合现在的工作需要。我的角色改变了我的性格。原来我不喜欢说话,但做校长你不能不说话,原来我性格内向②,做校长让我变得外向,原来我不强硬,做校长我又不

---

① 曾经有一位小学校长对我讲,对学校和校长来说,最重要和最关键的问题有两个。一个是校园安全问题,一个是干群关系问题。只要这两个不出大问题,其他都是次要的,因为即便教育质量不好,也不会让校长下课。

② 曾经叶澜教授也怀疑内向的祝校长是否能坚持做好"新基础教育"研究,见第三章的叙述。

得不强硬。那个时候的教师不像现在的教师，你软绵绵的根本不行，没有用的。慢慢地我的人格就发生了变化，它改变了原来的性格。我也找不到原来的自己。但我更喜欢一开始的我，我需要找到真我、自我。做校长之后的不是"我"，她更强势。在工作中，我被扭曲了。

有人和我讲，不是要逃避现实，而是用平静、淡然的心态来处理现实。但我现在还做不到。我"内心"告诉我说，不要生气。但如果今天有人告诉说学校里有盗窃，明天有人告诉你厨房里差点失火。这样的一种情况，我又不得不生气。我现在整个人是分裂的。在生活中我不是这样的人。

"××（我的名字），我在生活里还是一个比较随和、温柔的人吧？"（我回想了一下为数不多生活交往中的状况，给了她肯定答案）。你现在明白我为什么不要做校长了吧？这样下去，我会纠结而死！它不应该是这样的，但又不得不是这样。厨房着火了，我一晚上没有睡着。

现在我开始越来越回避很多事情，告诉自己不要太沉浸，学校与我无关。但又做不到，因为它已经进入我的生命了。有时想起我原来的性格，会变得很吓人，它让有感情变得没感情。我不喜欢这样。我现在喜欢不急不慢，但在学校里这又是做不来的。所以我觉得我不适合做校长。

（聊天期间，学校一位领导过来讨论食堂失火处理情况。这时我才知道为什么前两天访谈，学校食堂中午忽然改发面包，因为厨房失火了，来不及做饭。）

……（在我的追问下，祝校长聊到食堂失火）

你就说食堂失火，我和食堂管理人员关系蛮好的。但在问题处理上，你又不能用感情处事，你必须找出管理上存在的问题。

我这个人天生不服从权威，不喜欢人那种高高在上的样子。所以别人说我很另类。我不喜欢做违背自己个性的事情。像P区教育局的宴请，我从来不参加的。我不喜欢那种场面上的应酬、交际、打通关系。我是吃软不吃硬的。我不怕权威，什么都敢做。有一次开会，区里一位副局长说要把一个民工子弟学校的八个班并到我们学校。我当场就坚决不同意，这一下把我们"基教科"科长给吓着了。我是O型血，在日常生活中比较随意。但一进入工作状态就不是原来的我了。平时对领导，对外在关系我都说不来。拍马屁的事情也做不来。我很鄙视这些东西。有时候我很鄙视中国文化（祝校长显然忽略了，茶道、书法等也是中国文化）。在外面作报告或汇报时，很多人都说我们学校做得很好。但我自我感觉却不好，我眼中看到的都是问题，都是缺点。我和我们老师也是永远讲问题。别人总是说我们好好好，看到我们做的，很意外惊奇。但我们看到的是问题。

我现在有时会失踪几天，这样大家也太平、宁静几天。这几年我自己的性格改变了很多，但也还会纠结。我想做实实在在的我，不和名利争，不和自己争。和自己争也是一种争。我现在越来越不喜欢被关注，学校其实不需要关注，没有关注有时也是一种幸福，关注多了反而是痛苦的事情。

我现在越来越觉得自己是多面的性格。……哎！（叹气）你说我是不是心理有毛病啊？……（校长访谈，2012-11-2）

二 声音的背后：冲突的类型与根源

（一）冲突的类型

从几位老师的叙述中，我们大致可以发现，"向阳小学"学校变革中的冲突包括以下几类：

第一类是"理念—认知"冲突。这一冲突包含两个既相互区别又相互联系层面：一是理念的冲突，二是对理念实践形态的认知冲突。在理念冲突方面，大多受访教师并不认为自己不认可"新基础"的理念，相反她们都认可。从表面上看，理念的冲突似乎不存在于教师与专家之间，而是存在于教研员与专家之间。但因之前教师基本上是按照教研员的模式实践，所以换个角度，也可以看成是教师与专家在观念或理念上的冲突。但认可理念并不意味着教师就知道理念的实践形态，就像姜老师所说的，知道它好，但不知道它究竟是个什么样子。实际上，这主要是因为她没有构建起观念与实践相连接的认知图式。

第二类是"实践—转化"冲突。这一冲突也包含两个维度，一是一般的实践冲突，二是特殊的实践冲突，即将理念转化为具体实践的冲突。前者包括日常实践中遭受到的困难或冲突，如舟老师所言的时间安排问题。

"实践—转化"冲突的另一个维度则更为复杂。如姜老师所言,我知道理念好,但不知道怎么做,即如何将理念转化为实践。教师通常在此过程中会遭遇巨大的困难和痛苦。

第三类是"旧我—新我"冲突。这里的"旧我—新我"冲突实际上就是自我冲突。学校变革的过程也是自我重构的过程。对个体来说,"旧我"与"新我"往往会同时集中在一个人身上。在自我重构完成之前,"旧我"与"新我"时而会交锋并引发冲突矛盾。就像有些老师所说的,自身习惯与理念要求之间存在冲突。而祝校长的叙述呈现出学校变革的艰难社会处境。

上述三类冲突实际上是相互交织、相互缠绕在一起的。"理念—认知"冲突可能会导致"实践—转化"冲突和"旧我—新我"冲突,"实践—转化"冲突也会造成"旧我—新我"冲突。"旧我—新我"冲突虽可能由前两类冲突引起,但又不完全与前两类冲突重合。

1. "理念—认知"冲突

在程老师的叙述中,她提到了两种评价标准的冲突。她说自己处于夹缝之中。正如前所言,教研员与专家标准的不一致反映的也是老师和专家在观念上的差异。这里涉及老师的选择问题,为何老师会选择教研员的观念,而非专家的观念?因此,我们可以从教师关于教研员与专家标准差异的叙述中感受观念或理念的差异与冲突。几位老师关于这方面的叙述相对简短,但基本上呈现了两种评价标准的差异,这些差异在我的另一次访谈中得到了具体的印证。

在一次访谈中,我曾向受访老师咨询"新基础教育"课堂与区里课堂评价标准的差异。从教师的讲述中,我们大致可以看出两种课堂在理念上的若干差异:

"那个时候我刚进入实验时,就是说还、还、还呀,还给学生[1]。就是说老师话少一点,要让学生质疑咯。她(指教研员)的那个课就是每一个环节……"甄老师开始了她的讲述。没等她说完,另外一位数学老师打断了甄老师的话、提高嗓门说道:"就是复习几分钟、新授几分钟、练

---

[1] 即"新基础教育"提出的"把课堂还给学生",包括还"时间""空间""工具""提问权""评议权"。具体参见叶澜、李政涛等《"新基础教育"研究史》,教育科学出版社2010年版,第20—36、69页。

习几分钟都规定好。"其他几位老师也顿时激动起来,各自诉说着当时教研员的评判标准。现场一片嘈杂,几位老师的声音夹杂在一起。数学老师因声调略高而显得稍微清晰。她继续说道:"练习要有坡度的,第一个模仿练习,第二个什么变式练习,第三个什么什么。"另一位数学老师章老师①纠正补充道:"第一个模仿练习,第二个巩固练习,然后变式练习。"甄老师也开始补充语文课的相关做法:"先读文章,抓词抓句,然后是几步法。"另一位语文老师立马又补充了几步法的具体内容:"一找句子,二划词语,三理解词语,四理解句子,五朗读。"当这位语文老师讲到"二划词语"时,另外两位语文教师也跟了进来,异口同声地说出了后面的内容。在讲出几步法的过程中,另一位数学老师附和道:"它有固定的模式。"等到"五朗读"的声音一落下,几位老师彼此相视,哄堂大笑。在极短的时间里,教师们迅速回想、叙说了当时流行的教学模式。在今天的她们看来,这种教学方式是不可理解的。因此,她们用一种略带嘲讽或不屑的笑声表达了自己的感受。

后来,那位数学老师又从她的角度,详细叙述了这种差异。

> 原来我们学校是很传统的。我以前跟的是区里面的一个教研员。中心组的学习,好的教师,一直在开公开课。我印象中比较深刻的一次课是刚来学校的时候听了章老师一堂课,那时候章老师是数学教导。然后感觉完全不一样。我还是在用我以前的那种教学模式来看这堂课。就是前几分钟是复习,然后新授,再就是练习层层递进。她(指M老师)讲的一堂课已经完全和这个结构不一样了,就是"新基础"的那种课。因为我们刚刚进来,不知道什么叫"新基础"。学校对于我们这些合并进来的老师,一开始也没有要求做"新基础"。我们都是徘徊在外面的。那次我们第一次听章老师的课,根本没觉得这是一堂好课。我们就觉得很奇怪,真的很奇怪(强调语气)。它和你以前印象中的课完全不一样。当时我们过来的老师也会私底下说,这是什么课啊?我想教导上的课应该可以算很好的课了。那会我们不是很认同的。以前我跟着区教研员的时候,也上过很多区里面的公开课。它这个课确实像刚老师所讲的——四平八稳。老师的每一句话、

---

① 章老师是"向阳小学""新基础教育"研究数学学科的负责人。

每一个过渡语都是事先写好的。多一字、少一字都不行。感觉非常流畅,孩子的问题都是在意料之中的。因为你的这个问题没有开放意识。("都是框死的",一位老师补充道)都框死的!他(指学生)可以根据你的节奏一步步下来。所以你过渡语啊、老师提问啊,学生的每一句话都是确定的。讲得不好听,就是一堂课是你背下来的。有一种演的过程,然后上得就相当的漂亮。它没有孩子生成的东西,也不要老师当场生成的……

我记得我们那会儿跟着教研员,就是每一句话,每一个过渡语,小朋友的每一句回答你可以一步步预设下来,一直到课的结束。这个课的时间是可以把控的。所以当时"新基础"的专家特别反对小问题,而提倡大问题,因为大问题会让学生发散思维。它其实对老师的要求相当高。我觉得啊,我到现在还不能完全把握的就是这部分。能够预期到的问题可能还好一点,如果没有预期到,对老师临场的要求是非常高的。我觉得这是过去教学和现在教学最大的不同,开放度也好、对学生也好,都有了很大的差异。(教师访谈,2012-12-20)

从上述教师的叙述中,我们可以清晰地感知到"理念—认知"冲突的第一维度,即理念的冲突。例如,"新基础"课堂更关注开放性、学生的主动性以及教学过程的生成性,相比较而言,那时的教研员更加看重的是教学过程的确定性、流畅度和环节清晰性。尽管在今天,教师们可以用一种谈笑风生的态度来叙述这种差异,但在最初,夹在两种标准之间的教师处于深刻的冲突之中,就像程老师所表述的那样,不但两头不一样,并且两头还不着边。

"理念—认知"冲突的第二维度是关于理念的认知冲突。学校变革的过程不仅仅关涉观念,更指涉认知。学校改革并不是一个自上而下的贯彻实施过程,对于"新基础教育"研究这样的改革项目而言,更是如此。即便是像"新课程改革"这样自上而下的改革也并不是简单的"实施—执行",它也内含了教师对"新课程"的认知、理解。教师刚参与研究时,"新基础"课堂所呈现的内容,与教师原有经验和认知结构肯定不相同。这正是舟老师看不懂"新基础"课堂的原因。这时就会形成认知上的冲突。从认知心理学的角度来看,如果发生了认知上的冲突,人们往往会通过两种认知机制进行平衡,即同化与顺应。像"新基础教育"这种涉及理念变革的项目，参与主体对其认知尤其具有复杂性。教师不仅仅是要知道"新基础教育"相关理念字面层面的内涵，还需要构建起理念或理念与实践表现（行为）相互连接的认知图式。实际上，程老师最开始的尝试不断失败就是没有构建起专家所认可的理论与实践相连接的认知图式。我在调研中发现，认知的冲突，即不知道或不理解"是什么"，是教师参与改革过程中遇到的最基本问题和冲突之一。关于这一认知冲突的原因及其解决，我们将在接下来的部分进行详述。

2. "实践—转化"冲突

总体而言，"实践—转化"冲突通常指向"怎么办"。即便"理念—认知"冲突能够解决，也并不意味着教师不会面临新的问题。因为教师知道"理念如何好"以及"理念的实践形态是什么"，并不必然知道"怎么做"。当然，我们可以说，不知道"怎么做"是因为教师并没有构建理念或理论及其实践连接的认知图式。但问题的复杂性在于，一方面这种认知图式的认识本身就是在变革过程中不断清晰的，换言之，"是什么"的问题永远不是一蹴而就的，而是处于过程之中。另一方面，认知图式的确立与更新需要面对新情境的检验和制约，即理念或理论在新的具体情况下向实践的转化问题。而转化问题恰恰不是一个操作问题，而是涉及理论与实践的具体综合的问题，这才是教师深层次的不知"怎么做"。

前文所述，"实践—转化"冲突包含两个维度，第一个是一般实践的冲突。这是教师在学校变革过程中经常会遇到的。这一冲突在舟老师那里表现得非常明确，她所言的时间问题，涉及的就是多项行动或举措在同一时间的安排问题。这主要是一般性实践问题的解决。如果通过合理恰当的整合安排，冲突是可以通过协调整合的。第二种是理念向实践转化的冲突。也即是深层次的不知"怎么做"。就像程老师所说的"一开始我真的觉得那是'空中楼阁'，理念很好，但我做不到"。这种不知道如何做的深层"实践—转化"冲突，很可能会带来心理情感上冲突，即焦虑和烦躁。正如一位老师所言：

> 每个星期天的晚上，我会像热锅上的"蚂蚁"（笑），在家里来回地踱呀踱呀踱（再一次笑）。星期六还蛮开心的，当然星期六也在想方案、设计。到了星期天就极度焦虑。即使你思路、方案都有了，但也是很焦虑的。焦虑什么呢？那个时候（"新基础"）提出"课堂

开放","让课堂焕发生命的活力",把"时间、空间还给学生",但是到底怎么还？你课堂上如何去体现？（教师访谈，2012-12-20）

显然，教师所遭遇的这一困境与冲突并不仅仅与"理念—认知"冲突相关，它展现的是教师在参与研究、重塑自我的另一个层面的、更为深远的冲突。相比于第一类的"实践—转化"冲突，这一类冲突更难解决，需要通过不断地实践摸索才可能有所缓解。在几位老师的讲述中，她们都提及参与"新基础教育"的"害怕"和"累"，这种"害怕"和"累"实际上就是教师不断寻找"怎么做"过程中产生的情绪和心理状态。

3. "旧我—新我"冲突

故事中"旧我—新我"冲突也包含两个层面。其中之一是社会异化下的自我认同和调适冲突。这一冲突表现明显的是祝校长，她的叙述很好地诠释了当代中国学校变革的社会结构（体制）。祝校长的叙述，也让我想起了流心在《自我的他性——当代中国的自我系谱》一书中关于当代中国自我结构的研究。在这本书中，作者通过对华南一沿海城市中的三类人（官员、商人和小姐）的故事叙述，展现了当代中国社会的商业实践逻辑，并揭示了当代中国的自我结构。所谓"自我的他性"指的是在经历一场剧烈变革之后，处于变革之中的人们，在性格（自我）上发生了极大的变化，他们可以随时改变自己，并且很容易就能在性格上变成另一个人。[1] 祝校长的讲述在一定意义上印证了流心所说的"自我的他性"，但同时也呈现了角色转换中的冲突、矛盾与分裂。

实际上，祝校长呈现的自我冲突，反映了社会角色与个体角色之间的紧张对立。祝校长的自我冲突可以从两个方面来分析，一方面，她的个体自我太强了，没能实现校长角色扮演间的调适，另一方面，这种冲突也展现了社会结构、社会规范对日常生活的异化。调研期间，S市发起了一项针对学业质量的评价改革，这份测评指标包括学生学业水平、学习动力、学业负担、师生关系、教师行为方式、校长课程领导力、社会经济背景对学业成绩的影响、学生品德行为、身心健康、跨年度进步等多个维度。毫无疑问，相比于传统评价，这份测评项目有着异常进步和先进的导向，即为学生提供一种和谐、幸福、绿色、健康的教育生活。但在项目测评的实

---

[1] 流心：《自我的他性——当代中国的自我系谱》，常姝译，上海人民出版社2005年版。

施过程中，采取的却仍然是一种"传统"的方式，将各地区、学校的测评成绩以一种隐秘的方式进行排名。为应对这一状况，很多学校都在测试前期对学生进行了类似的提前测试。在一次关于这一指标的实施情况的闲聊中，祝校长提出了她自己的看法：

> 不论从哪种角度讲，这一指标都是一种进步。但对各学校校长而言，压力很大。如果以前的考试不好仅仅是说这所学校的教育质量不行，那么现在测评分数低，意味着学生在学校里过得不幸福，这个责任怕是比原来更大，哪个校长都承担不起这么大的责任的。对于那些提前"准备"的学校而言，他们实际上是在教学生说谎，这是一种很坏的"恶"的教育。（校长非正式访谈，2012-1-4）

对于那些提前"准备"的校长而言，我想没有人会认为教孩子"说谎"是正确的。我想应该有很多人像祝校长一样存在自我的冲突或困扰，至少对于那些测试的孩子而言，情况确实如此。一方面，老师教育他们应该做诚实的孩子；另一方面，老师又让他们在测试中说假话。按照赖特·米尔斯（Wright Mills）的观点，这种自我冲突已经不是个人困扰，而是社会问题。因为存在类似自我冲突的大有人在，显然，并不是祝校长的心理有问题，而是我们的社会结构、规范等有问题。

另一种"旧我—新我"冲突涉及变革过程中的身份重构。程老师和其他几位老师在参与改革过程汇总都曾遭遇过。就"新基础教育"研究而言，它强调理论与实践的双向转化。实际上，这一转化过程是教师重塑自我的过程。教师在变革过程中需要更新价值观念、行为方式、思维方式和行为习惯。正如有研究者所言：

> 这种转化过程……既是学习过程，也是对其原有实践方式及与此相关的理论进行改造的过程。这种改造归根结底是对教师生活方式和实践方式的改造，涉及的不仅是认识和观点的改造，还包括对教育信念与思想方法的改造。[1]

---

[1] 李政涛：《从理论与实践分离到理论向实践转化》，《中国社会科学报》2011年6月8日。

这意味着教师在变革过程中需要改变"旧我",重塑"新我",显然这一过程是存在冲突的。就像程老师所讲的:

> 学校里面"新基础"的课我上不好,区里面的课也上不出原来的味道,所以是"两头不着边",然后各方面给你的反馈都是消极的,那个痛苦,真的,你很难想象的……(教师访谈,2012 - 12 - 16)

这种"两头不着边"的状况,不仅是一种来自消极反馈的痛苦,更是一种认同意义上的"痛苦"。"两头不着边"反映出教师不知道往哪一边走,不知道去往何处的状态。

(二) 冲突的根源

前述我们结合教师的讲述以及实际的田野材料分析了变革过程中的冲突类型及其相互关系。接下来,我们将分析冲突背后可能存在的更深层次原因。这一原因的分析旨在加深对变革冲突的理解,而非提出冲突的解决之道。

1. 社会场域的差异

在"新基础"同 Q 市签订合作研究协议过程中,有一件颇有意思的"横幅趣事"。在准备签署协议之前,Q 市 L 区"教体局"的领导给一位负责联系的老师发了一条短信,大意是让其准备一条签约仪式横幅,横幅内容足有 36 字之多,大意内容是"Q 市 L 区与 H 大学隆重签约仪式现场"。这位老师回复对方说,学校附近制作不出这么长的横幅,也没有地方挂出如此之长的横幅。而后,研究团队的负责人之一芜老师去 Q 市参与前期调研研究工作,顺便把合作协议也带过去了,准备和 Q 市领导敲定一下研究的具体细节,并顺便签下合约,免得麻烦。见面后,Q 市方面认为合约没有问题,但也没有现场签约。他们强调签约仪式需要有正式的形式,如要有横幅、双方人员合照等。因为合作研究的经费是由 L 区政府出的,给领导汇报时需要有凭照。后来,L 区"教体局"的几位领导、参与实验研究的三所学校校长,以及一名专业的摄影师傅又专程从 Q 市来到 S 市与"新基础教育"研究团体进行了签约仪式。对于行政官员的这种形式化思路,"新基础"的研究人员并不适应。一位"新基础"的专家和我说,"和他们打交道太累"。

起初，我也是认同"新基础"教育专家的判断，认为官员都有着形式化思维。所以当我得知此事的时候，我的第一反应是"官员处事怎么都这么形式化，这是不好的"。但问题是，是什么造成了官员的这种形式化行动逻辑，又是什么原因让我觉得这是不好的呢？如果仅仅把事件解释为价值观念或行为方式的差异，显然是无助于理性化认识的。

后来在田野调研中，又发现了另外一件事情，让我对上述问题有了顿悟式的理解。2006 年，因为"活动安排时间"的冲突，祝校长还和课题组的一位指导老师拍过桌子。在与祝校长的一次闲聊中，她随口提及了此事。当我问及具体细节时，祝校长并没有详说。后来我在学校会议室从一位亲历者的口中知道了事情的简单经过。"就在这里（指会议室）"，这位亲历者用一种低沉的声音讲述道：

> 就是我们区要搞一个大型活动。她（"新基础"一位专家）那边要搞一个校级的活动。到底是哪一个活动大啊？总归是我们区里的活动大哦。（因为）时间上有冲突，祝校长就和她商量说，我们先搞区里的活动，搞完以后再帮你弄这个活动。但她死活不肯。祝校长本来是要跟你商量的，是吧？你这个活动无所谓的咯。那个是全区面上的活动。再说，你学校能不跟官方的东西走啊？（只）走民间的东西啊？教育局也不答应，对吧？（停顿一会）如果时间不调整，老师也受不了的，关键是老师来不及准备这个课，知道伐？所以祝校长火了，拍了桌子。（教师非正式访谈，2012 - 11 - 23）

对于"事件"中的指导老师，我是了解的。这是一位直性子的老师，对"新基础教育"改革乃至中国基础教育改革都有着虔诚之心。多年来，她已经累计听评课一万多节。这是一个超出常人想象的数字。她是"新基础教育"资历最老的指导专家之一，为"新基础教育"的发展做出了不可替代的重要贡献。她以学科素养水平高、把握问题准确、重建思路清晰、语言简短干练而受到实验教师欢迎。但也因其在评课时直面问题、对事不对人而让许多老师害怕。了解这位指导老师的人都知道，她是那种真诚和热诚的人。尽管我没有掌握更多关于这一事件的细节，但我知道这位指导专家并不是不近人情，可能她认为，学校推进"新基础教育"应当一心一意全力推行，而不是多头分心。或者她认为，相比于区里的活动，她组织的活动更有价值和意义。

虽然亲历者的讲述没有详细阐明事件的具体细节，但她的那句"你学校能不跟官方的东西走啊？教育局也不答应，对吧？"却提醒了我，要认清组织、个人所处的组织结构或社会场域。因为人的许多行为或观念是由社会场域形塑的。当我们从社会场域的理论视角出发，能够从一个更深层的角度来解释不同变革主体的行动选择。关于社会结构与个人行为之间的关联，格兰诺维特（Granovetter）曾经做过卓越贡献。他认为人的行为并不是独立于社会结构或社会环境，相反，人的行为是被嵌入具体、不断变化的社会关系之中。如果我们将个人嵌入他所在的社会结构或组织结构之中，对于个人的行动或许就可以解释了。有研究者从大学和中小学的组织特性和工作基调上，对大学和中小学之间的差异进行了区分：从组织性质上来看，大学更类似一种"共同体"，在秩序、纪律上相对松散，制度也多是象征性的，大学教师或研究人员的研究乃至言行，主要按习俗和管理形式。中小学更像"社会组织"，组织严整、制度严格、纪律严明。大学文化以学术为基调，核心价值追求是知识的发现、思想的创新、学术或学问的创造。中小学文化则以实践为基调，核心价值追求是以人类精神文化财富为载体，在"学科"（如语文、数学、外语、科学、历史等）与"术科"（如音乐、美术、体育、信息技术等）的传递中实现培育人的重任。[①]

这一分析思路在一定意义上有助于解释学校变革中的部分冲突。例如，在专家与教师的互动过程中，有一个显著的差异，就是教师总是问专家该怎么做，有什么模式可以借鉴，而专家往往强调让老师先自己反思背后的观念并思考可能的重建方案。尽管从理智的角度而言，专家的思路确实有其合理性。因为教育对象、教育内容、教育情境及其相互关系总是处于变化之中，模式化的处理必定会排除差异化的因素。但如果反观教师的处境，也能够理解他们为何总是试图寻找操作化的模式。一方面，教师所处的学校本身就具有高度的重复性，就像我们第二章对学校日常生活的描述一样。身处其中的教师会按照习惯性的思维或行动来处理日常化的事务（包括教学）。另一方面，教师原有的培训文化就是如此，久而久之必定形成关于改革、培训的固定认知模式和行为模式。更为重要的是，教师的日常生活处于一个工作繁忙的状态之中，她需要迅速地对相关任务或事项

---

① 杨小微：《大学与中小学的文化互动及共生》，《教育发展研究》2011 年第 20 期。

进行处理（可参见附录一位教师叙述的"我的一天"）。反观大学专家，尽管大学也有着类似的行政组织或行政文化，但他们通常有着更多的自由时间来筹划、思考日常生活中的遭遇与问题。所以他们通常能够比一线教师思考得更深入。按照布迪厄的观点，实践总是置于特定时间结构之中，而时间又具有单向性的瞬间流逝特性，如此一来，实践者（教师）在实践过程中就会产生一种紧张感（sense of tension）乃至"紧迫感"（sense of urgency）。为应对这种紧张感和紧迫感，教师往往需要一个固定的实践图式，这即教师需要"操作模式"的缘由。相反，专家往往有充分时间将实践抽离出特定时空，进行理性分析。实际上，任何实践行为只有"有限的合理性"（limited rationality），它缺乏理论研究所具有的从容不迫与"充分的合理性"（abundant rationality）。[①] 教师与专家行动场域、行动结构的差异，会使得双方在研究初期遭遇巨大冲突。

同样，如果我们把官员的行动置于其所处的社会场域中，也可以解释其行动逻辑。官员所处的组织结构是一个高度严密的科层制管理体制。在这一科层制管理体制之中，因组织任命、组织安排等都是自上而下的实施执行，加之这一体制中监督体系的相对不健全，所以官员往往是从自己的角度来采取行动，或者是赢得上级的认可，或者是为自己谋取政绩。回到前面所讲的"横幅趣事"，如果站在官员的立场，我们同样可以理解，因为教育局官员的任命、经费、权限等都是直接隶属于上一级行政部门管理，所以他必须就他所有的活动向上级汇报，而照片可以作为宣传或汇报的凭证。专家和官员所处的社会结构或场域决定了他们的观念上存在差别。在专家看来，开展一项研究、做一项实验首先要关注它是否有助于学生、教师和学校的发展。因此，在过程中并不需要太多形式化的东西。对于官员而言，并不是说所有的官员都不考虑人的发展，只是在很多时候他们需要考虑对上级负责。在一次日常的闲聊中，我和祝校长聊起了P区为何没有在更大面上推进"新基础教育"。祝校长的一席话更是让我对官员的行动逻辑有了更深的体会。

> 如果我是局长，我也不会铺开的。为什么？因为M区早已经推进了，如果P区再做，不就落后M区了吗？再说了，做出来的成绩究

[①] 石中英：《论教育实践的逻辑》，《教育研究》2006年第1期。

竟是算我局长的呢，还是算你"新基础"的？（校长非正式访谈，2012-11-23）

尽管祝校长的话非常直白，但却也道出了官员的日常行动逻辑。这一点可以从"新基础教育"在各地区推进的轨迹得到印证。"新基础教育"在S市M区率先推进之后，除P区"向阳小学"的独特个例之外，S市其他地区没有相关学校加入。"新基础教育"在C市目前虽有多个区的学校加入，但起初"新基础"是同市教育局联合发起的，随后自主权限才下放到C市的各区。

在学校变革的推进过程中，如果我们对于不同主体所处的社会场域有所认识和了解，那么对不同主体的行动甚至是价值取向就会有一种同情式的理解。当然，我们这里并不是为不同主体的自我选择做辩护，而是强调不同主体的行动与其置身其中的社会场域有关，只有结合其所处场域，才能更好地把握主体的观念逻辑和行动逻辑。这涉及的是一种解释，而非价值上的判断。

2. 不确定性的阴霾

人是寻求确定性的动物。不论是对感情、生活和工作皆是如此。当进入一个非确定性情境中时，人就可能变得焦虑和烦躁。但学校变革恰恰充满各种不确定性因素。正如迈克·富兰所言，变革是段旅程，而非一张蓝图。它好比"一次有计划的旅程，和一伙叛变的水手在一只漏水的船上，驶进了没有海图的水域"。[1] 就像当初祝校长加入"新基础教育"研究时，她也不清楚能走多远。在一次座谈会上，她叙述了最初几年的研究状态：

> 当时老师压力大，压力最大的是因为评价机制不一样。教育局有他们的评价机制，我们有我们自己的评价，有冲突。我也不敢说我在做"新基础"，所以很多事情没法做。中间五六年的时间是这样，我没有办法向老师们交代，老师们问，你做这些有价值吗？总应该要给予他们精神上的鼓励和支持。在此过程中，我也不是一直很坚定，也

---

[1] ［加］迈克·富兰：《变革的力量：透视教育变革》，中央教育科学研究所、加拿大多伦多国际学院译，教育科学出版社2000年版，第35页。

有徘徊，想想、徘徊、退缩，再前进。最初的七八年是很艰难的，做一做又徘徊。（座谈录音，2011-9-28）

从祝校长的这段叙述中，我们能够切实感受到校长和教师们的迷惑与冲突。一方面，他们面临着区里和"新基础"评价标准和理念的冲突；另一方面，他们又不清楚研究的真正价值在哪里。对于研究的价值和意义，校长和教师并没有专家那样坚定。通常，变革未来的不确定会影响教师的投入和心态。在"向阳小学"的一次群体访谈中，一位"新基础"专家特别提到了在"新基础教育"探索性研究阶段一所实验学校老师打给她的电话：

她给我打电话来说，×老师（专家的名字），我能问你三个问题吗？我说可以呀。于是，她就问了我三个问题。她问我说这个研究能否进行到底，校长会不会调走，以及研究团队是不是对她有意见。我告诉她，这个研究能够搞到底，但我也不能打包票保证，因为情况变化起来，大家也是无能为力的。如果她安心做研究，研究团队是不会对她有意见的。（访谈录音，2013-1-8）

正如这位专家所言，有些参与实验的老师对于自己参与研究后的前途等问题有着各种各样的顾虑。尽管这一事件并不是发生在"向阳小学"，但它确实展现了教师对于研究前景的顾虑。尤其有意思的是，这位实验老师竟然向大学教师咨询校长调动问题。在此需要考虑的并不是教师是否考虑到了逻辑问题（因为大学教师对于校长调动既没有权限也没有影响），而是她确实对于学校变革前景充满忧虑和自我冲突。对于参与研究的教师而言，最初的抉择需要很大勇气。因为选择参与研究，就意味着她在短时间内难以参与区里面的职称评选，会失去一些正常的晋升渠道和机会。因为参与教师在研究初期往往会出现程老师所说的那种"两边都不靠"的局面。

如果问题仅仅是关于学校变革进程的不确定性，事情可能会容易很多。教师们叙述的冲突除了与两种评价标准的冲突有关，更与"新基础教育"研究自身的特性有关。"新基础教育"强调的是理论先行，然后在理论与实践的互动中交互共生、螺旋上升。这意味着在初始阶段，即便是指导专家对于理论的某些具体实践形态也仅仅是个抽象模糊的状态，更不用说参与研究的教师了。而变革研究过程中的研究方式又给教师推进研究带来了相当大的困难和冲突。

同样是指导，"新基础教育"指导老师同区教研员存在非常大的差异。正如一位老师所说：

> 专家在指导过程中是完全不一样的两种方式。"新基础教育"研究专家从来不给你提供方法的（讲到"从来"时语气稍重）。她就告诉你，这里是有问题的。理念应该是什么样子的。你自己去想。所以这个过程是很漫长、很痛苦的。就像叶老师（指叶澜教授）讲的"长程"一样，前期是很漫长的。她教你方法的话，你很好学的。学了就可以去搬啊。（教师访谈，2012-12-20）

这种指导方式的差异也可以从一位指导老师的"评课"中展现出来：

> 张三老师（匿名处理）有意识地将课堂开放了，语言的感悟也比较到位。课堂控制还是比较强，课堂上生生互动的多维网状还有相当距离。李四老师教的班是一直带上来，两个老师在研究学生上可能各有侧重，张三老师找到教学的起点，李四老师找到教学的发展点，教学起点有两个意义上的起点。游戏类作文，是抓写作的顺序，先写什么，再写什么；还可以抓先怎么写，后怎么写。从学生能力看，学生读的成分多了一些，思的成分少了一些；读的成分多了一些，动笔的成分少了一些。而第二堂课李四老师表现得可能更好一些。学生的预习习惯可能还不是很好。这堂课的有机性可能还比较碎，张三老师与上次中期评估时的表现有进步。另外，我提出一点，学生在几个习惯上已培养出来了：预习习惯、查资料习惯、批注习惯、学生之间的相互倾听习惯等等。第二个，这个课在资料的使用上，不是平面地做一个搬运工，提升了资料的育人价值；捕捉学生资源的能力也提升了，但缺具体的评价。（研讨录像，2008-3-25）

从这段评课记录来看，"新基础"指导老师的"评课"基本上是方向性的指引，至于具体该怎么做，需要教师自己的反思和体悟。因教学情境的变化、教育对象的转换等多方面变化因素，教师往往不能确切把握问题所在。于是，通常会出现姜老师在前面故事中所讲的：

> 有时候我们真的不能很好领会专家的意见。你按照专家的指导思路去做，最后她又说不对。对于它究竟是怎么样的？我们也很纳闷。很多次上课就是这样的。有时候就会很害怕上"新基础"的课，你不知道究竟怎么做才对，才能得到他们认同。（教师访谈，2012 - 12 - 16）

它究竟是怎么样的？对于"新基础教育"而言，它并不是一个"具象"，而是一个"抽象到具体的转化"，是"新基础教育"理论和理念在具体情境的渗透和转化。这意味着"新基础教育"没有也不可能有固定的模式，就像程老师所讲的：

> 进入"新基础"后，发现追求的课堂和我原来接触到的课堂完全不一样，它要打破原来的教学模式、教学行为和教学习惯。你知道这一过程是很难的。"新基础"不像其他改革，有一个固定的模式，然后让你去学习去感受去体会。它完全没有操作的具体步骤。

在一定意义上，任何试图改变教师价值观念、思维方式、行为方式的教育变革，都必定指向教师实践结构或实践图式的转变。这一转变使得以往实践方式在新标准审查下变得"不合理"或"不合法"，而新的行动图式尚未形成，所以教师在行动时会茫然无措。换言之，当教师参与变革时，他/她实际上是被掷入了一片充满不确定性的海洋。这也就是姜老师所言的"理念虽好，但应该怎么做？"这一冲突的根源所在。参与研究的教师需要在研究中把握目的与手段、理论与实践、具体与抽象、原则与情境等多重因素之间的平衡与统一，显然对于大部分教师而言，这是一个很难逾越的障碍。当人试图寻找确定性而不可得的时候，内心的冲突与彷徨便会随之而来。

就更深层次原因而言，学校变革中的冲突更与当前中国学校变革性质相关。当代中国社会正处于一个深刻的转型时期，这一时代特征在一定意义上决定了学校变革的转型性特征。叶澜教授将学校转型看作是近代型向现代型的转变①,"新基础教育"实际上就是这一转型的探索。不仅"新基础教育"具有转型性变革特征,国家层面发起的教育改革也具有类似特征。例如,"应试教育"向"素质教育"的转轨,1999 年国家发起的"新课程改革"等改革项目,它们都不是对原有教育形态的小修小补,而是整个教育形态、内在基质全方位更新,涉及教育观念、教育内容与结构、教育方法,以及师生生活方式的深层变革。相比而言,西方等国家发起的改革项目属于学校改进(school improvement)运动,而我们的变革更具有学校改革(school reform)或学校变革(school change)性质。"改进"即是在原有基础上的提升,通常很少涉及整个教育结构和形态的变革,"改革"或"变革"则全然不同。变革性质的分殊与中国和西方国家的不同教育发展历程有关。西方国家教育形态在 20 世纪上半叶已经基本完成"现代转变"。如美国学校教育在进步教育运动引领之下逐步实现转型②。与国外相比,我们正处在转型性变革的路上。正是这种变革性质差异,决定了当前中国学校变革更为艰险,也更为困难。

三 冲突应对的主体行动逻辑

冲突意味着平衡的打破。面临冲突的主体,通常都会采取某些举措,以寻求内心或与他人(物)之间的重新平衡。接下来,我们将从类型学的意义来呈现变革主体在冲突背景下可能采取的行动,并分析相关举措背后的逻辑。

(一) 阻抗

根据詹纳斯(Janas)的分析,教师在面对变革冲突时,通常会有三种不同类型的阻抗:积极(Aggressive)阻抗、消极性积极(Passive‐aggressive)阻抗及消极(Passive)阻抗三种③。

---

① 叶澜:《"新基础教育"论——关于当代中国学校变革的探究与认识》,教育科学出版社 2006 年版。

② [美]劳伦斯·阿瑟·克雷明:《学校的变革》,单中惠、马晓斌译,山东教育出版社 2009 年版。

③ Janas. M. The Dragon is Asleep and Its name is Resistance [J]. Journal of Staff Development, 1988, (3).

积极阻抗主要指主体通过积极的方式（如直截了当地拒绝，表明鲜明的不合作态度）来避免变革冲突带来的冲击。学校变革过程中就有过积极阻抗的案例，据专家回忆，一位实验老师在改革初期就主动退出了研究。

> 我记得，二年级有个年纪比较大的数学老师，她自己的一套教学已经成型了，还是比较有经验的老师。结果上课之后，我们给她提了一点意见，她就再也不上实验班了。她说，我换别的班教，这个东西我不行，我上不了。我们怎么叫她都不回来。后面就换掉了。破除原先一套旧的东西蛮困难的，因为她年纪有点大了。当时的校长对我们也是蛮支持的，一心一意的，我们要做什么就做什么了。校长也去做老师的思想工作，后来我们觉得不要太为难人家，换（实验班老师）就换了。当时我们觉得，要破原来的观念还是很困难的。（群体访谈，2013-1-8）

教师的这次退出，给参与研究的专家留下了深刻的印象。另一位"新基础"专家也在自己的研究历程中回忆过此事：

> 在研究开始不久，一位数学老教师要求退出试验。她觉得，因为很难适应试验的思路，压力太大难以承受。她那种带着歉意和无奈的面容、那种疲惫的神态我至今还回忆得出。这让我认识到，教师的教学习惯一旦形成后，转变是很痛苦的，因此教学改革也是非常艰难的。[①]

通常，积极阻抗的教师已经形成了固定的价值观念、思维方式和行为模式，要想真正实施变革，将会变得异常困难。正如专家所说的，"破除原先一套旧的东西蛮困难的"。一般而言，采用积极阻抗的教师往往教龄较大，他们既存在冲突转变的困难，也拥有采取积极举措的资本（如资历老）。

消极阻抗指的则是另外一种情况。消极阻抗的教师往往以某种客观性的理由（如时间、精力不够）来达到主动拒绝的目的。这类教师并不想

[①] 叶澜、李政涛等：《"新基础教育"研究史》，教育科学出版社2010年版，第222页。

断然拒绝变革,以免造成与发起者的直接冲突。"向阳小学"的变革过程中,同样也存在类似的案例。也有教师在改革过程以各种理由推脱变革。

在詹纳斯看来,消极阻抗指表现为"阳奉阴违"的心态和"穿新鞋走老路"的做法。从"向阳小学"教师采取的应对机制而言,消极阻抗表现得更为复杂多样。在调研过程中,我们发现,被选取的实验教师往往会认为自己被选上是领导对自己的一种信任,有的教师甚至会羡慕参与研究的老师。随着改革的深入,尤其是各种评价观念、认知观念和行为方式等冲突,以及变革确定性的缺乏,教师会遭遇一种前所未有的冲突和困难。在学校改革初期,大部分参与研究的教师是年轻教师,相比较而言,他们并没有太多理由去断然拒绝,更不想辜负领导的信任与期待。通常他们会采取消极阻抗。这种消极阻抗大致可以分为以下几种情况。

首先是回避。人总是在不断地寻求平衡和确定,不论是在认知还是情感上都是如此。当遭遇冲突时,如果可以选择,大部分人会选择逃避。就像祝校长那样,失踪几天,让大家都有个安宁,也给自己一个缓冲空间。这种回避的策略不仅指教师的自我回避,还有管理者的主动避免,如在变革初期,祝校长将教研员和"新基础"专家分开来,不让他们碰头。同时采取"实验班"的方式让实验教师形成一个相对"区隔"的空间。在此空间中,教师会有相对"自我封闭"(指对"教研员")"特权",因为通常教研员不听实验班的课。但实际上,这种"区隔"空间的作用是十分有限的,这一空间必定仍处于一个不同场域重叠的区域之中。矛盾依然会存在。更何况,即便规避了"两种标准的夹缝",教师仍要面对自己传统行为习惯等与"新基础"专家所期待观念和行为的冲突。此时,教师往往又会采取其他策略,即"两套做法"。

"两套做法"在官场行动场域中较为常见。例如,下级部门在迎接上级部门检查时,往往会呈现出一种与日常做法不同的做法,等到检查完毕之后又重新回到日常做法。在"向阳小学",我们也看到了类似的策略:

> 那会我的状态则是专家来与不来,我上不同的课。刚开始的时候肯定是这样的。专家来听课,我就想,哎呀,这节课得按专家的思路来上(笑)。然后其他课还是按照常规上法。(教师访谈,2012-12-20)

对于刚开始研究的人而言，如果遭遇冲突，基本上都会采取这一策略。这一策略类似于"冲突隔离"。教师行动背后的逻辑是，如果冲突不可避免，那么我就把它局限在特定的空间或时间内。但在其他时空条件下，我仍然能够维持平衡状态。"两套做法"的另一个变式，则是舟老师的做法，即表面或实际上按照专家的思路，但在私下里又会采取相关的补救措施，按照传统的方式给学生补课。

（二）整合

变革主体在遭遇冲突时，尤其是遭遇时间统筹、内容安排等具体事项时，通常会采取整合的办法。例如，舟老师在拼音识字教学过程中，将"二期课改"要求的生字整合在一起，将语文与班刊整合起来。前者是为了提高效率，后者则是为了省出时间。相比较而言，这类整合会相对容易，尽管需要整合者的智慧和辛苦付出。除了具体事项或内容的整合之外，还有一种整合是将两者价值观进行整合。正如舟老师所言：

> 冲突也是有的，就像你上次看到的（上这两次课时，我都在现场调研）。我上了两次课，一次是"新基础"的，一次是区里面的培训。区里的课是一句一句加工好的，包括多媒体等都是教研员和我一起备课备好的。你看到的区里的课与"新基础"的课就不一样，它最看重的是"语言训练"，这恰恰不是"新基础"特别强调的。我觉得这两种都需要，语言训练也需要，学生思维，激发学生的主动性等也是需要的。但一节课就35分钟。有时候做起来也很难。相比之下，区里面的课比较好上，"新基础"的课上得就会很累。（老师访谈，2013-1-16）

这种整合是一个非常值得解释的现象。从"新基础"以及区里面课堂标准的要求来看，二者在对课堂的侧重和评价上，实际上有着非常大的不同。但老师并没有将两种课堂模式或课堂要求完全对立起来，而是采取了一种"都有合理性"的态度，并将两部分的合理性整合进自我的行动结构之中。这种策略在某种意义上是一种价值整合。它与一般的行动整合并不相同。通过价值整合，教师在变革过程中就可以自由穿梭于两种不同评价标准下的教学模式之间，从而不引起激烈的自我冲突。

与"都有合理性"策略稍有不同,还有一种策略就是寻求不同变革项目之间的相同点。当同时面对多种不同的变革项目时,教师会对这些变革项目进行自觉整合,他们更倾向于找出它们之间的相似之处,而不大倾向于寻求不同变革项目之间的差异;这样做的危险,是很容易造成对变革项目的片面而肤浅的理解,但这样却合于学校系统"做事"效率的原则①。这一论述在我的田野考察中也得到了验证,一位老师说道:

> 现在市里也在学习,像英语教学也提出了一些很好的东西。我觉得 M 区的英语教学在市里已经算是蛮强的了。主要是他们把"新基础"和市里的东西结合得很好。我并不觉得新基础和"二期课改"有矛盾。"二期课改"也有它的好处,"新基础"强调开放,都是对学生有好处的。我觉得最最需要考虑的是学生。"二期课改"和"新基础"都是强调从学生立场出发的。……"二期课改"很好的,像英语教学现在注重语篇教学、整体感悟进入。这都是能够结合的。以前我们("新基础")英语教学强调课型研究,现在"新基础"指导专家也说语言学习不一定要强调课型的……(教师访谈,2013-1-16)

事实上,不仅教师在面临冲突时会采取整合策略,地方行政部门在面临多项任务时,也会采取类似的整合策略。如 M 区一次行政文件中提出,将"新基础教育"研究与全面争创"新优质学校"结合起来,这一文件的主题即是"深入推进'新基础教育'研究,全面创建新优质学校",文件中提出充分发挥 M 区的"新基础教育"研究经验和研究资源,"引领全区学校深化转型性变革,为全面创建新优质学校提供生态性滋养,促进区域教育的优质、均衡发展"。尽管"新基础教育"与"新优质学校"在面向全体学生、促进不同层次学生发展方面有着类似的追求,但二者在内涵、理念等诸多方面显然存在多重差异。

(三) 调适

正如前文所分析的,学校变革中的冲突是多样的,既有观念上的冲

---

① 王建军:《学校转型中的教师发展》,教育科学出版社 2008 年版,第 167 页。

突，也有认知上的冲突，还有行动上的冲突。对于大部分教师而言，他们一方面不能采取积极的抗拒方式，另一方面，消极阻抗又会带来更为负面、消极的反馈。在一段时间的互动之后，教师往往会调适自己的认知与行为。

从教师给我的反馈来看，实际上大部分教师并不存在太多理念上的冲突，正如他们时常所讲的，"新基础"的理念真的很新，很好，很有利于学生的发展。所以教师在冲突的调适应对中，主要是针对认知冲突和行动冲突的调适。按照皮亚杰的观点，人们对外部世界的认知总是经历着冲突与平衡循环往复的过程。在通往平衡的道路上，有两种认知调适机制。一是同化，二是顺应。前者指的是将外部经验整合进原有的经验和认知结构中，后者强调的是将自己的经验或认知整合进新的框架。通过循环往复的过程，实现冲突与平衡的转化。实际上，教师在变革中的认知冲突应对上也是如此。教师会根据自己已有经验对新的观念进行同化，通过不断地尝试和反馈并最终顺应新的概念图式或理念图式。这一过程实际上是习得新理念的过程。当然，这一过程中并不是一帆风顺的，它也需要许多条件才能促成[①]。如果调适不成功，教师就有可能回到积极阻抗或消极阻抗的状态之中。

调适不仅涉及对变革的认识，也涉及对变革的态度或心态。正如舟老师所讲的：

> 我在研究心态上也发生了很大的变化。一开始我总是觉得我们教育与当今的社会体制有很大关系，如果社会体制不变，教育改变根本不可能。后面通过研究我慢慢发现，学生是有变化的。我的态度也慢慢开放起来。我有时会对自己说，你一个小老师，能做多大改变社会的事情呢。虽然我不能改变社会，也不能改变体制，但我能变一个孩子就变一个孩子，能带动一批孩子就带动一批孩子。（教师访谈，2013-3-16）

这种研究心态的调适对于教师而言是很重要的，因为心态的开放会引发对相关反馈信息的积极理解。就像一位教师和我讲的：

---

① 关于这一观点，我们将在第五章进一步论述。

> 刚开始我也不能接受那种评课方式，太不留情面了。我辛辛苦苦准备一节课，然后你（指专家）一来把我全部给否定了，换谁也不能接受呀。但后面慢慢就调整过来了，我想着他们（指专家）也是对事不对人嘛。再说他们也不是和我有仇，也犯不着大老远跑来专门针对我。后面我发现，他们评课就是这样的。久而久之也就习惯了。（教师访谈，2013-3-16）

实际上，不仅教师在调适，指导老师自己也在变革过程中调适自己的角色和行为：

> 我努力不再把自己当作一个"布道者"，不再把自己视为演讲者，将教师视为自己的听众，转而以对话的态度，在互动中与他们交流，耐心倾听和记录他们的声音……我也努力走出尖锐的批判者的角色，不再满足于享受批判的快感，转而追求建筑师的角色，并寻找重建的突破口。[①]

不论是教师的认知调适、心态调整，还是专家的角色调整，它们都表明，变革既是一段知识之旅，也是一段主体交往之旅。在旅途过程中，不论是教师还是专家都需要在过程中不断调适自己的角色、心态和认知结构，唯有如此，改革才有可能成功。在此意义上，我们可以说变革就是一段不断调适的旅程。从"新基础教育"研究推进的策略角度，我们能够看出这种调适的价值和意义。

"新基础教育"最初起步于S市一所实验小学。探索性研究结题之后，"新基础教育"的主阵地也随后转到S市M区。"新基础教育"在M区的推进从一开始就放弃了纯粹自下而上的变革，而是采取了上下结合、行政与专业协力推动的策略。

这一策略的调整，主要考虑到之前自下而上推动所遇到的冲突和难题。这一推进策略被M区的一位教育局长称为协作式推进："'由华东师范大学专业人员组成的课题组，作为学校开展研究的专业指导系统……本区的教育科研人员也根据合作计划积极参与……区教育局积极推动、经费

[①] 叶澜、李政涛等：《"新基础教育"研究史》，教育科学出版社2010年版，第292页。

投入',这种'协作式引进'合作模式,在于积极开发和综合利用区域内外各种学术资源和行政资源,从区域整体推进的角度出发,通过行政支持,注重外来专家、本土科研人员和行政领导三支力量的合作,形成推进素质教育……新型的合作研究机制。"① 基于这种合作模式,"新基础教育"在 M 区的推进尽管过程艰难,但总体上还算顺利。自 1999 年以来,M 区教育局先后经历了四任教育局长,但 M 区的"新基础教育"推进一直在持续。参与"新基础教育"研究的学校也由 1999 年的 17 所(小学 9 所、中学 7 所、一贯制学校 1 所)发展到 2001 年的 27 所,再到 2009 年的 66 所(含全区义务教育阶段公办学校的 85.7%),逐步形成了 7 所基地学校、12 所核心学校(包括 8 所组长学校)和 47 所实验学校三类学校梯度推进的整体格局。②

四 冲突何以转向?

尽管在学校变革研究中,教师们会遭遇各种不同的冲突。但随着改革的深入,旧的冲突会慢慢化解,新的冲突又会逐渐显现。冲突不断解决的过程实际上就是教师成长发展的过程。在经历长时间的改革之后,我们会发现有些教师已经逐渐开始内化新的教育观念和行为。这时,他们冲突的对象可能不是"新"观念,而是"旧"观念。在一次日常交流的间隙,两位老师(一男一女)同我聊到了一段关于区音乐课比赛的故事。在我们三个人的对话中,我们可以清晰感受到教研员与"新基础教育"在评价观念等方面的差异,以及教师冲突方向的转变。

女老师:就是直到现在,区里面认可的东西同我们的观念还是非常不一样。就是上次的音乐课,你知道的(对着男老师说道)。

男老师:差异很大,真的很大很大。

女老师:差点就改变我们"三观"了。(哈哈地笑)

我:怎么了?(好奇地问)

---

① 竺建伟:《变革之路——M 区"新基础教育"研究十年回望》,香港文汇出版社 2009 年版,第 8 页。

② 同上书,第 22、24、36 页。

女老师：哎哟。算了。不太适合评价。

我：为什么不太适合呢？

女老师：你觉得呢？（女老师转过去问那位男老师）

男老师：（不语，只是呵呵地笑）。

女老师：我觉得这堂课绝对可以作为一个案例分析。

我：那可以啊（欣喜状）。因为我论文要用啊。

女老师：啊？（惊讶状）

男老师：就是我们感觉真的差异很大。

女老师：它是一个一等奖的音乐课展示。但是我觉得在演戏哪。

我：在演戏？（疑惑中）

女老师：演了一节音乐课。就像艺术节排了一个节目，它的名字叫"一堂音乐课"。你明白我的意思了吧？

我：也就是说，它……

（打断）

女老师：我举一个最小的例子给你听。这堂课是唱S市童谣，卖东西的童谣，比如说卖石头、剪刀、布。老师的第一个环节是"走进S市老弄堂"。他（她）全都是用S方言上的啊。先是让学生一开始问自己的爷爷奶奶，她们小时候听到的弄堂里的叫卖声。那么我们小时候也听过爸爸妈妈、爷爷奶奶讲过的吧。是吧？照道理说，这个环节的设计蛮好的。学生应该各自回去问了。问好以后，这个时候老师就应该是"收资源"（"新基础"特有的语言）了。学生表现出来的状态应该是不同的。它的真实状态应该是不同的人问到不同的叫卖的方法，怎么叫卖。但是他们（指学生）叫得没有那么标准。

男老师：他应该只是了解，纯粹的只是了解。

女老师：比如卖花唱的应该是……（学着唱）

男老师：因为家长也不可能说得那么标准。

女老师：我期待中，学生应该是呈现不一样的状态。他可能是唱得没有那么好，然后老师可以教他如何唱得更像。或者是让他听一听过去买东西人的声音（录音呀什么的，男老师附和道），然后学生再学一学。但教案中呈现的并不是这样。

男老师：因为老师事先把教案给我了。教案上已经呈现了三个具体的案例。

女老师：一个卖花的，一个修洋伞的，一个磨剪刀的。

男老师：并且教案在顺序上排好了一、二、三。

女老师：就是连续的一、二、三，三个（指学唱的案例）。然后孩子的答案就是按照教案上，原封不动地一、二、三，三个。

男老师：(扑哧地笑)

女老师：然后孩子出来就像训练好的，叫得很好听的，还有动作。然后老师说，大家都来学一学他的动作。其实这些孩子在下面早已经学会了。他们所有的孩子都是一模一样的。

男老师：统一的动作。

女老师：这冲击了我对一堂好课的认识。我昨天听了我们的一堂好课，所以我写了很多自己的想法出来。

我：这不就是对比嘛。这不挺好的吗？

女老师：真是哦。我们一位老师也有一堂音乐课，一堂音乐欣赏课，上得很好的。你说像这样的课是不是要颠覆我的"三观"啊？

我：（笑）哪"三观"呢？学生观？

女老师：对的。是学生观，不是那个世界观、人生观哦（笑）。学生观、教学观，是吧？

男老师：其实到目前为止，这个差异还是很大。

女老师：他们觉得这样的课就是好课，一等奖！整堂课就是表演，老师和学生跳着优美的舞蹈……我就在想，这堂课如果不是这样上，也是可以上得很好的。你就让孩子原生态好了。然后听听录音机里甚至是录像里原来的叫卖声是什么样的，最后我们学生学一学好啦。有什么不可以的啦？

男老师：孩子们讲得不好是很正常的呀！

我：（呵呵笑）你们听着有什么感受呢？

女老师：捶胸顿足（做着捶胸顿足的动作，发出啪啪的声响）。(呵呵地笑）

我们老师和他竞赛，同台比赛，它是一等奖。你说我们胸闷吧？

我：你们这位老师拿奖了吗？

男、女老师：参赛都有奖的啊。最后拿了三等奖。（两位老师异口同声地答道）

男老师：其实差异还是蛮大的。

我：他们最后有点评吗？

女老师：（摇头）

我：没点评呀？

男老师：这只是一节展示课。

女老师：你记得我上次和你说，为什么不去参加区里的活动？他们安排我进行五分钟的评课。要是我去，真的按照我的意愿来评课的话（男老师同时补充道：你说怎么来评？），按照我们"新基础教育"的眼光来评课的话，你说我是去唱"赞歌"呢，还是去"砸台"？

我：所以说现在对你们来说，这种冲突还是存在的。

女教师：恩。但是，我告诉你，并不是所有的教研员都是这样。对吧？（再一次转向男老师，征询他的赞同和支持）

我：这个评判是教研员决定的吗？

男、女老师：是大家共同决定的。

女老师：但就是说，他眼光是什么样的，他的判断就会是这样的。对吧？数学课就是好！

男老师：数学那节课绝对是好的。从我们的内心来说，绝对是好的。

女老师：它和我们的理念还是很匹配的。

男老师：（笑）

……（田野访谈，2012 - 12 - 28）

在这段谈话中，我们从两位老师的讲述中可以看到很多"新基础教育"的课堂观念。比如课堂要是真实的，不能是"表演"，又比如一堂课应该是对学生有发展价值的，学生出课堂与进课堂相比，应该是有生长、有推进的。显然，这些标准与"新基础教育"提出的一堂好课的标准是吻合的。叶澜教授认为，一堂"好课"应当要对学生有意义，要具有生成性，不能完全按预先设计走，要平时（即常态性），要真实（即有待完善）[1]。两位老师在讲述中的表情、动作和感受，真切地呈现了他/她们并不认同区里的评价标准和评价理念。在讲述中，他们多次用到"我们"一词，其中，这位女老师更是提及"我们'新基础教育'的眼光"，显

---

[1] 叶澜：《何谓一堂好课?》，《福建论坛》2005 年第 11 期。

然，他们已经内化了"新基础教育"的某些理念。从这位女教师瞬间对那堂获"一等奖"音乐课的重构来看，她不仅内化生成了"新基础教育"理念，更知道如何将这一理念转化为具体的课堂实践。我们不禁要问，实验教师从最初的"冲突"到"我们'新基础教育'的眼光"，这一路走来，究竟发生了什么？是什么因素，何种机制促使了老师的转变？关于这一问题，我们将在下一章阐述。

第五章

观念的生成

任何成功的学校变革终要落实到人的行为，变革理念向实践行为的转化已成为学校变革的核心、关键和难点。本章将聚焦理念向行为转化的困难、问题、阶段、影响因素，以及机制（包括过程机制与转化机制等）。文章将首先以开放性叙述呈现两位实验教师在"新基础教育"研究过程中自我变化的故事。随后，我们试图从两个开放性的故事中引出观念生成[①]的若干问题，进而从更为普遍的意义上讨论这些问题。讨论并不是对故事的单一解读，而是对故事以及相关问题的一种理解和解释。有时故事或许比讨论更有价值，因为每个人都能从故事中读出自己的理解，而讨论不过是我们的一孔之见或一家之言。

一 甄老师：在碰撞中前行

"我该上谁的课？"这是一个关于甄老师的故事。但我已经记不起第一次见甄老师是什么时候。在"向阳小学"的调查期间，我和她的交流、沟通最多。一是因为她是"向阳小学"的副校长，分管教学科研工作，学校的许多工作都需要她统筹策划。二来是因为她是"向阳小学""新基础教育"实验的语文教师。从 2000 年开始，甄老师就开始参与"新基础教育"研究，是为数不多的资深亲历者和参与者。导师曾和我说，"向阳

[①] 这里所说的"观念生成"指的是教师在研究性变革实践过程中形成"新观念"（如"新课改"的观念），习得与观念相适应行为的过程。在专家那里，这一过程通常用"观念转化""理念转化"或"理论转化"。实际上，二者表达同一个意思。本文使用"观念生成"主要有两个考虑，一是它侧重教师视角。另一个更为根本原因是我们研究发现，"观念生成"过程并不是一个从专家或其他人转化、传播、灌输给教师的过程，而是教师与其他主体互动过程中建构习得的。具体论述可见下文。

小学"参与"新基础教育"的历史可以以甄老师为窗口。每次我去学校调研,她一见到我就热情地打招呼:"李老师,你来啦!"然后就到办公室里,拿出自己从家里带来的茶叶给我泡杯茶。在撰写书稿的过程中,许多老师因不善于写作纷纷求助于我。一次书稿讨论会之后,几位老师围着我要我给大家提提修改意见。一位与甄老师同办公室的数学老师开玩笑地对我讲:"李老师,你帮我写吧,我给你劳务费!"甄老师立马瞪了她一眼说:"你××!你说说你能给李老师多少钱?"然后,她又转过头来对我说:"李老师,你给她说,少于四位数不干!"我匆忙打了圆场说道,看大家的稿子肯定是没有问题的,但代写肯定不行。甄老师的性格就是这样,很直爽。其实她的那种表情既不是责怪也不是批评,只是一种情绪表达。那位数学老师也并没有生气,她大概也是了解甄老师的性格。有一次,我看到甄老师用一种很慈爱又带有一点惋惜的眼神瞪着一位因粗心而错失100分的学生。学生看了甄老师一眼,不好意思地低下了头,拿着那份99分的作业本,既得意又失落地回到座位。甄老师不高,微胖,说话声音洪亮。我曾经一度以为她是北方人。后来她告诉我,她是上海籍,在新疆出生并度过了童年时代。

甄老师参与"新基础教育"起于2000年前后的一段反思体会。那会儿,祝校长让老师开始写科研札记和日常反思[①]。在一篇例行的反思笔记中,甄老师写了如下文字:

> 很多时候我都会把工作看成是一件劳心劳力的差事,看作是一种为了生计而不得不努力完成的工作,或者看成一种利益的基础。我们缺少的是一种平常的心,缺少对生活的真正感悟和理解,所以我们都只是俗人。现在我再以这种平常心看待自己的工作,竟然发觉我缺少的是快乐,是那种能够在自己从事的工作当中感受到的快乐。每上一节课,每批一本本子,每次与学生的交流,不都需要回归到我们第一天上课,批第一本本子,和学生第一次对话时的认真和投入吗?曾几何时,我已经对这些快乐毫不在意。甚至在自己的工作中被压抑、困惑和一时的不顺所击倒,无法找到原来的那种冲劲。在平凡中体会快乐和幸福吧!其实我这样解释幸福也是对我自己的告诫,让自己重新

[①] 可参见第三章第二部分的叙述。

面对自己的生活！（甄老师科研札记）

当时的祝校长正在为找实验教师发愁。她的眼光很挑剔，对一般的老师不放心，看好的老师又不愿意做。看到甄老师写的这篇科研札记时，祝校长异常欣喜。她知道，甄老师有一定语文功底，容易感动，并想做点事情。在读到这篇短文之前，祝校长并不大了解甄老师。但她知道，甄老师会答应她的。当被问起是否愿意参与"新基础教育"研究时，甄老师只简短地表示试试看。因为她也不知道要做些什么，不知道能否成功。最终甄老师成了"新基础教育"优秀实验教师，但在实验初期，尤其是在教研员与专家评价标准和理念不一致的冲突中，甄老师经历了严重的徘徊、摇摆。

在"向阳小学"的调研过程中，我多次与甄老师聊及她的人生成长史。通过她的故事和叙述，我们从中也能体味到教师接受新观念并将其转化为行为的艰难历程，也能感受到教师在学校转型性变革中的情感冲突、困惑以及成长收获。

"我是一名'好'教师"

我当小学语文教师是在1993年。那会儿我刚从师范毕业。当时我工作的学校还不在P区，而是S市的Z区。入职那会儿，看着学生念着a、o、e，写着稚嫩的汉字，我很兴奋。入职不到一个月，我在学校上了一堂成功的语文展示课，得到了同行们的赞赏。看我有潜力，学校有经验的老师就开始指导我。一路走来，我的语文教学渐渐从生涩到熟稔，慢慢地，我开始在区级比赛中获奖，也开始发表论文，并成了语文教研组组长，区骨干教师培训班成员。因为工作认真努力，我还拿了区优秀班主任和园丁奖的荣誉称号。用现在的观点来看，那会儿我至少是个"成功"的语文教师。

后来，因为家庭原因，我从Z区调到P区。我在Z区上班的学校离家很远。当时公交车还没有直达，要转车。那会儿学校放学晚，公交车都没了。所以我有时会骑自行车，要一两个小时才能到家。夏天还好，冬天的S市，天黑得早，有时路都看不清。有一次学校放学晚，刚好又下暴雨，不知道为何，我往常回家的那条路被封了。我转到另外一条我不太熟悉的路，雨又下得大。我骑着骑着一不小心掉到一个大水坑里面去了，浑身上下都受了伤。家里人看着我心疼，说让我换个离家近点的工作。于是我就从Z区转到了P区。我记得到P区面试时，还是我们现在老校长浏校长面试我的①。一开始我并不是在"向阳小学"工作，而是调入到另外一所小学。那所小学的生源条件比这边还差。我记得那会儿去棚户区的学生家中家访，都是要学生带路的。那里（指棚户区）左弯右绕，外面的人根本找不到路。尽管学校条件和生源差，但老师之间的关系很融洽。学校里面也没有什么研究活动。学校的校长对我很好，我工作不久后就怀孕了，校长和学校老师还去看了我好几次。在那边工作基本上没有什么压力，很平静。因为我的工作状态很轻松，工作中没有发脾气，所以我儿子现在的脾气很好。

1997年，我调到"向阳小学"。那会儿我儿子出生也就两个月左右。学校校长到我家里来问我，说有个机会到"向阳小学"工作，问我要不要去。尽管当时很舍不得儿子，但后来还是答应了。所以我儿子出生和我到这里的年份是一样的，我在这工作几年，他就几岁了（笑）。我调到这里后不久，原来的学校就被合并掉了。过了很久以后我才知道，我之所以被调到这个学校，就是因为浏校长在我原来工作的学校听过我上课，觉得我还不错。

"初期的冲突"

刚来这里的时候，只是知道有一批人在搞这个研究（指"新基础"）。那会儿低段有个实验老师，现在调走了，高段也有个实验老师，（他们）都是语文老师。当时新基础教育研究，只是学校课题组的人在做，是从点开始的，做的是语文、数学两个学科。从1997年到2000年这三年，我只是知道有人在搞研究，但是跟我没有关系。他们在研究什么，我是不知道的。2000年，我开始参加这个研究。第一次活动是到M区参加叶老师的一个报告。最早探索阶段有两本书，一本"黑皮书"②，是纯粹理论；还（有）一本"红皮书"③，里

---

① 当时浏校长是"ZZ学区"的书记，按照学区制度的规定，学区有人事权，统一负责区域内的招聘。

② 即《新基础教育探索性研究报告集》，上海三联书店出版社1999年版，因书的封面是黑色而被实验教师亲切地称之为"黑皮书"。

③ 指《新基础教育推广性研究教师指导用书》，上海三联书店出版社1999年版，因书的封面是红色而被实验教师亲切地称作"红皮书"。

面有些教学实例与分析。我回来后第一次看这些书,就知道有什么"三观十性""五个还""师生互动""双边活动"这些乱七八糟的(概念)。话都说不清楚的,就让我们记住这些东西。

当时就觉得,做老师研究这么多理论干什么呢?我自己有一定的教学经验,在之前的学校也得过区里的奖,到这里后,三年来也没有什么很大的发展。加入研究后,陆老师①对我帮助很大,她每周都来听我的课,从教学过程当中"点"的改进开始。(我们开始)研究在课堂中怎样教会学生质疑,怎样把时间和空间还给学生,并做了一些课型研究。这些研究(指课型研究)直到现在也没有学校(指参与"新基础"的学校)做。我们学校也没有持续做下去,如古诗类教学、古文类教学、童话创编等。

我刚刚做"新基础"时,正是我矛盾挣扎的时候。(因为我)一会儿上"新基础"的课,一会儿上区里的课。区里的课被"切"得很死,对教师的教学评价包括:一堂课是否在老师掌控之中,过渡是否自然,教师基本功是否体现,能否踩点完成教学任务等。直到现在,许多比赛课也是这样子的。像市里的或者全国的大赛,语文课也要依既定的教学教案走,最后结束的时候,也要看教案是否踩着点完成。两种课堂是两种思路,一种把得很死,一种叫你开放。那会儿我没有参加区里的比赛,但区里的教研员也要来听课,所以老师要变来变去。教研员是我们请来指导的,一周一次。2000年那会,陆老师也来的。教研员就是帮你解读教材、分析教材,听课评课,给指导意见。他们依据"课标"对文本的解读能力是很强的,教学中也讲究学法指导、方法指导,但是把得比较死,不像"新基础"要求把学习的时空放给学生。夹杂在两种标准之间,我的课就四不像了,就是有一个矛盾和徘徊的。因为陆老师来了,我要上"新基础"的课,教研员来了,她的思路完全不一样,我要照她的思路去上课。我曾经矛盾痛苦到什么程度?我晚上打电话给校长,问她,明天陆老师来,我是上"新基础"的课,还是教研员的课。校长就回答,你自己去想啊。

---

① "新基础教育"资历最深的指导专家之一,负责语文学科的改革指导。

"当头棒喝"

　　叶老师第一次听我的课时，我正处于矛盾彷徨期。那次听课活动弄得很大，来观摩的有我们学校的老师，外校的老师和校长，区里的领导，还有外省市的校长。为了在叶老师面前展示自己，我花了很多功夫准备。我到现在还记得当时我上的是《老师领进门》。课上得很顺利，学生与我配合默契，随着下课铃声响起，我的结束语也戛然而止。课一上完，我庆幸课上没有"意外"，全在掌握之中，教案上的教学过程无一遗漏，过渡语几乎一字不差地背了下来。我当时感觉自己上得还是蛮好的。但是叶老师当着那么多人的面把我"戳"了一顿，当场我就哭了，什么场合啊那是，真掉价的。当时叶老师就说"捉虫"①，但我觉得很委屈。随着后面参加实验，我发现其实做"新基础"是需要一种心态的。我从教研员的口中得知，侧面了解到为什么我们区的这三个学校都觉得"新基础"做不下去，因为专家的评课是不留情面的，不像现在还讲讲你好的地方，那个时候纯粹讲你的问题在哪里，老师反响是很大的。它们（指P区另外三所学校）做三年不能接受这种不留情面的方式。其实我也理解，找问题是帮助你改进，但是人也是要面子的，那个时候也蛮痛苦的。这次课失败以后，祝校长和陆老师都来找我谈话，谈话以鼓励为主。陆老师依然是每周三都来听我的课，一堂课上下来，再结合理论（思考、改进）。现在我开始明白，很多东西是（要）自己悟的。当时学校有些制度虽然是被迫的，如每月有教学沙龙、每月写教学反思、科研反思，但硬是逼着你去想有些问题，很多东西就想明白了，心态就好一点了。

　　过了些时候，叶老师来听了我一次作文课，说我有进步，给我指明了方向，这还是在2004年之前，那次场合也蛮大的，在多功能教室上的，来了不少人。作文课不太有人敢上的。这次课给我增添了一些信心，也为我后面的作文教学研究埋下了种子。2004年6月，我送走了毕业班后就主动向校长提出想从一年级开始教起，带一个大循环，想把一至五年级的语文教学研究细致深入地摸索一遍。2004年9月，我第一次走进一年级的语文课堂，开始了"拼音识字同步教学"的研究，学习做一个低年级的语文老师，适应低年级的教学方法。我

---

① "新基础教育"特有的术语，即是说发现老师的教学中存在的"问题"。

记得那会儿P区有一个小班化教学现场会，全区排课，我承担的任务是"读儿歌识字"单元，我就把"新基础"的理念渗透进去，那节课的反响蛮好的，但是我也不敢全部渗透进去。在随后的几年，我相继进入"童话创编""句群训练""写人记事类结构""古诗类结构""写景状物类结构"的教学。2008年，第二次开始作文教学研究。通过几年的磨练，我开始关注将教学中的问题和学生成长的需要联系起来。

"又一次敲打"

2008年，叶老师第三次听我的课。在此之前，叶老师有很长一段时间没听我的课了。那时"新基础教育"在开展"普查"① 活动，叶老师专门听四年级的课，刚好我带的大循环②到四年级。通过前面几年的积累，不论是在学校开的"新基础课"，还是日常的研讨发言，我都表现得不错，在那个范围内（指"新基础"的圈子）小有名气了。我记得2007年，M区（实验学校）来我们这边开课，我上了三年级"海底世界"一课，当时叶老师没听，但陆老师③和其他几位老师来听过。我上的是句群训练的课，反正就是大胆改革，很有自己的想法，说课反思都得到了好评。我们语文教研组整体研究都得到了认同。当时我想着，上次叶老师说我进步很大，这次我当然要好好表现一下，并且叶老师好不容易来听一次课，还有其他专家，要是课上不好就掉价了，不得了了。结果那堂课又砸锅了。那次我上的是"秦陵兵马俑"，为了这节课，我揪心了一个月，好好地设计，多媒体很好，导语也写得很漂亮。叶老师听完之后说了一句话，她说"你是不是知道这节课叶老师要来？这节课你是为叶老师而上的，不是为小朋友而上的"。和第一次叶老师批评我相比，这次我不是很伤心。因为叶老师真的是一针见血找到了我的短处。那段时间，我平常的课堂是开放并且关注学生的，但这节课上得跟我之前的课不一样。

再一次"砸锅"后的一年间，我的成长非常迅速。因为我做了那

---

① 即对实验学校所有教师的课进行检查。
② 指从一年级开始带同一个班，一直带到五年级。
③ 新基础教育从事语文教学改革指导的另一专家。

个课题①，把很多问题都想清楚了。当时，校长也给我松了很多事务性的绑。我觉得做老师每天都要和学生生活在一起，因为很多东西、很多教育的契机转瞬即逝。自那次叶老师的点拨后，我的心态也开放了。不为别人上课，就为学生上课。

"普查"之后，也就是2008年秋季学期，那会我带的大循环已经到五年级上半学期，叶老师又听了我的一堂课。只是那次课不是在我们学校上的，是在M区上的。那节课上得好风光的。在我之前是一位老师上的识字课，我上的是作文课。我上课开放度很大。（我）把孩子们秋游的资源拿来，找了篇中下水平的作文，讲评怎样把这篇文章写好。我自己写了篇"下水文"②，然后请一个学生声情并茂地朗诵自己的作文——"偷水记"。在教学中，我评点了学生的作文，也让学生点评我的"下水文"。那节课是一种全开放的教学，过程中我注意抓资源，并推进生成。上完课之后，我从祝校长的脸上还有所有听课者的表情中，包括从叶老师的表情中，知道我这节课上得是很成功的。下课之后，叶老师在听课教师里，很兴奋地拉着我，和我聊天。这节课上完之后，产生了蛮大的轰动效应。连叶老师的爱人，每次碰到我都说"听小学语文的课，就听甄老师的课"。这时我才知道，原来他们追求的是这样一种课堂，很平等地与学生对话，课堂完全开放，老师完全是在与学生的对话交往中提升学生。这次课也增大了我对"新基础"的信心。

2009年结题③之前，（专家）李老师和邬老师来听我的课。因为那会儿还帮着学校另外一位老师准备童话创编的课堂，所以我的作文课基本上没有怎么准备。后面因为种种原因，我们童话创编的课被拿掉了。得知这一决定之后，我们学校的那位老师把自己关在办公室里哭了一下午。为了这事我还给（专家）李老师发了一封措辞不是很客气的长邮件。

尽管我没怎么准备，但那会儿的我已经处于比较自如的状态了。

---

① 甄老师2006年申请的一个市级课题，主题是"基于学生成长需要的语文教学长程研究"。
② 即老师写的范文。
③ 指"新基础教育"成型性研究阶段（2004—2009）结题，后面又开展了扎根性研究阶段（2009—2012）和生态式研究阶段（2013—　）。

第五章 观念的生成

（专家）邬老师说，5月17号你要上成这样，基本就可以了。当天，我前面的实验老师上得不咋地。（一想起）我的成功建立在别人的不成功之上，就觉得不好意思。我又是一个全开放的课堂，学生自我的点评能力、修改能力都呈现出来了。局长都来和我说，原先以为你拿来点评的是人家的文章，原来是你们小朋友写的文章。那时候，我已经把教学研究从欣赏一篇文章到欣赏一个人，文如其人，人如其文。当时师生关系非常融洽，像朋友一样，很亲近。他们在作文中什么都敢说，什么都敢写，所以有很多文章出来。那会儿我们开始整理学生写的文稿，这既是为学生，也是为了结题，作为我们作文教学的研究成果。

我觉得现在的状态不如2008年、2009年，主要是教学没有在原来的基础上推动。我说的是我自己，没有一个大的飞跃，尤其是作文教学。虽然脑子里有很多想法，但是迫于很多原因，没有推进。之前我们请过一次作文教学培训专家来给我们研讨，对我的作文教学想法，是有冲击的。我有很多设想，但都不了了之。那位专家讲的理论性比较强，并且有很多成功的做法，我就想找到一个平衡点，看能不能和我们这边进行一个整合。特别是三年级到五年级的作文，（我想）拉得再清晰一点。这（指作文）是牵一发而动全身的，它是对生活的一种感悟，对情感的细腻表达。作文是一个全面的东西，不仅仅是作文能力，不仅是语文素养，更是对生活的一种态度，对人生的一种态度。人的喜怒哀乐，情绪，对世界的认识，全都可以从他的作文中表现出来。你会从某篇文章或者某段看出他这段时间的状态，情绪，价值观上的偏差。五年级的孩子在写文章的过程中，会产生一种自省，自我发现，找到成长过程中的不足。他（可以）借助文章洗涤自己，自我完善。学生可以通过作文评判周遭的事和人，包括对老师，包括对同伴，这都是很好的。（这些年）没好好做东西，回头看看我当时写的作文教学的设计，还是觉得很粗糙。当时很得意，但现在看来是很粗糙的，（可惜）现在也没有时间改。

直到现在我都觉得，选择做管理，是我的一次错误。我还是比较适合做一个语文老师，我比较喜欢和学生腻在一起。对我的学生，哪怕批评他们，过一会儿就好了。他们跟我关系很好，我经常会有这种想法：做什么管理，做个语文老师多好。与之前的班级相比，现在的班级跟我没有那么亲近。(如果经常和学生)在一起就会发现很多问题,会有很多话题,在一起情感就深。那个时候很有意思,下课了,我要去开会,他们写的作文来不及批,就放在讲台上面。晚上回来才批。当时每天孩子们都要写随笔的,我每篇都看完,每篇都点评。这些工作量都是我自己加的。

有一次我要去开会,走之前跟他们打声招呼说要走。一个孩子就冲到讲台上把自己的本子从那堆作文本里抽出来塞给我,让我带出去,在开会的时候开个小差给他批掉。他很期待看到我的点评。有的孩子一个下午写四篇文章给我,长的有七八百字,短的两三百字。他们跟老师也是"没大没小",当时钱老师怀孕,大肚子,要布置作业了,他们就要求作业要少一点。他们有理由的,就是玩游戏,剪刀石头布,他们赢了作业要减少一点,他们输了就写作业。孩子跟老师可以讨价还价。我说好啊,但是我不能代表英语老师,你们要跟英语老师猜。但钱老师一个人,你们这么多人,对老师不公平。他们很"坏",因为钱老师大肚子,他们说就派一个小朋友来跟钱老师猜,但是必须用脚。用脚玩游戏时,需要人跳起来然后落地时做出动作。两脚一前一后代表"剪刀",两脚交叉代表"布",两脚并拢代表"拳头"。他们跟老师的关系好到什么程度?每天早晨来的时候,看到老师的茶杯,就去给老师洗茶杯。有一天,看到一个不是我们的茶杯,他们说:"啊呀,这是谁的杯子?这么脏,不爱干净,算了,我去帮他洗一洗吧。"后来发现是我班一位老师的茶杯。我们班的孩子和我好到什么程度?他们都知道我明天要上什么课,我进教室之前,帮我把媒体打开,各种颜色粉笔拿一支。这些孩子多可爱啊!那个时候我也很尊重孩子的个体差异。有个女孩子很有才,但是不做作业。我允许她不做作业,我给了她极大的包容。她所有的字都能默写出来,作文写得很漂亮,她把所有时间都用在课外阅读上了。她的妈妈跟我说,甄老师给了她极大的包容,给了她个性化的培养。但到了中学,那里的老师不允许她这样。她到了中学心理落差很大,在很长一段时间内都很颓废,没有了在这里的优越感。

"什么让我成长?"

回顾我的发展历程,我觉得别人的帮助可以分为两种,一种是鼓励性的,一种是毫不留情的。两种对我都很重要。我很少有挫败感,从小到大，老师都说我是好学生。我在读初中的时候保送高中，我没有去读，因为爸爸妈妈是知青。所以我的经历中大多是认同鼓励表扬作为成长的力量，（这对我）很受用。后来觉得清醒的当头一棒也很重要，扮演这样角色的人很重要，叶老师是很重要的一个角色。我在写成长史的时候，我就说我们不仅要感谢鼓励帮助我们的人，也要感谢时时点醒你的人。（专家）陆老师更多的是鼓励你的人，默默地支持；而叶老师就是点醒你的人，她不太夸人，但是你的成长和进步可以从她的脸部表情上感受出来。

还有就是平台和机遇。这个祝校长对我帮助很多，搭建了很多平台。尽管我更愿意做老师，但是做管理有一个好处，就是眼光不一样。我做语文老师不会从整体角度考虑学校整体的语文教学。如果不考虑这个，对我后来的年段研究可能会是一个障碍。祝校长给了我很大的宽容，比如2004年我自己提出带一个大循环，她就同意了。以前我一直在高年级，没有带低年级。一个老师固定在某个年段，对他来讲，效益是最高的。当他到从来没有教过的年级去，会遇到很多问题与困难，有时会影响考试分数、教学质量，还有课堂教学效果。虽然新老师对学生来讲不是很好，但对于教师成长来说，这是最好的。2004年到2009年是我成长最迅速的五年。（专家）陆老师也一直在我的课堂上听课，在我的成长过程中，陆老师扮演了非常重要的角色。

做管理，我也是从这个时候开始的。做管理之后，我学会去看、与人交往与沟通，也有更多机会出去学习，有更多机会与专家对话。我上周去参加汇报，一位专家讲，要把信息技术用到课堂，对我也是一个冲击。我们副局长做了一个"班级授课制的前世今生"报告，绝对地打开了我的思路。这种学习是其他老师不能经历的，这种机会对自己的成长有很大帮助。还有就是，光靠别人给你，自己不努力，不能沉下心来做一些东西、想一些东西是不行的。自己的思考，自己思维品质的提升，对最后的成长也是有帮助的。思维品质的提升也是在多年的过程中形成的。我第一次组织科研沙龙，没有一个人讲话，但作为组织者你不得不讲话，它逼着你去把问题想清楚。我现在做事有一种如履薄冰、如坐针毡的感觉，觉得自己被掏空了，没有底气。与专家的对话中我都不大敢讲话了。因为自己知道的东西太少了。前

几年就没有这种感觉。所以必须有自己的东西。(教师访谈,2012 - 11 - 23)

二 章老师:在体悟中渐变

章老师身材高挑,常常穿一件红色的线衣,外搭一件米色的风衣和一条蓝色的牛仔裤,加之一头短发,给人一种很干练的感觉,一看就有数学老师身上的那种利索简练。章老师很爱笑,笑的时候会让人留意嘴角的一颗痣。我第一次见到她,是在"向阳小学"的一次座谈会上。当时她已调离"向阳小学",在P区的另外一所小学担任副校长。那次座谈是学校开展的一次教研活动。尽管调任新的学校,但章老师经常会回"娘家"看看,尽可能参与"向阳小学"的一些活动。当我问她在新学校和在"向阳小学"有什么不一样时,她回答说,新的学校轻松但不充实,而"向阳小学"忙碌但充实。我对章老师的接触并不多,她重新调回"向阳小学"已是2012年秋季学期。她的办公室在一楼,而在学校调研期间,我主要在二楼的会议室或另外一栋楼的单独办公室。章老师从1998年开始进入学校的"新基础教育"研究,算起来资历比甄老师还要早。2006年,她已是"向阳小学"副校长。尽管日常接触不多,但从多次闲聊和正式群体访谈中,我发现章老师对自己在实验研究中的改变过程有着更为清晰的认识。相比甄老师的宏观叙述,章老师的故事则更有过程感和推进感。

"你来,我就按你的思路上"

我进入实验研究是在1998年,那会儿我教三年级的两个班。一个是实验班,另一个是足球班。那会儿实验班研究领域涉及语文、数学和班队。当时数学还没有可供参考的东西。每个星期一,专家来听我的课。之前都是自己准备,然后听好课以后,对这节课进行重构。当时三年级还是老教材,计算为主,如"多位数的加减""十位数的乘除"等。我们研究的落脚点是如何培养学生的质疑能力。刚进入研究那一年还好,我们是"关起门来做实验",数学请的教研员不是很多。所以冲突不是很大,冲突发生在一段时间以后。区里面开始出现比较正规的教学竞赛。我们上"新基础"的课,最后连复赛都没有进入。有可能我是教数学的,感觉神经没有甄老师那么发达(其他人哄笑)。我感觉大的是1999年。为什么呢?我原来带的两个班,进入四年级后,一个班转交给别人,然后我又接了一个三年级的班,就是甄老师带的那个班。这个班也是个艺术班。这样到了第二年,我就要一周上两节研究课,一节三年级,一节四年级。每周一,"新基础"的专家都来听两节课。我的痛苦在哪里呢?数学不像语文,语文嘛可以跳着上,数学是有连续性的。你上到这里的话,你就必须上这个内容。因为你这个内容没有上的话,你后面的内容没办法上。而且学生的学习是有系统性的,你不能一会儿上这个、一会儿学那个,跳来跳去。所以我要精心安排我的进度(扑哧一笑)。一开始我们是从新授课入手,很少涉及练习课。在课程进度上,我需要在上新授课之前把练习课全部结束掉。因为每周要准备两堂课,压力比较大。所以每个星期天的晚上,我会像热锅上的"蚂蚁"(笑),在家里来回地踱呀踱呀踱(再一次笑)。星期六还蛮开心的,当然星期六也在想方案、设计。到了星期天就极度焦虑。即使你思路、方案都有了,但也是很焦虑的。焦虑什么呢?那个时候("新基础")提出"课堂开放","让课堂焕发生命的活力",把"时间、空间还给学生",但是到底怎么还?你课堂上如何去体现?同样的一个内容,我应该怎么上?

其实我觉得这种变化也是循序渐进的,而不是一种突变!在这个过程中,有可能感到上课很高兴、很开心的这种感觉。就是进课堂我感到是一种很开心的享受。实验班嘛,相对来说学生基础是比较好的。我带的四年级那个艺术班,之前在原来两位老师的带领下,学生行为习惯都是很好的。上课的时候,不会因为学生不听课或思想开小差而影响我的教学、打断我的思路。学生上课都很投入。学校让我再带三年级的一个班,可能也是有它的考虑。一个年级的研究,经过一年的研究可能会积累点实践经验或感悟。经过一段时间,如果你不去尝试,就可能遗忘,你的起点可能就会滞后了。所以让我再带一个三年级,在三年级再滚一遍,把原来实践的东西再去实践、体会感受一遍。四年级的班级则是新的尝试。在研究的过程中,我觉得我和专家对课堂有不同的兴奋点。那会儿可能也是刚进入实验,关注的东西不一样。有一次五年级的课(第一轮三年级的实验班)让专家很兴奋。她说后悔没有录下来,因为那堂课是我们的常规课。后来,她根据自己的听课笔记写了一个案例，是关于师生互动，教师如何点拨等等。上好课后，她很兴奋，但我觉得那个阶段我上的"新基础"的课都是这样的（不好意思地笑）。

尽管那个课让专家很兴奋，但那会儿我的状态则是：专家来与不来，我上不同的课。刚开始的时候肯定是这样的。专家来听课，我就想，哎呀，这节课得按专家的思路来上（笑）。然后其他课还是按照常规上法。

"改变，从触动自己开始"

这种两面做法并没有持续太长时间。我原来只是教学生做会题目。就像老师经常说的，这道题我没教过，学生就不会做。我觉得这是一种不太正常的现象，为什么？因为你不可能每道题都讲过，为什么你没讲过的题目人家就不会做呢？这样你就在教题，而不是在教一种能力、方法或者思维。

通过研究，数学方面的变化比较大，尤其是三年级的学生质疑能力研究触动了我。质疑能力的培养是贯穿在日常教学之中的。以前都是老师问，学生回答。在质疑能力培养之初，你让学生提问题，他没有什么问题。就是让老师来提问题，说实话我们也没有什么问题。为了让学生问出问题来，学生问什么就是什么，然后再梳理出学生问问题的几个方向，几个维度。我们确立了几个维度，首先是计算顺序的质疑，其次是计算结果的质疑。这些维度也是在我们研究过程中逐步梳理出来的。这些梳理出来之后，学生质疑能力慢慢开始增强了，他们就会觉得，哦，对计算问题，我可以这样去问。

计算顺序的质疑是学生在上课过程中提出的。当时我们在上多位数的加减法。学生在课堂上忽然冒出了计算顺序的问题：为什么加减法我们都是从低位开始计算的？能不能从高位开始算？说实话，这个问题，我以前也没有思考过。加法都是从个位加起。我们老师一直是这样教的，从来没有老师说过从高位加起。书上总结出来的计算法则，我自己从小接受的教育，都是从低位开始算的。你就从低位开始算，只要算对就行了。

后面我们觉得完全是可以从高位算起的，只是要处理进位和退位。如果没有进位和退位，完全可以从高位算起。其实，像我们古代的珠算，它就是从高位算起的。它是根据你报数字，如7581。他听到"7"，就在千位上拨，不可能从低位上开始加起。只不过，珠算在处理进位退位上通过拨动算珠很快就可以处理，但如果你是笔算的话，如果有进退位，你写好后还要划掉或擦掉。所以从简便性来看，笔算从低位开始是有其合理性的。

但是，这一提问对我是有触动的。以前都是书上怎么说，我就怎么教。学生则是老师怎么教，他就怎么做。只要把题目做对就好了，至于说还有没有别的做法，老师不会去思考，更不要谈学生了。这个给我印象是非常深刻的，她让我对数学本质的认识有了一定提升。

现在我也经常问我们青年教师一些问题，她们被我问得嘞（其他老师笑）。她们会觉得这不是问题，你为什么会这么问？我觉得这其实教师对数学认识和理解的一种提高，你不是在表面层面上教。后面教到乘法也是这样，是从低位开始计算，但除法为什么是从高位开始除呢？以前这些问题，我们是从来没有想过的（笑）。

把质疑权还给学生，很大意义上是先让老师质疑，然后再教会学生质疑。在参与实验过程中，我觉得这项实验对我是有提升的，对我是有价值的，不仅是对学生。对我自己有价值，就更会对学生有价值。

在这个过程中，一开始专家来听课，我肯定在想，专家怎么想，我怎么上，然后其他课我还是停留在比较常规性的状态。然后慢慢感受到，的确是有很多收获的，包括对自己，然后对学生。有很多东西，老师理清楚了，学生才能理清楚，老师认识没有达到这个层面，学生怎么可能达到这个层面。后面的课堂我就慢慢地向"新基础"的课堂靠拢，但也不是完全靠拢。

"前面环节上你的，后面环节上我的"

最开始我是在课堂观念上摇摆，你来我就上你的课，你不来我就按照我的常规上课。后面通过实验发现有收获之后，我就开始逐步靠拢。但这种靠拢也不是完全靠拢，而是前面的环节我上你的，后面的环节我上我的。

我最开始变的是在新授环节，这个很有价值。因为学生不再停留在老师要我怎么做，我就怎么做。老师也是开始想，我为什么这样做。所以我现在跟我们的青年教师讲，我们的文化太悠久了，需要传承的太多了，所以留给创造的就太少了。而美国，历史相对较短，需要传承的很少，所以就逼着要创造很多东西。要我们记的东西太多了。现在也有一些变化，像现在参加的一些大型的竞赛，已经允许学生带计算器计算。

第二个变的环节是复习引入环节。原来的复习引入，我会做一个学情分析或教材分析，在上新授课之前，看看哪些学过的东西是和新学的东西有关系的。我会把这些东西用填空题、选择题形式，让学生做一下。通过这个题目引入，学生会觉得，哦，原来我们学过这个知识点，然后想想今天在这个基础上又要学习什么。比如说（想了很久的例子最终没有想出来）……（反正）原来的做法都是老师来出题目，老师来找联系。后面专家问我，你为什么这么做？我知道我做这些是为"新授"环节做铺垫的，但学生是不知道的。你这节课复习这个，那节课复习那个，他还是在跟着你走的。

后面的复习引入环节就有几种变化：第一种就是直接问学生，你们觉得这一知识，我们学过哪些？比如昨天我帮一位四年级老师辅导一堂关于"角"的课。学生在二年级学过锐角、钝角。在复习引入环节，我们给学生提问，你对角有哪些认识？然后再抛出问题，你觉得对角还需要有哪些认识？或者由教师提问，什么叫作角？如何读、认或记住角？这样学生就会思考我为什么问这些问题，并主动寻找已学知识和新学知识之间的联系。

复习引入的另一种方法是"整体进入"。例如在正负数的计算的教学过程中，我们发现，正数加负数，学生会做，负数加负数，也会做，反而是正数加正数，他不会做了，正数加零，也不会做了。以前会做的都做错了。发现这一问题，如何改进呢？我觉得应该从整体进入。学了正负数之后，对数的认识有了拓展。学了正负数之后，就会有正整数、正分数、正小数、零、负小数、负分数、负整数，统称正负数。在加法计算中，我们会让学生总结出不同数相加的类别，如正数加正数、正数加零、正数加负数、负数加负数、负数加零、负数加正数等。然后让学生总结，已经学过哪些类别的计算（如正数加正数，正数加零），以及还有哪些计算类别没有学过。这样让学生有整体感受。解决正负数计算问题是在我进入第二轮实验的时候。以前我也发现了这种问题，但始终没有想清楚如何解决它。

"最后环节的改变，从被动到主动"

在研究推进的过程中，我逐步开始改变课堂环节。一开始只是新授,后面是复习引入。慢慢地,前面的环节越来越多地与新基础理念靠拢,课堂中的传统形式也越来越少,直到练习环节的改变。

之所以练习环节最后改变,那是因为我觉得,没有练习,我就(用一种"你懂的"的眼神看着大家)……因为最后评价还是要落到考试上来的。一开始练习环节的变化是被动的,不是我主动改变的。因为把复习环节、新授环节做了改动以后,这一节课已经没有时间来处理练习了。(另外一位数学老师补充道:对的。练习是融入原来环节之中的)。因为你想,原来传统的课,复习是三分钟,新授十五分钟,练习还有十五分钟,然后还有几分钟总结。我的课堂最主要的是新授环节的改变,十五分钟肯定完成不了的。然后,复习引入花的时间也比原来长,原来是教师很快处理,现在则要引导学生主动发现新旧知识之间的联系,包括整体引入都是要花时间的,三分钟不可能解决的。最后练习就没有时间了(笑)。所以,这个时候练习环节的变革是被动的。

后面我们开始上数量关系应用题,也就是从这个时候开始,我开始尝试主动变革练习环节。数量关系应用题主要有"一步题""两步题"和"多步题"。像"全班有50人,女生有24人,男生有多少人",这是一步题。如果改变数量关系,"全部学生50人,男生比女生多10人,男女生各有多少人",这就是两步题。原来我们只讲两步题怎么做,但从不思考两步题是如何发展而来的。所以学生学到后面就会越来越畏惧。因为学生从一步到两步,后面还会有三步、四步,本来一步就不清楚了,后面那么多步,学生就更搞不清楚了。所以,学生到了后面直接看都不看了,完全不知道怎么做。

在开始研究数量关系时,我们重点让学生感受两步问题是如何从一步问题变化而来的。数量关系可以是"女生比男生多10人",也可以变成"女生是男生的两倍",这样就有乘法了。实质上就是让学生感受到,两步应用题是从一步应用题变化而来的,并不难。而三步应用题则只是有两个间接条件。这样学生就不会觉得一步是一年级的知识点,两步是二年级的知识点,三步是三年级的知识点。如果你把其中的结构理清楚的话,新学的知识就会和已有知识建立起清晰的联系。

在第一次上这个课时,我自己也没有想清楚,所以就讲得不伦不类,感觉两边都不靠。最后考试不是考两步如何变一步啊,而是要做题啊。所以在第一次上课时我也教他们题目怎么做,数量关系如何分析,这样一来,结构也没有讲清楚,于是两边都不靠。用传统的课来看,这节课你没有教会学生;用"新基础"的观点来看,你这节课也没有教会结构。最后不会做的学生还是不会做,会做的学生并不知道里面的结构关系。

所以在第二次上的时候,我决定在那节课上不要做题,就聚焦让学生了解两步结构是如何变来的。我的课题也发生了改变,由原来的"复合应用题"变成"复合应用题的结构"。其实,我把"结构"两字加上去是有私心的。因为第二次上的时候有区里的人来听。我觉得,如果是"复合应用题"的话,他们肯定会有意见,他们会觉得你上复合应用题,你后面为什么没有教学生做题,没有相关的练习。所以我干脆将课题聚焦在结构,后面的练习也少,只有一两道题,主要是让学生感受一步到两步之间的变化。这样的话,他们至少不会在这方面对我提出批评(得意地笑)。第二次课的反应还是不错的,学生对于两步从一步的变化过程有了了解,不再害怕相关应用题了。学生自己也会变,会出题了,有了自信心。

也就是在这个过程中,慢慢地,我对练习的认识也发生了改变。练习并不是要让做题海战术,而是让学生体会练习题背后的数量结构和关系。

……

(教师访谈,2012 - 12 - 20)

三 观念生成的构件与过程

(一) 观念生成的关键构件

回顾本章甄老师和章老师的变革故事,我们可以从中领悟许多关于教师转变的有用信息。前者提供了一个个人成长史式的叙事,呈现了自己如何在一次又一次碰撞中前行;后者则以具体的变革实践展现了自己如何一步步在变革中推进。两个故事一个宏观,一个微观;一个宽广,一个深入。甄老师的叙述虽没有完全聚焦在自己的转变上,但它却为我们理解教师转变过程提供了相应的背景知识，甄老师的一些话、一些词语直接指明了转变过程中的关键环节。章老师的故事则更具体更聚焦，呈现了一位数学教师如何在体悟中逐渐推进自己的教学改革。在我们看来，二位老师的故事虽然没有阐释观念形成的过程和机制，但却提供了分析这一过程和机制的关键"环节"或"构件①"。

1. 碰撞

第一个是"碰撞"。"碰撞"在甄老师的故事中表现得更为明显。在第一次与专家的"碰撞"中，专家当着那么多人的面"戳"了她，她哭了起来。"碰撞"的价值在于意识到"差异"的存在。实际上在此之前，甄老师已经遭遇"碰撞"，不然甄老师不可能清晰地指明区里标准与"新基础"标准的差异，只是碰撞程度没有那么激烈和显著。当然，对甄老师而言，这次"碰撞"除了价值观念上的碰撞之外，更多的是情感的碰撞。用甄老师的话说："什么场合啊那是，真掉价的"，尽管她"也理解，找问题是帮助你改进，但是人也是要面子的"，所以"那个时候也蛮痛苦的"，"当场就哭了"。在巨大的情感冲击之下，即便理解专家的苦心（这种理解可能是后来理解而非当场理解），仍然会"觉得很委屈"。与第一次"碰撞"不同，第二次"碰撞"更多的是价值观念的碰撞。所以在访谈过程中，我问甄老师第二次上课"砸锅"时的感受，她告诉我说"不是很伤心"。这可能有如下原因：一是她已经基本适应这种评课方式，二是随着研究过程的推进，她的心态更开放了。但在我看来，更大的原因是她已经认同了专家的观念。就像她所说，"真的是一针见血找到了我的短处"，这说明她那时已经赞同专家点评背后的观念，即"课堂应该为学生而不是为他人而上"。在关于成长因素的讲述中，甄老师提到了"点醒"。事实上，第二次"碰撞"的"点醒"作用更为明显，因为第一次"碰撞"时，老师对专家背后的理念是不理解的，更谈不上认同。

就"观念向行为转化"而言，"碰撞"是必需的。对于像"新基础教育"这种注重理念向实践（行为）转化的改革而言，"碰撞"是必不可少

---

① 这里的"构件"指教师在新观念转化形成过程中必须遭遇的几个部分或环节。并不是教师只要参与变革，就会经历相关环节。因投入程度、互动力度、个体素质、参与意愿等多重因素的影响，并不是所有的教师都会实现观念的转化与生成，实现过程也不是一蹴而就，而是一个长期的累积过程。

的，尤其是在改革实施初期。当我们说"观念向行为转化"时，其实说的是一个人如何将一种外在于自己的理念转化为具体行为。通常，在个体身上，观念与行为是相互联系并交融在一起的。个体行为体现观念，观念指导行为。外在观念转化为内在行为的前期是意识到外在观念与内在观念之间的差异。而只有在碰撞或冲击、冲突的情况下，价值观念才可能被触发出来，并进入意识，为人所感知。如果没有冲击或冲突，价值观念就不会得到关注，而只是满足于习惯性和照本宣科式的反应。

"碰撞"实际上展现的是教师"自己理解的观念"与"专家理解的观念""教师尝试的实践"与"专家期待的实践"之间的矛盾。在高度重复性的学校生活中，教师通过长年累月的积累，形成日常教育生活中的"习惯做法"。这种"习惯做法"会构成一个让教师感到自在的"舒适地带"（comfort zone），"碰撞"实质上是对教师原有习惯的挑战，是对舒适地带的冲击，碰撞之初，教师会感到"痛苦"。[1] 我在"向阳小学"的调研过程中，大部分实验教师都表示过实验之初的这种碰撞痛苦。不仅"向阳小学"的实验教师会遭遇这种冲击的痛苦，参与"新基础教育"研究的其他老师也有相同遭遇。一位非"向阳小学"的实验老师也曾如此描述：

> 他们一开始给我评课，给我反馈，我不能接受，我已经习惯了原来的那一套，你为什么要给我推翻？当时是很痛苦的，因为要把已经形成的一套东西推翻，再去摸索一套新的东西，对任何人来说，都是非常痛苦的事情。[2]

2. 触动

面对不一样的价值观念和行为方式以及碰撞带来的不适，教师起初的状态肯定是不认同和抵触的。如果有选择权，大部分人会逃避研究并重新回到自己的舒适地带。但因为校长或上级的期待以及行政上的指定，教师往往碍于情面或压力而继续研究。对此时的教师而言，参与研究不过是一种外在需要而非内在需要，是被动而非主动。所以教师这时是一种应付的

---

[1] Noffke, Susan E., et al. Conflict, learning, and change in a school/university partnership: Different worlds of sharing [J]. Theory into Practice, 1996, (3): 165-172.

[2] 王建军：《学校转型中的教师发展》，教育科学出版社2008年版，第144页。

第五章 观念的生成

状态。章老师的叙事就呈现了这种状态：她把研究看作是一件任务，并没有觉得"新基础教育"有什么不同，它不过是众多事项中的一项。这种应付和摇摆状态，造成了"专家来与不来，上不一样的课"的局面。实际上，这种现象并不是章老师独有的。在座谈的过程中，甄老师也积极肯定了章老师案例的典型性：

> 章老师的成长个例具有典型性。首先是"来与不来，我上不一样的课"。然后呢，我也有这样的经历的啊。（教师访谈，2012-12-20）

教师从消极参与走向积极参与的过程，必须有某种催化因素，即"触动"。"触动"在甄老师和章老师的身上都有体现，章老师表现得尤为明显。在甄老师那里，触动是价值观层面的，即课堂应该为孩子而上，而不是为听课专家而上。相比而言，章老师的"触动"来得更为深刻。正如她所说：

> 这一提问对我是有触动的。以前都是书上怎么说，我就怎么教。学生则是老师怎么教，他就怎么做。只要把题目做对就好了，至于说还有没有别的做法，老师不会去思考，更不要谈学生了。这个给我印象是非常深刻的，她让我对数学本质的认识有了一定提升。（教师访谈，2012-12-20）

学生提问的"触动"，不仅让章老师重新审视数学本质，更让她开始反思自己的教学行为和教学方式。也正是因为这次"觖动"，她才开始认识到实验的初步价值（对教师的价值），并积极投入后面的研究之中。这次"触动"对章老师的发展而言，是一个"关节点"或"转折点"。在这个"点"上，教师进一步发展的瓶颈性问题在自我意识中清晰，同时，又获得了前一阶段投入研究性变革实践的成功、成长体验，从而产生进一步研究的信心和需要。[1]

---

[1] 吴黛舒：《"新基础教育"教师发展指导纲要》，广西师范大学出版社2009年版，第75页。

教育参与研究过程中"触动"有很多类型。叶澜教授在一次会议上说道：

  人的潜力啊，真的要开窍，开窍的锁有各种各样的，有的是情感开窍，有的是知识开窍，有的是智慧开窍，有的是思想方法开窍，不同的人有不同的窍、不同的锁眼。①

  这里的开窍实际上是触动以后的状态。按照叶澜教授划分的类型，章老师的"触动"是属于思想方法层面的。

  除了对教师的直接"触动"，还有另一种"触动"，就是学生的变化。对章老师而言，她的"触动"与学生有关，因为学生提出的问题直接"冲击"或"震撼"了她。学生的变化是通过前一段时间的变革行动带来的，这种变化会激发教师对变革项目（包括理念）的认同和认可。在变革之初，教师并不知道变革的价值和意义。教师很难像大学学者那样能够跳出当前的教育情境，"预见"到某种措施可能带来的效果。② 尽管教师可能认可专家的理念，但对于这些理念如何落实，是否有效，教师并不确定。"学生的变化"在一定意义上是消除教师的疑虑，重建对变革项目的信心。王建军通过研究"新基础教育"实验教师的专业发展发现，学生的变化可能是教师发展最强有力的支持和动力。③ 这表明，"触动"在教师观念转化与形成的过程中提供动力机制。

  在调研过程中，我们发现还有一种"触动"会影响主体参与变革的意愿和态度，这就是"情感触动"。"向阳小学"的校长就提到：

  我更被……课题组老师的敬业精神所感动。他们的年纪都大了，作为大学教授，在过去的两年中，他们不计报酬，不吝时间与精力，每周坚守一天在小学的课堂上，上午听四节课，下午与教师交流、评课，从不间断。专家们这种对教师生命的尊重与期盼深深地打动了我，对教育科研的执着与坚守深深地感召着我！

---

① 叶澜于2013年1月4日在"2012年新基础教育研究中心年终总结会"上的发言。
② 王建军：《学校转型中的教师发展》，教育科学出版社2008年版，第171页。
③ 同上书，第170、171页。

另外一所实验学校的教师在提到对变革态度转变的原因时也提到了"指导老师"们的敬业精神：

> 像这些老师已经有了稳定的、成功的事业，还千里迢迢到学校里来，做这样一个研究，而且是从零开始。①

这里其实揭示了一个非常有意思的事实，即在变革成效还没有体现出来之前，教师最先感触到的并不一定是先进的变革理念，而有可能是传播"新理念"的专家。在对教师观念转化生成的作用上，不同类型的触动是不一样的。"情感触动"只能改变校长与教师对变革项目的态度，而"学生的变化""教师自己的变化"等既能改变主体对变革项目的态度（改变强度会高于情感触动）、信心和理解，更能够引起对教师自己固有生活方式、行为方式或价值观念的反思。通常，后者会引发对价值观念的深层次认同。

3. 领悟

甄老师在叙述自己成长经验时说道："现在我开始明白，很多东西是（要）自己悟的。"对于教师而言，在理念向实践转化的过程中，最大的困难是不知道理念如何转化为实践。章老师的"焦虑"以及诸多"新基础教育"的实验教师的经验告诉我们，观念向行为的转化过程中的关键并不是观念的赞同，而是如何将观念转化、落实到具体实践之中。

曾经有一位实验教师在参与"新基础教育"基地活动后写下了一段自己的困惑：

> 说实在的，每次参加"新基础教育"基地活动，我们都能被学校教师和学生散发出的生命力而激动。我想，一来是因为他们在"新基础教育"中已经行走了很长一段时间，二来这是一种迥异于我们平时的行走方式，所以触动才特别大。现在我们教师最困惑的就是如何尊重学生的差异性资源。我们的确是真心为了学生，但是在我们一年级的课堂中学生的差异比高年级更要突出，有些学生学前基础教育非常好，课堂要求低了，他们根本得不到发展，有些学

---

① 王建军：《学校转型中的教师发展》，教育科学出版社2008年版，第145页。

生学前教育为零，课堂的基本要求他都难以达成，我们如何从"生命关怀"的角度出发，适应大班教学的现状，为孩子提供优质的教育呢？①

显然，这位老师完全赞同"新基础教育"尊重学生的差异性、关怀学生生命等价值理念，但对于在"差异性比高年级更突出的低年级"以及"大班"等具体情境中落实上述理念，他/她并不清楚，并因此而困惑。实际上，即便像甄老师这种浸润"新基础教育"十余年的资深实验教师也表达过类似的观点：

> 我从来没有不认可"新基础"，我只是觉得很难，理论和实践之间有一条很难逾越的鸿沟。我认同它的观点，都是正确的。（教师访谈，2012 - 11 - 23）

从本质上来说，教师的困惑或觉得艰难是没有建立起新教育观念与新教育行为之间的关联。这种关联的确立是需要在实践过程中不断尝试、体验、比较、感知、领悟。在"新基础教育"研究中，领悟现象或过程被称之为"喔"效应：

> 评课者再进一步提出如果改变头脑中的观念，可以采取怎样的教学行为之建议，这又是为教师提供有关新的教育理念与新教育行为关联的例证。在评课中，教师往往在这个时刻会有顿悟的反应，发出"喔，原来是这样的"感叹。我们把在教师头脑中这一建立起新观念与新教育行为关联的认识效应戏称为"喔"效应。②

上述描述的"喔"效应还仅仅是针对某一观念及其行为的情境性感知，它其实是内含了比较以及教师认知图式等一系列过程。在教师原有的认知图式中，她可能会根据已有经验理解新理念及其实践形态，当专家呈现一个案例时，教师会发现与自己原有的想象部分不尽相同，于是

---

① http://czjx.czedu.com.cn/teacher/ShowArticle.asp? ArticleID = 4819#AA.
② 叶澜等：《教师角色与教师发展新探》，教育科学出版社2001年版，第335—336页。

会重新调整原来对于新理念及其实践形态的认识。在"领悟"的过程中，有一个参照是前提。就像甄老师提到她一堂成功的课时所感慨的"哦，原来这就是'新基础'所追寻的课堂"。此时，她对"新基础"的理念以及实践形态的转化必定有了新的理解和认识。换言之，当领悟发生时，教师至少已经部分地吸收了新理念的认识图式。如果教师在观念的实践转化中缺乏类似"喔，原来是这样"的顿悟或领悟，教师就会很难生成新观念。

对于新观念的某一具体教育行为的感知，一位英语教师在个人成长自述中说道：

> 永远难忘的是 2006 年 10 月基地学校中期评估活动，它使我顿悟了"新基础教育"外语教学的精髓，帮助我找到了新的发展空间。在前期的研究中，虽然我的教学能力提升较大，但总觉得要真正体现"新基础外语教学"的课堂，还缺那么一点，但到底缺在哪里？我却找不到头绪。中期评估帮助我找到了问题的症结，Z 老师和 B 老师（两位指导老师），在听课之后指出：我的课堂教学各环节之间没有体现依层次递进，缺乏螺旋式上升的过程。①

（二）观念生成的简化过程

我曾经在分析理论（实际上可以看作是理念）向实践转化的过程时，指出：

> 人们首先要做的是还原教育理论与原有教育实践问题紧密联系的具体情境，让"实施者"对教育理论有所感知或感悟。在教育理论迈向教育实践的过程中，教师（或其他主体）对教育理论所展现的实践形态的感知甚为关键。当教师有了对教育理论的初步感知之后，他们才会本着自己对教育理论的认识和理解做出某种尝试。这种尝试可能会"走偏"或"异化"。但随着不断的尝试和探寻，新的教育实

---

① 吴黛舒：《"新基础教育"教师发展指导纲要》，广西师范大学出版社 2009 年版，第 145 页。

践形态可能会越来越体现原有的教育理论或理念。[1]

那时我对转化过程的分析还停留在专家或其他理念持有者的立场，并且对过程分析也是单向度的，缺少反馈回环的过程。在一次与博士论文导师的短信交流中，他和我讲道：

> 理论向实践的转化，不是单线条，也不是多线条的，而是圆形的，因而不只是立体的，更是丰满圆润的。立体不一定都是丰富的，也有简陋枯干的立体。（2012年2月27日 短信）

当时，由于我的田野调研尚不深入，对理论与实践转化的真实过程也没有切身体会，所以我对导师的这番话只有朦胧感受，并没有切实体会。后面在田野调查过程中，尤其是几位老师的故事叙述中，我逐渐开始认识到理念的转化和生成逻辑实际上类似于人的经验习得的过程。这里的"经验"是杜威（John Dewey）所强调的经验，即人与环境不断交互作用的过程。在杜威的理论中，观念与经验本来就是一个相互作用的关系。杜威"把学习放在一个经验、概念、观察和行为相结合的辩证过程中。经验的刺激促成观念形成，观念进一步指导刺激"。[2] 在一定意义上，教师观念转化与生成的过程就是一个类似的学习过程。稍有不同的是，在这个学习过程中，教师与专家或同伴群体的互动异常重要，因为后者提供的是反馈、参照、纠正等多方面的刺激作用。当然，教师的尝试、探索和创造也可能丰富、拓展专家或同伴群体关于观念及其实践形态的认识和理解。这也解释了章老师的故事中，为何专家会很兴奋地把那堂课写成案例。这是因为章老师的实践为专家提供了一个理论（理念）具象化的经验。

结合上述理解以及两位老师的叙述，我们认为，教师观念生成的过程机制可以通过下图来呈现：

---

[1] 李云星：《从理论分析到实践创生：教育理论与实践关系的中国经验》，《教育发展研究》2012年第9期。

[2] 库珀：《体验学习：让体验作为学习与发展的源泉》，王灿明、朱水萍译，华东师范大学出版社2008年版，第19页。

第五章 观念的生成

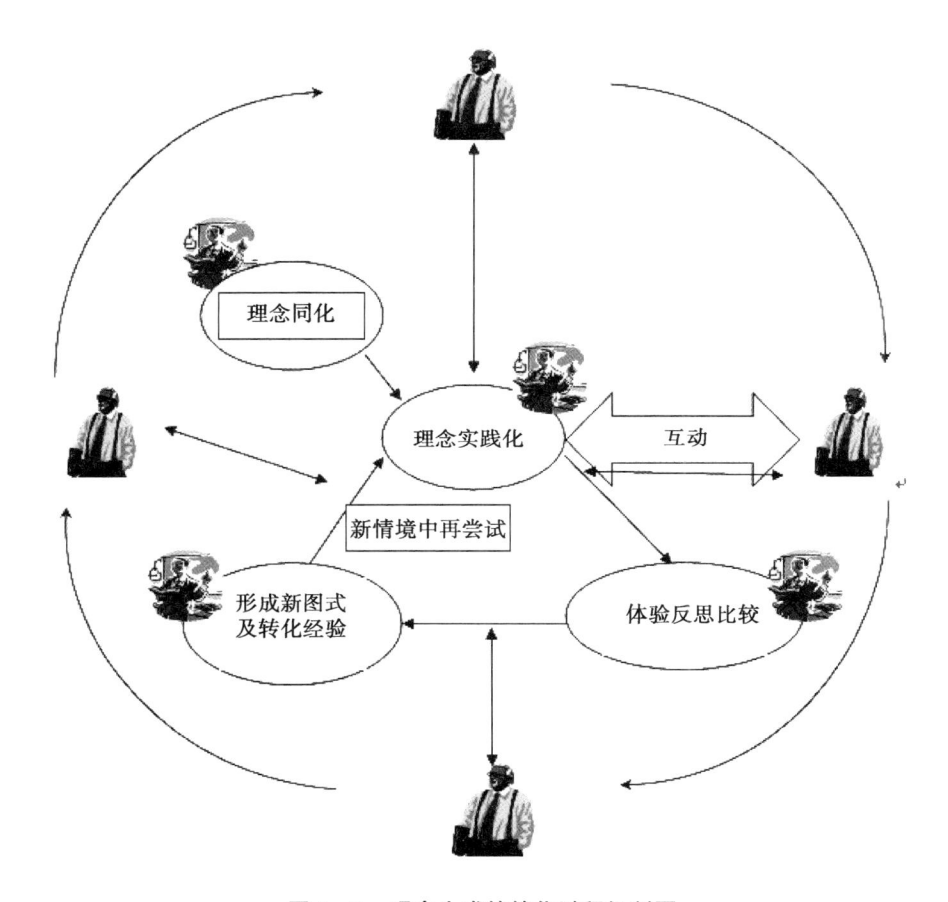

图 5-1 观念生成的简化过程机制图

图示说明：

1. 图中内圈拿书的人物代表为"教师"，外圈戴眼镜的人物代表为"专家"。实际情况中，与教师互动的不仅仅是专家，也可以是同事或其他人。

2. 流程图中从左上角的"理念同化"开始，单箭头表示单向指向，双箭头指教师与专家的交互作用（互动）。即二者的互动可能改变双方关于理念及其实践的认识和看法。

3. 外圈的循环既表示专家参与互动的全程，也表示专家在此过程中不断形成新的经验。

结合实验教师在过程中出现的问题和状况，顺着流程环节，本文将对每一环节可能出现的问题及其状况进行一个简短陈述，以加强对这一机制图的认识和解释。

1. 理念的初次同化

对于刚参与研究的新教师来说，对"新基础教育"（也可能是其他改革）的理念和实践并不了解。这位老师可能会通过讲座、培训、阅读等多方面的途径了解"新基础教育"理念或实践做法。这些工作实际上是实验教师试图了解一项项目的开展过程。毫无疑问，培训或阅读只能让教师获得一个粗浅的认识。因为没有前期探索的经验，这种理解只是基于已有经验或概念图式。因此它必定存在偏差或与"新基础教育"的理念相去甚远。就像有的实验教师所理解的那样：

"以学生为本不难啊，你要让学生动起来，我就多点讨论吧；你要有课前常规活动，我就设计点课前活动；你要让课堂焕发生命，我就让学生多点激情，最好能冲上讲台和老师讨论。"[1]

此时，教师并不知道，自己的理解与"新基础教育"的专家理解存在偏差。

2. 理念向实践转化

理念向实践转化主要是通过开课或开展活动将相关理念渗透进自己的教学设计之中。就像前面那位教师一样，他会基于自己对"让课堂焕发生命活力"的理解来设计课堂。例如设计很多活动，组织很多形式。此时的教师基本上是按照自己的传统设计思路，不过他会增加许多他认为应该是属于"新基础教育"理念的环节、内容和形式。在第一次的课堂设计或活动设计（备课）及其实施过程（上课）中，老师并不会遇到什么困难。课堂结束时，她会觉得这堂课很成功，就像甄老师感受的那样。

3. 与专家互动反馈

进入互动反馈期间，"新基础教育"指导老师会让执教者说说自己的这堂课，比如，这节课的目标是什么，是根据什么依据确定的，哪些环节可能体现了"新基础教育"的理念，这堂课存在什么问题，如果改进应当从哪些方面着手等。对于初次接触"新基础教育"研究评课方式的老师来说，这些问题很有可能不清晰，通常他们可能没有思考这些问题。老师可能会说，自己的组织形式，比如说让更多的学生动起来讨论、争辩等体现了相关理念。这时专家可能又会追问教师，你觉得这些活动组织形式哪些是有用的，哪些是对学生发展更有价值的。有时，专家也有可能直接亮出自己的观点：活动多并不是让"课堂焕发生命活力"，很多活动并没有促进学生发展

---

[1] 吴黛舒：《"新基础教育"教师发展指导纲要》，广西师范大学出版社2009年版，第92页。

的价值,"新基础教育"的活动不仅要学生"身体动",更要"思维、思想动","焕发生命活力"不是把所有的课堂都上成"体育课"。这时的老师可能会有自己的看法或抵触情绪,就像一位研究老师所说的那样:

(专家)说我的课堂不开放,没有让学生主动地发现新单词,教师完全牵着学生走!当时我觉得有点委屈,心想:英语单词学生怎么能主动发现呢?这又不是母语教学,说发现就能发现的![1]

也有可能现场有很多领导或其他同事,上课的老师觉得自己也算是小有名气,这么多领导、同事,多丢人啊。大多时候,教师都会觉得委屈。或者他们心里想:说是会说,但具体怎么落实呢?教师可能会要求专家提供具体的方法,而专家并不会涉及具体方法。专家只会建议教师自己按照理念的方向多思考。

4. 体验反思与比较

体验反思与比较其实在与专家的互动过程中就有所呈现了。面临专家的批评和否定,教师自然是抵触的。所以这次的体验也并不是很积极。当然,也有一些老师心态比较开放,她们会觉得这种评课方式与传统的不同,自己有所收获。其中有一些老师可能会觉得专家说得有道理,按照专家的思路去想想自己的设计和实施,并且比较一下与原来自己设想之间的区别。

5. 形成理念新图式

在与专家的互动反馈之后,教师会确立理念与行为之间的联系。这种联系可能是积极的,即"哦,原来以学生为本就是要这样啊",或者是积极反馈"哦,原来并不是我这样想的啊"。此时,教师会根据专家的反馈形成(调试)对理念或理论的新认识。同时,教师也会积累相关理念转化实践的经验。

6. 新情境的再实践

获得初步经验的老师会在新的情境中尝试、实践自己理解的经验。在没有经历某个"触动"的环节之前,教师可能并不会认可专家的理念或观念。他们可能像第四章程老师起初所讲的那样,"理念很好,但不可能实现或做

---

[1] 吴黛舒:《"新基础教育"教师发展指导纲要》,广西师范大学出版社2009年版,第144页。

不到"。一开始,在新情境中的尝试是有局限的,如果没有上面的"行政命令",很多老师就会像第四章所讲的那样出现积极阻抗或消极阻抗。例如,专家来的时候我就尝试,专家走了我就回到我原有的做法之中。老师在第二次或后来进行理念实践化的阶段就开始焦虑了。因为专家并没有给予教师具体的操作方法,仅是一个方向。如果进展顺利,在不断尝试反馈的过程中,"触动"就会到来,教师会在这一过程中逐渐领悟"新基础教育"的理念及其实践形态,并慢慢生成理论,转化为实践的能力和智慧。就像前面所说的,这不是一蹴而就的,它是一个长期反复、徘徊、起伏的过程,其间任何一个不小心的闪失或牵扯都极有可能中断这一脆弱的生成过程。

上述简短的叙述仅仅是对理念生成过程的简化描述,实际的情况远比此复杂。需要强调的是,在这一过程中,专家并不是单一的指导者。在教师互动反馈的过程中,专家也会逐渐生成出对理念实践形态的认识,丰富原有的认知图式。在这个意义上,这就是理论(理念)与实践(行为)双向转化的形成过程。并且,教师与专家的互动过程,并不仅仅是观念的生成和转化,它内含了情感、态度、价值观、思维方式、思想方法等多个维度的互动生成。

(三) 观念生成的两大机制

从前文关于观念生成过程机制图的阐释中,我们可以分析这一过程中的两大机制,即交互作用机制和试错更新机制。

1. 交互作用机制

观念生成指向两方面,一方面指向教师原有的实践方式、思维方式和行为方式,另一方面又涉及教师关于新观念的认识、理解和内化。这种实践改变与观念生成的过程实际上是通过实践实施者(教师)和观念持有者(专家)的交互作用实现的[1]。这里强调的是交互作用而非相互作用,因为后者强调两类主体在变革过程中仅仅作用于对方而保持自己不变,但前者强调作用双方不仅改变对方,还改变自己。[2] 在甄老师叙述中,她特意提到了对她

---

[1] 实际变革中的交互作用不仅发生在教师与专家之间,还发生在教师与教师、教师与学生等多方面。这里的分析仅仅取类型学意义上的两类主体。

[2] "新基础教育"中两类主体的转变叙述可以参见叶澜、李政涛等:《"新基础教育"研究史》,教育科学出版社2010年版。

帮助较大的两位专家。实际上，她的观念转化与生成，就是在与专家的交互作用中形成的。在简化的意义上，交互作用包含的就是刺激-反应过程。实验教师按照自己的设想将自己理解的理念实践化，在评课时，专家会针对教师呈现的理解及其实践进行反馈，这种反馈会作为一种刺激引起教师的反应。在刺激-反应的过程中，教师不断调整自己的理解和实践。当然，教师与专家之间的交互作用远比刺激-反应复杂，因为交互作用的内容涉及情感、态度、价值观、思维方式、行为方式等多个方面。在一定意义上，观念形成的过程也是学习的过程。[1] 但这种学习是一种基于交互作用的经验学习，它通过两类主体的互动实现二者经验的不断重组、更新和改造。理念生成的过程也是一个长期交互作用的过程，几次或有限的交互作用是不能促成观念形成的。这从两位实践教师从事研究的资历中可以看出。简言之，观念生成是一个过程，而不是结果；是一个教师与其他主体、环境持续不断交互作用的过程；是一个观念与实践双向建构的过程。

2. 试错更新机制

在一定意义上，甄老师第一次课堂的失败是不可避免的，它的价值和意义在于：让教师认识到自己的观念理解存在偏差甚至错误，并为后续研究做好铺垫。后来，甄老师在与专家的共同研究中，通过一次次的体验和体悟，逐渐形成了对观念的实践化理解。这个过程就是一个通过实践不断修正对观念认识的过程。当专家告诉甄老师某种形态符合或者不符合"新基础"理念时，她对"新基础"的理念及其实践形态就会有若隐若现的理解。此时，她已经开始调整、修复自己原有的认知图式。伴随着这种调整幅度、次数和频度的增加，实验教师对"新基础"的理念认识会越来越清晰。此时教师的理念认识并不是字面意义或知识意义上的理解，而是一种实践性理解。教师对于理念的实践形态有着较为清晰的认识。观念生成的试错或更新特性在"向阳小学"学生工作负责人的叙述中得到了很好的诠释。

> 2000年我们刚开始开展学生工作时，进行了传统班队会和"新基础"班队会模式的比较。传统的班队会主要是以表演节目为主。（那会儿）所有的班队会模式都是这样的，用排练好节目的精彩程度来评判班队会是否成功。（其中）老师的主导作用很强，很多活动都是老师强

---

[1] 李政涛：《从理论与实践分离到理论向实践转化》，《中国社会科学报》2011年6月8日。

卽推动的。当时我们也处于一个矛盾冲突之中，我们也有外出学习，但高不懂"新基础"的班队活动到底是怎样开展的。"新基础"的班队活动完全打破了传统的模式，它强调让学生主导性地去说，这些说的内容都不是事先准备好的。我们就很奇怪，这一探索过程是如何出来的。然后我们经过一段时间的摸索发现，原来是要在上课之前花大量的时间去准备相关的活动，班队会并不是结果的表演，而是（说出）之前活动过程的内心体验。体验的过程其实也是成人的过程。

后来弄明白了之后，我们就自己尝试了。尝试的结果也经历了很多的阶段。第一个阶段就是我们以为，原来是这样的，只要让学生去活动就好了，然后他们大胆地说，好，我们就放手让他们去活动。这样开出来的班会课是开放性的，但是小朋友说出来的东西是没有内容的，因为他们自己说出来没有经过提升，比较零碎。老师的主导性也完全被抹杀，走到了一个极端。

我们觉得这样也不行。把它推翻之后，我们又进行了再一次的尝试。接下来就是老师的主导与学生的主体相结合，也就是在前期活动中，老师参与指导。比如说参与学生的小队会议，指导他们如何把一个活动由不成熟走向成熟。老师也在这样的过程当中尝试。最后开出来的班队会，是老师指导性与学生主体性的结合，老师的主导性也是蛮强的。这是第二阶段。

第三阶段我们进入内涵发展阶段。我们抓住学生成长过程中一些问题的冲突。第二阶段的时候，老师只关注这次活动有没有成型，到第三阶段，我们就关注学生在这次活动中有没有成长。这是第三阶段。（教师访谈，2012 - 12 - 20）

这位负责人老师的陈述清晰呈现了她在研究的过程中如何逐步调适、修正、更新对"新基础教育"班级工作教育理念及其实践形态的认识。

四 观念生成的渐进累积性

通过一次又一次的实践体验，教师逐渐开始形成新的行为习惯、思维方式和价值观念。正如章老师所说，这一过程是"一个循序渐进的过程，而不是一种突变"。不过此时的"主动"和"内需"都是有局限的，就一节课的四个环节而言，只是聚焦于最有"触动"、最"重要"或者最可能"把握"的阶段。伴随着时间的推移，实验教师才慢慢地把相关理念逐渐地由前面的环节转向后面的环节，并最终学会从整体上来考察所有环节及其之间的联系。在座谈的过程中，章老师讲述的这一经历，也引起了甄老师及其他老师的共鸣。甄老师在章老师叙述过程中打断说道：

> 章老师的成长个例具有典型性。首先是"来与不来，我上不一样的课"。然后呢，我也有这样的经历的啊。然后我就会觉得，她来确实对我是有变化的。然后我就会把她来对我最有收获和感触的东西转化到我的日常课堂教学当中去，进行某一个局部的改观。我也是这样的呀。比如说我一节课，我就搞前面十几分钟的质疑，去梳理学生的问题，判断学生的价值有哪些。这个点状的实践，比我们本来点状的实践更前卫一点。点状的改变促进自己的思考，局部的改变促进一种与传统实践完全不一样的形态。然后她会想到，这个点可以改，其他点怎么改，然后再思考，整堂课我怎么开端，我怎么推进，我怎么做课后的延伸。（教师访谈，2012-12-20）

实际上，这一渐进过程是符合实践变革逻辑的。因为实验推进的过程，最初是从点状实践开始，随后进入局部，再进入整体的。"新基础教育"实验最初是从个别实验班开始的，然后扩展到年级，再扩展到整个学段。在领域方面，也是先从语、数、班队、外语等学科开始，然后逐渐延伸到综合学科、管理、教师发展等多个领域①。就变革策略的合理性而言，从点状开始再到整体的逐步深入，既保证了变革的渐进性，也为教师成长提供了时间意义上的空间（即以时间的延长来换取空间）。正因为转化过程的漫长，所以时间才显得异常重要。王建军通过对"新基础教育"实验教师的个案研究，提出了教师专业发展过程中时间的重要性。他提到，"缺少时间，一方面，很容易使教师对其日常专业活动或对变革项目缺少深思熟虑的判断和决策，浅尝辄止，难能深入。而另一方面，教师增进对其专业活动的理解和认识，或实现某些专业行为上的变革（变革总是具有反复性，需要时间变革'凝

---

① 这一轨迹可以从"新基础教育"各个阶段的结题成果看出来。研究的成果逐步扩展、丰富并形成体系。

固'下来），也都需要时间，有时候甚至是相当长的时间"。据他的观察，在"新基础教育"研究中，教师也多报告自己在第二年或第三年才开始接受变革或出现较明显的变化。[①] 上述结论实际上在章老师和甄老师的个人成长轨迹中得到印证。章老师说她是在第二年的时候才有较大感觉，而甄老师在自己参与研究的第八年还在反复，研究过程中也存在起起伏伏[②]的问题。

虽然甄老师在研究过程中多次反复，但她前面的研究经验、转化过程并不是没有价值和意义的。相反，正是因为有了前面的经验，甄老师在第二次"砸锅"时才能迅速理解、认同专家的"点拨"并迅速调整自己的心态、价值观念，转向正常的转化之路。甄老师的案例向我们呈现了教师转变的另一个特征——累积性。教师在多次转化过程中逐步积累和转化经验。不论这些经验是成功还是失败，都会储藏在教师的经验库之中，形成教师经验的累积层。

[①] 王建军：《学校转型中的教师发展》，教育科学出版社2008年版，第170页。
[②] 在研究设计中，我曾提到对田野材料进行理论的"三角互证"，这里在一定程度上证明两位老师故事叙述的可靠性。同时它也表明，"新基础教育"研究过程中的教师发展其实是有共性的。

第六章

研究结论与反思

本章将就本研究做一个简短结论。显然，结论很难涵盖故事叙述中的丰富内涵和全部意义。正如我在前面一再强调的，改革过程中的故事比分析和结论更有价值。因此，此处的结论权当是我自己的"一孔之见"。除结论外，本章还将对研究文本表达问题，参与式观察过程中角色冲突问题，研究过程中的伦理问题，以及研究价值问题进行阐释和反思。前三个问题并不与前面叙述、分析相脱离，相反，它们在一定程度上影响着前文的形成与呈现。因为田野研究的文本形成与田野研究过程息息相关。这些问题的阐释，也有助于了解本研究的所限与所见。在研究立场部分，我将从田野调研感受和教育人类学发展存在问题出发，倡导一种教育人类学的"介入式"研究立场。

一　研究结论

处于特定生境中的学校，既受所在区域的地理、人口、历史等因素影响，又受学校内部的内在语法影响。学校中的教师处于"切割分块"和"碎片化"的生境之中，这使得他们在行动时更需要确定性和固定操作模式。学校变革触及学校内部法则时，就会引发冲突。学校变革时刻受社会生态环境影响。社会观念、市场形势、宏观改革趋势等因素都会或直接或间接地影响学校变革的发起和进程。学校并没有想象中的那么封闭。

在学校变革过程中，冲突无可避免。冲突并不总是消极的，它也蕴含了积极和发展的可能性。在一定意义上，学校变革是冲突激发与解决的持续性过程。教师在参与学校变革过程中遭遇的冲突复杂多样，它们大致可以分为三类。第一类是"理念—认知"冲突，即不认同理念或者认可理念但没有构建起理念与其实践形态的认知图式。第二类冲突是"实践—转化"冲突，包括一般实践行动冲突以及如何将理念转化为行为的特殊冲突。其中，后者涉及教师综合素养和实践智慧，也是最关键、最核心的冲突。第三类冲突是"旧我—新我"冲突，即自我冲突。学校变革既是改革主体的学习过程，也是其自我重构过程。自我冲突既涉及自我观念和行为的冲突，也包括原本自我与角色自我的冲突，后者彰显了社会结构异化对人的影响。

学校变革中的冲突产生有其深层原因。原因之一在于不同行动主体所属的社会结构或社会场域存在差异，如教师处于细节化、碎片化日常生活之中，他/她们渴求简便易操作的模式来应对各类事项；专家担任知识创造和社会引领的职责，松散的大学管理体制和组织结构让他们有更多时间、空间和自由来充分思考各类事项；官员则隶属于自上而下的组织管理体制，这一组织权责体制使得他们在行动时更多地会考虑组织行动逻辑。引发冲突或困境的更深层原因在于不确定性。当教师参与变革时，他/她实际上是被掷入了一片充满不确定性的海洋。新理念及其实践图式与旧理念及其行为之间的差距，以及弥合差距过程中的艰辛和不可预知性，都会让教师茫然失措，困境丛生。

面临冲突与不确定性，改革主体通常会采取三类应对举措。第一类是"阻抗"。它既有"主动退出"，也包括"面上一套、面下一套"的"两套做法"。第二类是整合。它包括日常事务整合以及价值整合。其中，价值整合指改革主体在两项不同改革项目中找到价值相同（通）点，为自己的实践行为寻求价值支撑。第三类是"调适"，如认知调适、心态调适、行为调适以及决策调适等。不论是阻抗、整合还是调适，都是改革主体面临不确定性生境所做的应对，其背后逻辑是在不确定性中寻找确定性或适应不确定性，它符合主体自身行动逻辑。

尽管改革异常艰难，但仍有老师能够在艰难行进中生成新观念、习得新行为。这一过程如何发生，有哪些关键环节或构件，存在何种过程转化机制是本论文研究的关键问题。教师在观念形成过程中，有三个构件是必需的。首先是"碰撞"。它的作用在于让主体意识到不同价值观念和行为方式的差异。但光有"碰撞"显然不够，它还需要"触动"。因为"碰撞"是痛苦的，会迫使主体逃避或放弃。"触动"既包括"情感触动"，如受专家精神感召而投入变革，还包括"效果触动"，如学生改变、自我认识提高等。相较于前者,"效果触动"更能促进改革主体对改革理念及其实践的认同,并促使其进一步主动投入变革之中。教师对改革项目的认可与投入在很大程度上与"效果触动"有关,学生的改变是影响教师对变革认可与投入的关键因素之一。除"碰撞"和"触动"之外,"领悟"异常关键。教师的自我重构不仅涉及认知,更包括观念、思维、行为,以及相互联系意义上的习得与学习。因此,它不仅仅是实践知识问题,更是实践智慧问题。智慧的获取就需要改革主体的"领悟"。"碰撞""触动"和"领悟"并不是线性递进关系,它们并不是同步的,也不是逐步推进的,它们之间没有必然联系。

观念生成的过程很复杂。从概括和抽象意义上来说,它包括"理念初次同化""理念实践化""外部反馈互动""体验反思与比较""形成理念新图式,积累转化经验"以及"新情境中持续不断的尝试重建"等环节的循环运转。这一简化运转模式是对现实的抽象,而非现实本身。教师在学校变革过程中遭遇的冲突、困境以及消极体验随时都可能打断这一脆弱的运转过程。

教师的观念生成过程包含两大机制。一是交互作用机制,二是试错更新机制。交互作用机制体现为,观念生成过程是通过实践实施者(教师)和观念持有者(专家或其他群体)的交互作用实现的。观念生成是一个过程,而不是一次性结果;是教师与其他主体、环境持续不断互动生成的过程;也是观念与实践双向建构的过程。试错更新机制指的是,观念生成是由教师和专家(或其他群体)在持续不断的实践互动过程中修正、调适、更新、实践而形成的。在特征上,观念生成具有渐进累积性,并非一蹴而就。观念生成并不是必然的,它涉及很多因素,个体素质与投入、互动方式、积极实践体验等多方面因素都不可缺少。

二 研究反思

(一) 研究表达问题

在本书的呈现方式上,我采用了叙事与理论分析相结合的方式,尤其是在论文主体部分的第四章和第五章。相比于理论部分的分析,我认为教师及校长的讲述比我的分析更有价值。因为她们的讲述呈现的是她们自己的经验，经验讲述是一个开放性的文本，能够让不同的人从中"观看"出不同的体验和感受。理论分析尽管是基于经验，但仍不可避免地存在裁剪，它呈现的仅仅是我对这些故事的解读和分析。

为何用叙事？这既与我的阅读经历相关，也与研究主题相关。在近几年的阅读生活中，有几本书给我留下了深刻印象。一本是詹姆斯·克利福德（James Clifford）和乔治·E. 马库斯（George E. Marcus）主编的《写文化：民族志的诗学与政治学》[①]。这本书关注的一个核心问题是：对现实的写作是否是现实本身。书中的论文从写作的手法、文化资料收集的过程、国际政治经济权力对民族志的影响等多个角度论述了写作并不完全是对现实的反映。这一本书让我开始关注写作与事实（经验）的问题。同一时期，另一本书《自我的他性——当代中国的自我谱系》[②]开始进入我的视野。在传统人类学田野研究中，人类学家采取的基本方式是描述与阐释。但作者流心在这本书中对传统人类学的表述方式进行了修正，他认为人类学研究并不再是对人们经验的描述，而是他们自己的讲述。作者引用戴维·卡尔（David Carr）的观点认为，叙事所涉及的不再是现实的表达，而是现实的本质。在此意义上，他强调了人类经验的叙事本质。事实上，这本书对我触动最深的并不是它的观点，而是它的呈现形式和表达方式。它展现的是一种叙事与理论分析相隔但又结合的方式，这深深地吸引了我。我也曾一度尝试用这种方式来呈现我的论文。除上述两本书之外，还有两本文学叙事类的作品影响了我。一本是梁鸿的《中国在梁庄》[③]，另一本是彼得·海斯勒（Peter Hessler）的《寻路中国——从乡村到工厂的自驾之旅》[④]。前者通过对自己家乡的纪实性描述，再现了一个真实的乡村，呈现了乡村的过去与现在，经历的欢乐、痛苦与悲伤，并借此展现了一个真实的中国。后者则通过几条叙述线索展现了中国自1978年改革开放以来发生的农民变商人、乡村变城市的发展历程。尽管二者均属于文学作品，但这两本书对中国现实的描述并不逊色于许多研究中国的理论著

[①] ［美］克利福德、马库斯：《写文化：民族志的诗学与政治学》，高丙中等译，商务印书馆2006年版。

[②] ［美］流心：《自我的他性——当代中国的自我谱系》，常姝译，上海人民出版社2005年版。

[③] 梁鸿：《中国在梁庄》，江苏人民出版社2010年版。

[④] ［美］彼得·海斯勒：《寻路中国——从乡村到工厂的自驾之旅》，李雪顺译，上海译文出版社2011年版。

第六章 研究结论与反思

作。它再次展现了一个事实,即叙述可能远比理论(宏大叙事)更能呈现现实的经验。而这也影响了我对叙事的认知。对于身处教育一线的教师而言,理论或理念对他们而言或许太过遥远。正如在学校变革初期,教师普遍地存在认知冲突一样。叙事在构建理论与实践的联系,弥合理念与实践的鸿沟有着独特魅力。它能将理论融入具体的情境之中,让教师构建起理念与行为的积极联系。在某种程度上,教师与专家的活动就是一个叙事文本,二者都是在具体的情境中阐释理论与实践的关系。

最终的表达以叙事为主,最为关键的原因是研究主题的需要。从方法论角度而言,对象决定方法,而不是相反。原来的研究主题涉及学校教育价值观变迁问题,几经调整转换成现有题目。不论是原题还是现题,有一个核心问题没有变,就是教育理论(理念)的转化机制问题(站在教师的立场,即是理论或理念的转化生成机制)。对于机制问题的研究必然涉及过程,而叙事对于呈现过程有着独特的优势。在社会学研究领域,有研究者曾倡导"过程-事件"分析的叙事研究,主张从人们的社会行动所形成的事件与过程之中去把握现实的社会结构与社会过程。[①] 应星则直接指明了叙事对于中国社会学研究的特殊意义,因为中国体制运作的变通性、中国社会转型的过程性以及中国社会日常生活的模糊性,所以叙事对于变革时期社会学研究更为适切。[②] 社会学研究的叙事转向表明,叙事在变化、过程方面尤其有优势。相比较其他呈现方式,叙事能更好展现教师观念转化与生成过程。更为关键的问题还在于,观念的转化与生成过程是一个长期的而非一蹴而就的过程。从我调研的材料来看,许多教师的观念转变过程长达五六年乃至七八年时间,并且期间不断出现反复。生成过程的漫长决定了我不可能通过观察来跟踪、来表述这一过程,而只能通过教师自己的叙述来展现这一过程。这在一定程度上决定了在本文的呈现和表述上,第二、第三章是客观描述,而第四、第五章则转换成主观叙述。

在研究方式上,本文主要采取田野研究。通常,田野研究总是试图阐释事件、行动背后的意义,在这一点上,它与叙事存在天然的内在联系。叙事讲述的是教师自己的经验。这体现的是一种立场的转换,从中

[①] 谢立中:《结构-制度分析,还是过程-事件分析?》,社会科学文献出版社2010年版。

[②] 应星:《略论叙事在中国社会研究中的应用及其限制》,《江苏行政学院学报》2006年第3期。

我们可以倾听到校长和教师的声音，呈现她们在学校变革过程中的体验、感受和意义。正如倡导教育叙事研究的丁钢教授所言："在中国教育时空里，有着各式各样的人物、思想、声音与经验，它们会聚在一起，构成了等待我们去考察的教育事件，而这些事件的流动性及其复杂意义常常只有通过叙事的方式才能表达出来，尤其是事件中的个人'生命颤动'的揭示。"①

但采用叙事方式也存在一定问题。第一个问题在于教师能否明了研究者的问题，另一个问题在于问题是否能够被讲述清楚。在田野调研过程中，我访谈的问题是教师参与"新基础教育"研究这一路是如何走来的，从中经历了哪些冲突，他们是如何解决的，他们在研究过程中有哪些印象深刻的事情。显然这些问题并不完全聚焦"理念生成过程"，而是对"理念生成过程"这一问题的拆分。也正因如此，才会出现甄老师与章老师在讲述自己成长经历上的差异，一个聚焦关键事件，另一个则关注具体教学组织形式变革的流程。另一个更关键的问题在于，理念的生成过程本身就很难讲述清楚，即便是教师成长历程，受访教师也很难有清晰的讲述。因为讲述通常以事件为主，而观念的生成过程并不是一次性事件或者几次事件。这也解释了为什么甄老师的叙述形式是"关键事件 + 关键要素"。

还有一个问题与故事的阐释和分析有关，也与我自身的研究能力有关。通常，分析应当从故事出发形成理论化结论，而不是从理论角度出发裁剪故事。在形成论文结论的过程中，我走的是一条折中路线。在分析理念生成的关键构件时，我发现有一个最为关键的词就是"体验"（包括"触动"）。基于"理念生成是一个学习过程"的观念，我试着从体验学习理论角度来阐释理念生成的过程机制。于是，勒温（Kurt Lewin）关于体验学习的反馈回环模式，杜威关于经验学习发展过程的理论，以及皮亚杰（Jean Piaget）关于认知发展的学习理论都构成了我这一机制的理论解释资源。当我把此研究发现（即研究机制）讲述给他人听时，其中的一个反馈就是"很有解释力，但似乎事情本来就是这样"。难道我最终只是讲了一个事实？我不免怀疑自己。若果真如此，那么或许我们应该重思前人的遗产，尤其是杜威的遗产。在杜威眼中，我们所言的理论与实践、理念与

---

① 丁钢：《声音与经验：教育叙事探究》，教育科学出版社2008年版，第15页。

行为之间并不是一个割裂对立的关系,而是相互作用的关系。杜威用经验统摄了观念与行为,经验的不断生长、改造和重组就是观念习得和行为改变的过程。从研究结论得出的过程来看,我们很难说是杜威的理论解释了我们的事实,还是我们的事实再一次验证了杜威的理论。当然,我不希望自己的研究只是对杜威理论的一次验证和说明,如何能够在对中国本土改革实践中,不同教师的声音和经验中,提炼出更具有时代感和文化感的理论资源并进行个性化的理论表达,将是我努力的基本方向。

(二) 研究角色问题

"今天你同我们是一边的,应该和我们坐在一起!"

2011年,学校被评为S市首批"新优质学校",S市的教卫党委书记在秋季开学第一天视察了"向阳小学"。为更好地宣传"向阳小学"的经验以及深化学校教学研究,市教研室副主任和教育研究院的一位女性专家受命同向阳小学的校长和老师开展一次研讨。向阳小学的副校长也邀请我参加,我想着这也是一次实地调研的好机会,欣然应允。

当我走进二楼会议室时,里面还没有人。这间会议室我来过多次,要么是做我的论文访谈,要么是进行学校一本书稿的讨论。往常,我都是坐在会议桌的北边中央,学校领导和老师则坐在会议桌的南面。今天来了之后,我在会议室的西边找了一张椅子坐了下来。这里是最好的观察位置,可以同时看到讨论双方的对话、表情和动作。我拿出录音笔和记录本,做好下午田野记录的准备。不一会儿,向阳小学的Z副校长和其他几位老师走了进来。她热情地和我打招呼:"李老师,你来了呀!"看我已经选好座位,她立刻用她豪迈的语气对我讲:"今天你同我们是一边的,应该和我们坐在一起!""你们说,对不啦?"

"对的,对的",其他老师也附和着,"李老师应该同我们坐一边的!"

……(田野笔记,2012-4-20)

这是我在学校开展田野调查的一个真实片断。它展现了我作为研究主体在特定研究境遇中遇到的身份转换和认同转变。在田野研究中,资料获取的丰富程度和深度取决于研究者在研究过程中角色承担的丰富度和深度。因研究进入的特殊性①，我在调研过程中，主要承担了研究者和咨询者两种角色。

我在田野调研过程中，依据不同的场景，分别扮演过不同的角色，而每一种角色都给我带来了不同的体验并获得了不同类型的信息。在研究者的角色中，有很大一部分是旁观式观察。例如观察学校升、降旗仪式，学生早晨进校和下午放学活动等。有时候，我也会在获得教师同意的情况下听一些课。在听课的过程中，我关注教师与学生的互动形式，而不是教师的教学内容。因为后者涉及的是专业判断，通常我都会和老师说明，我只是观察，不涉及评价判断。偶尔我也会关注一下学校的摆设和装饰。例如，学校教室前面或后面会多放两张的课桌，朝向与学生课桌相反。这两张课桌主要是供各科任教老师在上课间隙（如课间休息或自习课）时盯着学生订正作业。教师们偶尔也会在课桌上批改作业。在课间的时候，教室里通常会出现两三位教师，两张空桌子一座一位，再加上教室讲台。这一摆设同我上小学时显著不同。那时，我们的课桌是自带的，老师给学生作业指点通常在教师办公室。

除了观察之外，我还会做一些访谈。我咨询者的身份为我提供了很多便利。我在调研过程中充分利用了角色整合。调研进入后期时，学校打算出一本"新基础教育"的著作，内容涉及学校一路走来的研究历程。在此过程中，我主动和学校校长、老师一起讨论了书稿提纲。为确定写作框架，我和校长、教师们一起回顾了学校参与研究以来的历史，并多次对"新基础教育"的骨干教师进行了群体访谈。这些访谈为我提供了极为重要的素材。我力图在研究中将研究者和咨询者的角色进行统整。

不仅如此，我还试图尝试在调研过程中切换角色。人类学家认为，要更好地完成研究任务，研究者往往需要在研究过程中扮演多重角色，并不断地在不同角色之间转换与穿梭。在一项描述宾夕法尼亚大学黑人学生学业和社会文化经验的研究中，作为宾夕法尼亚大学员工及黑人研究者的韦德（Jacqueline E. Wade）在他的研究中就采取了角色转换技术。他将这种技术描述为"笔帽开关转换"（switch hats）。在该项研究中，除研究者角色之外，韦德还扮演了咨询者、信息提供者及合作者、教师等多元角色，

---

① 具体可见第一章中的"研究进入"部分。

并在同一场景中实现不同角色的切换。如在给学生访谈的过程中为学生提供咨询帮助、在研究过程中参与学生项目等。[1] 我在调研过程中也采用了类似的角色转换策略。例如，我在和学校老师讨论书稿的间隙，向甄老师了解她的人生发展史。这时，教师通常都会畅所欲言。与正式访谈（尤其是初期进入的访谈）相比较，这时的教师往往会相对放开，提供的信息也更具有真实性。有几次，几位老师都聊得很多，后面顿时回过神来，说还是先讨论书稿写作。咨询者的角色为我的调研提供了极大的便利。对于教师而言，学校的书稿写作实际上是一项行政任务，她们的精力、时间有限，相对来说，对书稿写作并不很熟悉，这些因素都为我与他们建立互惠关系奠定了基础。一位教师在讨论过程中主动问我是否需要她提供相关材料。另一位教师则主动为我联系相关老师进行访谈。显然，这些都是建立在互惠基础之上的。对于处于烦琐教学生活中的教师而言，她们也需要这种互惠关系。与一位老师单独讨论时，她给我提供了很多相关信息，后面她忽然讲了一句，你看我给了你这么多的材料，你也要帮帮我啊！当时的气氛略显尴尬，我急忙和她开始讨论她的问题。

  当然，并不是说在任何时候我都能够自如地进行角色切换，有时候角色切换会造成困扰和麻烦。在一次例行的书稿讨论上，我和阳老师像往常一样坐在二楼会议室会议桌的北边。当时阳老师正在同其中一位老师讨论具体一个章节的框架。每次在学校调研的时候，我都会拿出一个记录本。这个记录本是田野笔记和讨论笔记的结合体。有时候我会在上面记录讨论的内容，有时候我也会在上面记下一些与田野调查相关的内容。这种操作方式有一个便利，它不会引起在场研究对象的警惕或不自在。看着阳老师同大家在讨论，我飞快地在记录本上画着大家的座位图，并尝试记录大家的外表、神态和动作。显然，在那一瞬间，我已经忘却了我当时的身份是咨询者或参与者，需要同大家一起讨论书稿提纲。虽然我身处现场，但我把自己完全置身事外了，那一刻我纯粹是一个观察者。但是，现场的人并不如此认为。或许是看见我在记录本上写得起劲，以为我在思考提纲问题，又或者是发现了我在做着与讨论无关的事情，阳老师在同大家的讨论过程中忽然停下来对我说："××，你来说说你的想法。"随即，几双期

---

[1] Jacqueline E. Wade. Role Boundaries and Paying Back: "Switching Hats" in Participant Observation [J]. Anthropology&Educational Quarterly, 1984, (3): 221-224.

盼的眼神齐刷刷地转向我，有几个老师甚至提起了笔，准备做我的发言记录了。那时，我的脑子里一片空白，因为我完全不知道他们的讨论进行到了哪里，不知道他们说了什么，我那会儿正在关注他们的着装、表情和动作，却唯独忽视了内容。

"我觉得这个部分可能要……""我的意思是……"，我起了几个开场白，但后面都没有接下去，因为我着实没有想好后面怎么讲。几位老师用略带诧异的眼神看着我，仿佛在说："李老师今天这是怎么了？"我也被当时的气氛弄得紧张起来，心跳不断地加速，一股血气往头上直蹿，背后也感到一股冷汗。这种气氛和体验仿佛让我回到了小学时代。有时在课堂上，偶尔心思飞到窗外，忽然旁边的同学扯着你的衣角小声说："老师点你回答问题呢，快站起来！"等你把场景切换到课堂时，发现十几双眼睛已经盯着你，老师也在期盼你的回答，而自己连问题都没有听清楚。每当此时，我就会产生上面提到的那种感受——紧张与害怕，最后只能硬着头皮说："老师，我不知道。"随后老师和同学们会一阵失望地移开目光，偶尔也会受到老师的呵斥："认真听讲！"那会的情况来得更为严重，因为我不能说"我不知道"。我不断地告诉自己得冷静下来，必须把这个话接下去。因为如果让大家知道我心不在焉或在做自己的事情，总归是不好的。在接下来的两分钟里，我给老师们谈了一下我对"何谓好的框架"的理解，并大略谈了一下在确定框架时的问题，并在言说的过程中一边看正在讨论的已有框架，一边极力思考其存在的问题和改进之处。显然，这两分钟的谈话是缓冲之计。尽管随后我成功地串接起了我对框架的看法和意见，并没有让老师们发现我在做自己的事情，但这几分钟着实是我人生中最为煎熬的时间。它来得如此突然，如此煎熬。我再一次切身感受到了存在主义所言的"恐惧也是一种存在"以及笛卡尔（René Descartes）所讲的"我思故我在"。我比任何时刻都更真切地感受到自己的存在，感受到自己的紧张、恐惧与害怕。我讲完自己的看法之后，讨论自然地切换到下一个场景。我对自己说："你这是在干什么？再也不能这样了。"于是，我把"置身事外"的"我"拉回到现场，全身心投入到讨论当中。

赫拉克利特（Heraclitus）曾说过，"人不可能两次踏进同一条河流"。人也不可能同时踏进两条河流，更不能一边在河里游泳，一边在河岸上观察自己游泳，除非他有分身术。但对于参与性观察而言，它恰恰需要研究者既在河里游泳，又能够在岸上观察。参与式观察本身就存在悖论，它既需要研究者参与事件，又需要研究者观察事件。参与式观察的这种既需要置身其中，又需要抽身在外的性质决定了研究者可能在同一时间处于一种自我分裂的状态。这是一种很奇妙的体验，却也容易给人带来困扰。

我的研究经历表明，在田野调查中，如果研究者能够扮演更多的角色是有利于资料获取的。多重角色的承担不仅可以与受访者建立良好的角色互动关系，更能从不同的视角来体验感受受访者的所思、所想。不过，多重角色扮演也会带来冲突，尤其是研究者角色与其他角色发生冲突时，需要研究者能够实时调适，承担好当下处境中应当承担的角色。

（三）研究伦理问题

不论是参与式观察，还是量化研究，都无可避免地涉及研究者与被研究者之间的关系问题。社会科学家一直以来都因与研究对象之间的掠夺性关系（predatory relationship）而受到谴责，尤其是涉及处于较低社会地位的无权、贫穷人口，或者是少数民族族裔时，更是如此。[1] 为了避免潜在的危害，研究者在研究过程和表达上通常会做一些伦理处理。例如，像美国联邦政府就提出了相应的伦理条款或模型。尽管如此，仍有学者提出质疑，"因为研究者与被研究者之间的关系不是确定的，并且会随着研究类型的不同而变化"。[2]在我的研究中，也需要处理相关伦理问题。詹姆斯·克利福德和乔治·E. 马库斯等人探讨了民族志的诗学（修辞）和政治学之维，揭示了民族志纯客观性的虚幻和主观虚构（修饰）、建构的性质。从我的研究经历来看，除诗学和政治学之外，民族志研究的伦理之维也非常重要。民族志研究是真与善的交锋，妥协与平衡。研究者需要基于自己的判断，本着不伤害研究对象的原则，讲出部分事实。我只能像赫尔墨斯（Hermes）在担任众神信使的职位时向宙斯的许诺一样——决不说谎，但并不承诺说出全部真相。赫尔墨斯如此承诺，旨在明哲保身或者是因狡黠。对于赫尔墨斯的狡黠，宙斯（Zeus）表示理解，并没有强迫他承诺说出全部真相。对我而言，虽有避免陷入争议的考虑，但更多的是为了让研

---

[1] Jackson, Peter. Principles and problems of participant observation [J]. Geografiska Annaler. Series B. Human Geography, 1983, (1): 42.

[2] Cassell, John. Ethical principles for conducting fieldwork [J]. American Anthropologist, 1980, (1): 28.

究对象免于不必要的伤害。

　　2. 知情同意问题

　　正如庞奇（Punch）所言，（田野研究中）研究者同被研究者间整个关系的核心是研究者希望进入观察现场而研究对象同意被观察之间的达到一致意见。① 因此，知情同意是田野研究的重要伦理原则之一。但问题在于："谁给出同意，同意什么。"② 这些问题在我的研究中也存在。

　　要进入田野点（校园），首要的是要征得校长的同意，这一点对我而言并不存在问题。按照惯例，外来人员进入学校是要登记通报的，比如说找某某老师或领导，然后在得到许可之后再进入。在我研究进入的初期，和门卫并不熟悉，所以前面几次去学校都需要通报。但后面和门卫熟悉了，类似的通报手续就免除了。每次去学校调研，如果见到我，保安往往会提前开门让我进入校园。问题在于，进入校园之后我可以做什么。通常我会待在学校的公共空间，比如说操场、会议室等。尽管校长说给我调研做全力支持，但哪些事情可以做，哪些事情不能做，校长的同意能否在全校通行，这些都没有具体的规定，而这都是需要我去面对的。学校往往是一个切割的空间，教师和学生都有某种特定的区域，例如某某班级。当我进入班级时，是否需要征询同意，又要向谁征询同意呢？

　　在一次五年级的随机听课之后（我是随一位学校领导一起听课的，上课之前这位领导同上课老师讲过），我拿着相机拍了几张黑板报和"争章园地"的照片。一名女班主任赶紧走过来指着前门"争章园地"上的成绩单对我说："这是为了跟踪学生的学习情况。"我这才注意到，原来"争章园地"下面有一张学生各次作业的成绩单。我连忙给她解释到，我只是观察了解下学校布景，相关照片只是做研究之用，不会用作他途。她这才将信将疑地走开，重新监督几名学生的作业订正。这次事件之后，我在进入教室之前，通常会征询班主任的同意。对于在教室里采取的行动，同样会征询班主任的同意。我在调研过程中发现，如果有

---

　　① Punch, M. The politics and ethics of fieldwork [M]. Sage University Papers Series on Qualitative Research, Methods, Vol3, Beverly Hills, CA., Sage. 1986: 12.

　　② Brian M. du Toit. Ethics, Informed Consent, and Fieldwork [J]. Journal of Anthropological Research, 1980, (3).

领导陪同，通常教师对我的一些行动不会采取警惕心态，但如果是我单独进入，老师就会显得比较拘谨和不自然。因为他们可能并不知道我的身份和目的。

知会同意的另一个问题是录音笔的使用问题。通常只要涉及座谈、访谈之类的活动，我都会录音。一般有领导在，录音不会是问题。但如果是群体访谈或者单独访谈，有一些老师可能会有所顾忌。如第四章提到的程老师，在我做访谈时就主动提出不要录音，几位其他老师也随声附和。在我同他们讲我不会泄露相关信息，论文呈现时会做技术处理后，他们仍然不同意录音。一位老师还补充说，你录音的话我们就放不开讲了。最终，还是我放弃了录音，遗憾的是，她们所讲的关涉学校变革过程中的冲突与应对，是十分有用的资料。最后也只能通过笔记和回忆，整理了一个经过信息过滤或部分失真的调研笔记。不过，也正如那位老师所讲的，如果录音她们就放不开。可能她们在乎的是她们的声音被录下来，而不是怕信息泄露在我的论文里。如果换种角度来看，这也是件积极的事情。因为它从侧面反映了教师的学校处境和行动逻辑。知情同意是一个基本的研究伦理，但在学校具体情境之中，尤其是中国处境中的学校，知情同意既有它的普遍性也有它的独特性。

2. 匿名处理问题

为避免研究对象受到损害，匿名或者假名通常是一个可行的方法和基本原则。这一原则在大量田野研究中都得以应用。按照通常的惯例，我也采取了匿名的形式。稍有不同的是，我在研究报告的撰写过程中采取的是"半匿名"的方式，即研究报告中只有少数人采取真名，而大部分其他人采取匿名形式。之所以没有采用"全匿名"的方式，主要是基于以下考虑：首先，是基于研究对象独特性的考虑。对于"向阳小学"的学校变革而言，"新基础教育"虽不是唯一变革项目，但对其发展却异常关键。而我的研究对象又是基于学校参与"新基础教育"研究的过程事件和教师发展。一种最为保全的处理方式是将"新基础教育"及其研究团队进行匿名化处理，然后从客观的角度对这一项目进行描述。但因"新基础教育"研究自身的独特性，如它强调的不仅仅是教学组织形式的改变，更强调教师教育教学行为的改变，又如它的推进方式和研究方式，以及理论与实践的相互建构等。这些特征使得它与一般变革存在某些较为独特的东西。如果要从客观描述的角度来介绍这一项目，必定会存在很多麻烦，并且容易让人不知所云。所以从这一角度考虑，我并没有对"新基础教育"进行匿名处理。除实际操作考虑之外，还有一个原因是基于理论参照的考虑。"新基础教育"自发起以来先后已经出版大量著作和论文，这些文献都具有重要的理论借鉴和参考意义。

于是，"新基础教育"原封不动地呈现在了我的叙述中。因该研究在中国教育理论界和实践界的影响，自然对于其发起者叶澜教授也就不需要匿名处理了。目前参与"新基础教育"研究的学校多达百所。对于聚焦学校变革研究领域的理论研究者和实践工作者而言，只要提及"新基础教育"，自然会知道到它的倡导者和发起者。因此，对于"新基础教育"研究的发起者进行匿名处理就没有必要了。

在人类学研究或个案研究中，类似的处理方式也很常见。如黄树民在其经典民族志著作《林村的故事——1949年后的中国农村变革》中对除"村支书"之外的研究对象都进行了匿名处理。黄树民之所以对村支书采取了非匿名的方式，主要是应研究对象的要求。尽管如此，黄树民仍然期盼著作的出版"不危及叶文德书记和其他村民的福祉"。①

在个案研究方面，王建军曾以"新基础教育"为个案分析了合作课程研究中的教师专业发展。② 在该项研究中，除"新基础教育"研究发起者叶澜教授之外，其他研究者均是匿名（用字母代替）。实际上，我在研究过程中也是参考了这一做法。但这一处理也是有风险的，但正如杰克逊所指出的，人物的匿名以及地点的掩饰往往是有限的。因为人物在社区社会结构中的位置以及地点的独特特征会暴露真实的人物和地点。③ 但愿我的论文不会给研究对象带来困扰和麻烦。

（四）研究立场问题

我在研究过程中，一直试图维持与研究对象的互惠性关系。显然，这种互惠关系是浅层次的，因为它更多地服务于我的研究目的。在一次闲聊

---

① 黄树民：《林村的故事——1949年后中国农村变革》，素兰、纳日碧力戈译，生活·读书·新知三联书店2002年版，第258页。

② 王建军：《合作的课程变革中的教师专业发展：上海市"新基础教育实验"个案研究》，香港中文大学，2002年。

③ Jackson, Peter. Principles and problems of participant observation [J]. Geografiska Annaler. Series B. Human Geography, 1983, (1): 42.

中，甄老师谈及影响她的各种因素，其中有一项就是同不同人的交流和沟通。在甄老师提及的人名中，也包括我。尽管我当时连连否认我能够对她有所启发，但她的话却引发了我的思考：在教育人类学研究中，能否生发出一种更深层的互惠关系，而不是杰克逊（Jackson）所言的掠夺性关系。这一问题的思考还与研究结论有关。关于理念与实践转化机制的阐述表明，教育理论主体和教育实践主体在长时间的交互作用之后，既可以拓展理论也可以改造实践。教育人类学研究是否也可以拓展出研究者与被研究者"理论与实践"交互拓展的深层互惠呢？当提及这些问题时，不可避免地涉及教育人类学学科性质问题。

尽管有研究者指出，教育人类学一经产生，因不同学科背景的研究者其研究取向和研究志趣的差异，分化为两个研究领域：以人类学为目的的教育学研究和以教育学为目的的人类学研究。[1] 但更多的人是将教育人类学看作是人类学的分支。持这一取向的研究者主张运用人类学，尤其是文化人类学的理论和方法来研究教育问题。因此，有研究者明确指出，教育人类学应该是人类学的一个分支学科，更确切地说是文化人类学的分支学科。[2] 也有研究者强调，教育人类学具有双重性格，即基础学科的性格和应用学科的性格。前者的目标是运用与教育相关的研究成果来推动文化人类学一般理论的发展，这是趋向于文化人类学方向的综合性教育研究；后者是将文化人类学的理论、方法应用于教育实际性问题的研究，以起到解决问题的作用。[3] 事实上，上述双重性格仍然是以人类学为指向和圭臬，而忽视了教育人类学对于教育学的价值和意义。正如有研究者所强调的，人们对教育人类学学科存在价值的质疑之一就是它"较少对教育学理论的逻辑分析和系统反思提供学养借鉴和观点支撑"。[4] 因此，教育人类学需要重新构建起与教育学的内在关联："教育人类学观察教育的基本出发点，恰也在于洞察生命成长的真正需求，了解教育的真正问题，从中获得建构有本土特色的教育学资源。"[5]

---

[1] 祁进玉：《教育人类学研究：中国经验30年》，《民族教育研究》2009年第5期。

[2] 苏日娜：《论教育人类学的学科性质与研究方法》，《中央民族大学学报》（哲学社会科学版）2005年第3期。

[3] 樊秀丽：《教育人类学性格的探讨》，《教育学报》2008年第6期。

[4] 吴晓蓉：《我国教育人类学学科发展问题审视》，《教育研究》2012年第5期。

[5] 同上。

当前教育人类学研究，不论是试图从教育现象研究中提炼出一般文化理论，还是尝试从教育田野研究中发掘教育学重建资源，遵循的是从知识到知识的逻辑路线，而很少思考更为核心的问题——"知识是为了谁?"以及"知识是为了什么"。这两大问题的提出源于公共社会学家布洛维（Michael Burawoy）。[1] 他曾指出：

> "知识是为了谁"（konwldge for whom）与"知识是为了什么"（konwledge for what）的问题，定义了我们学科的基本特征。[2]

在布洛维那里，"知识是为了谁"指知识的受众，如学术听众或者非学术听众。"知识是为了什么"强调知识的价值。布洛维借鉴韦伯（Max Weber）技术理性和价值理性的区分，将知识分为工具性知识（instrumental knowledge）和反思性知识（reflective knowledge），并提出了他关于社会学的分类框架。

表6-1　　　　　　　　　　社会学的劳动分工[3]

为了什么? \ 为了谁?	学术听众	非学术听众
工具性知识	专业的	政策的
反思性知识	批判的	公共的

从"知识为了谁"的角度，专业社会学和批判社会学指向学术圈内的听众，政策社会学和公共社会学则指向非学术听众；从"知识为了什么"角度，专业社会学和政策社会学指向学术系统内的一般知识或解决具体问题的工具性知识；批判社会学和公共社会学指向社会学学科的内在前提和价值预设，或是关于社会变迁、发展的反思性对话。布洛维用这一分析框架取代了社会学是定量还是定性、是实证还是解释方法论，以及是宏观还是微观的争论。布洛维的聪明和独特之处在于他绕开了学科知识的分类和性质问题，而转向学科知识的受众

---

[1] 布洛维与前文提及的布若威为同一人，即Michael Burawoy。
[2] 麦克·布洛维：《公共社会学》，沈原译，社会科学文献出版社2007年版，第20页。
[3] 同上书，第19页。

和旨趣问题。

布洛维对公共社会学的强调,是试图恢复传统社会学的社会责任和道德担当的努力。在传统社会学领域,不论是马克思(Carl Marx),还是韦伯(Max Weber),都试图构建社会知识与社会建构之间的联系。正如马克思所言,重要的不是解释世界,而是改变世界。在社会学创建早期,人们就试图通过社会学知识来改变世界、推动社会发展。即便是美国,这一学术血脉尽管时断时续,却也或隐或现地存在于社会学研究过程之中。如杜波依斯(Du Bois)等黑人社会学家曾试图通过种族歧视、族群公平的社会学研究来促进社会公平。随后,米尔斯以其一人之力试图将工具性社会学转向批判社会学,并将社会学知识与公共领域知识相结合。布洛维关于公共社会学的倡导、努力和尝试正是试图接续这一学术传统与血脉,从而扭转社会学的价值走向和实践转向。

我在此对布洛维的强调,并不是为了凸显他对社会学的学术贡献,而是要关注他关于学科知识性质、使命和旨趣的追问。这一追问不仅界定了学科知识的功能,更呈现了看待学科知识的不同视角。正如布洛维所说,"知识的四种类型不仅代表社会学功能的差异,也代表了四种看待社会学的不同视角"。[①] 布洛维对社会学性质和使命的追问不仅适合他所从事的研究领域,还适合其他人文社会科学研究,包括教育人类学研究。实际上,学科性质、学科视角、学科使命、学科旨趣等综合在一起,就是"学科立场"问题。布洛维对社会学的追问提醒我们思考,教育人类学可以采取何种学科立场,以及如何可能。

关于"学科立场",我曾专门探讨过其基本结构,并讨论过教育学学科立场以及教育伦理学的教育学立场问题。[②] 我认为教育学"学科立场"包含了学科假设观、学科对象观、学科知识观和学科价值观四个维度。

在此框架中,学科假设观和学科对象观决定学科之间的差异,学科知识观和学科价值观决定学科知识旨趣和价值上的自我定位。在此基础上,我提出教育学知识的目的是为了改善教育实践,促进人的发展,人的教育

---

① [美]麦克·布洛维:《公共社会学》,沈原译,社会科学文献出版社2007年版,第20页。

② 李云星:《走向教育学立场的教育人类学》,华东师范大学,2010年。

(成长)是教育学的核心价值和重要追求①。我对"学科知识观"和"学科价值观"的强调,在很大程度上与布洛维"知识是为了谁"以及"知识是为了什么"的提法存在一致性。二者都强调将学科研究与实践改造紧密结合起来。

表6-2　　　　　　　　　学科立场的分析框架②

学科立场的基本结构	学科假设观	对"人和世界及其关系"的假设(学科研究的起点)
	学科对象观	1. 学科的研究对象是什么？ 2. 确定学科实质研究对象的标准是什么？亦即学科的形式研究对象是什么(类似于学科研究视角)？
	学科知识观	1. 知识的性质和特性； 2. 知识的形成过程； 3. 知识的目的或旨趣
	学科价值观	学科的核心价值追求

当我们也尝试将教育人类学学科研究与田野实践改造结合起来时,它为我们展现了教育人类学发展的新思路和新的可能性。思路和视角的转换背后,实际上蕴含了学术研究认识论和方法论的深层转换。这种转换至少表现为两个层次。

首先,从"旁观认识论"到"参与认识论"。"旁观认识论"肇始于笛卡尔(René Descartes)"我思故我在"的经典认识论哲学。笛卡尔的经典认识论强调认识主体从认识对象的世界中抽离出来,以一种"主客二分""二元分立"的眼光来看待研究者与研究对象的关系。这一认识为实证科学奠定了坚实的认识论基础。实证科学认为,存在一个独立于研究者或观察者之外的"外部世界",研究者或观察者应当以一种不偏不倚的方式来观察研究对象,来反映外部世界的客观事实。遵循"旁观认识论"的研究者,往往会保持与周围环境的距离,从而保证研究的"客观性"和"价值中立"。为贯彻"旁观认识论",崁茨(Katz)提出了田野工作的四项基本原则:避免研究者破坏或干预研究对象及其世界(no-reactivity);研究数据应真实可靠(reliability);研究数据及其编码分析应当规

---

① 李云星:《走向教育学立场的教育人类学》,华东师范大学,2010年。另见李云星《论教育学学科立场的基本结构》,《教育学术月刊》2012年第11期。

② 李云星:《走向教育学立场的教育人类学》,华东师范大学,2010年。

范，研究结论具有可重复性（replicability）；研究对象选取需要有代表性（representativeness）[1]。田野工作的"4R"界定，是对自然科学研究规范的模仿，其目的是发现关于外部世界的客观知识。问题在于，即便是最有经验、最规范的研究者在实际田野工作中也难以完全做到上述四项基本原则。当田野工作者以观察者身份进入田野时，他/她便不可避免地进入观察者的世界，并成为其所研究世界的一个刺激反应因素。例如，即便研究者只是纯粹观察，受访者的表现、行为也会与日常生活中的呈现有所不同。至于"可重复性"，那更是不可能实现的任务。即使其他研究者严格遵循研究和数据编码程序，对同一研究对象也很难得出与以往研究相同的重复性结论。这主要是因为田野（包括研究对象）本身是流变发展的。坚持"旁观认识论"的研究者，似乎忽略了自然科学的研究对象是物质世界或物理世界，而人文社会科学则涉及人的情感、价值和意义，人类学研究更是如此。人类学田野研究强调阐释研究对象的意义和价值，从研究者自身的眼光来看待研究对象的文化和行动逻辑并反观研究者的文化世界和行为。显然，研究对象的价值、意义和感受不能仅仅通过观察得以呈现，它还需要研究者的置身式体验、感受和理解。于是，教育人类学研究开始强调"参与认识论"替代"旁观认识论"，"参与式观察"取代"旁观式观察"。"参与认识论"认为，人只有在活动参与中才能获得关于活动的知识和认识。这一认识论也成为人类学，尤其是阐释人类学的认识论基础。

其次，从"参与认识论"到"行动认识论"。与"参与认识论"相匹配的田野研究方法是"参与式观察"。作为人类学田野研究的经典研究方法——参与式观察，其重心是观察，而非参与。研究者"参与"，不过是旨在体验、感受被研究者的处境，获取一种局内人的视角和眼光。相比于"旁观认识论"，"参与认识论"在弥合主客观世界的鸿沟方面有所推进，但仍有其局限。这主要表现为"参与"目的仍主要服务于观察，而非介入研究对象的生活世界。从参与和观察涉入程度差异角度出发，戈尔德（Gold）将社会田野观察分成了四种类型的角色：纯粹参与者（complete participant）、参与式观察者（participant-as-observer）、观察式参与者

---

[1] Katz, Jack. A Theory of Qulitative Methodology: The Socail System of Analytical Fieldwork [M]. In Emerson, R., Heights, P. Contemporary Field Research. Illinois: Wavelanc Press, 1983.

(observer - as - participant) 和纯粹观察者 (complete observer) 四种类型。① 但不论是参与式观察者还是纯粹参与者，他们"参与"的目的仅仅是为了"体验"，而非"改变"。从认识获取与实践改造的内在关联出发，杜威完全颠覆了传统的"旁观认识论"。杜威认为，"世界"并不是外在于人们、等着人们去观察、去审批的对象，而是无时无刻与身处其中的人们发生交互作用的。因此，要获得关于世界的认识、知识或观念，研究者必须主动参与到与世界的交互作用之中，而不是站在一旁或站在其中观察。在杜威看来，人只有在行动中才能获得关于行动和行动主体的知识。这构成了行动认识论最为核心的基础。除此之外，"行动认识论"与"旁观认识论"或者"参与认识论"的最大区别在于，它强调认识的目的在于改善研究对象的行动，而不是旨在获得一种客观知识或内部视角。杜威多次强调了这一观点："思想的任务不是去符合或再现对象已有的特征，而是去判定这些对象通过有指导的操作以后可能达到的后果。""除非把观念变成行动，以某种方式或多或少整理和改造我们所生活的这个世界，否则，从理智上讲来，观念是没有什么价值的。……追求观念并坚持观念是指导操作的手段，是实践艺术中的因素，这就是共同创造一个思想源流清澈而川流不息的世界。"② 在一定意义上，"行动认识论"是对"参与认识论"的推进和深化。这种推进和深化既涉及认识旨趣维度，也包括参与程度维度。相比而言，"行动认识论"强调一种更深层的参与，即"介入"或"干预"。

"行动认识论"及其相应的"介入式研究"或"干预式研究"并没有局限于哲学家们的悬想之中，它已经在多个学科领域中扎下根。例如，法国著名学者图海纳（Touraine）提出的行动社会学概念，强调社会学家只有通过能动的干预手段，介入社会生活，才能获得关于行动者的真切知

---

① Gold, Raymond L. Roles in Sociological Field Observations [J]. Social Forces, 1958, (3). 按照一般字面翻译，"participant - as - observer" 和 "observer - as - participant" 应当直译为 "作为观察者的参与者" 和 "作为参与者的观察者"。但按照戈尔德的原意，"participant - as - observer" 强调的"参与"，"观察"只是伴随性和附加性的，如在参与中体验并观察；"observer - as - participant" 强调的是"观察"，参与只是辅助性或构成性的要素，如一次性访谈中的参与。如果按照中文直译，译文可能与戈尔德的原意相悖。

② [美] 杜威：《确定性的寻求：关于知行关系的研究》，傅统先译，上海人民出版社2004年版，第137—138页。

识；强调社会改造与社会认知相结合并持续推进。① 与"行动社会学"相对应的研究方法是"社会学干预"。"社会学干预"是一种研究双方在行动中通过对话和沟通以形成有关行动者知识的方法，它强调从行动出发，在行动中分析并回到行动的持续推进。除图海纳之外，前文提及的布洛维也主张公共社会学，提倡在参与公民社会培育中形成社会学知识并推进公民社会的进一步发展。与图海纳一样，布洛维也提出了公共社会学的研究方法——"拓展个案法"（extended case method）。这一研究方法通过研究角色的拓展、时间和空间的拓展、过程到力量的拓展、理论拓展等四步层次递进的方式，从而实现干预、过程、结构化和理论重构（布洛维，2007）。② 除社会学研究之外，"介入式研究"或"干预式"研究在教育学领域也有所涉及。如保罗·弗莱雷（Paulo Freire）倡导的"被压迫者的教育学"要通过教育干预从而构建起教育与社会改造的联系③。在某种程度上，我所研究的"新基础教育"也是一种基于"行动认识论"的教育研究范式，它强调"研究性变革实践"。④ 尽管上述不同研究者所提倡的研究方法在称谓上存在差异，但它们都有着"介入"与"实践改造"的双重取向。已有研究也表明，人们能够在学术研究与实践改造之间构建起一座交互作用、互动共生的桥梁。

在我们看来，教育人类学同样需要"介入式研究"范式。教育人类学应当尝试沟通学术研究与实践改造的关联，在田野改造中形成学术知识，并强调学术知识与田野改造的双向互动。这意味着教育人类学拥有双重使命，它并不纯粹指向实践的转变与改造。立场的转换意味着研究者的角色转变，即从"看田野"到"做田野"，从"旁观者"到"参与（介入）者"。我们提倡"介入式"的教育人类学研究，既是回归人类学传统，也是回归教育学传统。1934 年，林惠祥论述了文化人类学的六大目的：人类历史的"还原"；文化原理的发现；种族偏见的消减；蛮族的开

---

① Touraine. Return of the Actor: Social Theory in Postindustrial Society [M]. Minneapolis: University of Minnesota Press, 1988.
② [美] 麦克·布洛维：《公共社会学》，沈原译，社会科学文献出版社 2007 年版。
③ [巴西] 保罗·弗莱雷：《被压迫者的教育学》，顾建新等译，华东师范大学出版社 2001 年版。
④ 岳欣云：《"研究性变革实践"：教师发展的新思路》，《教师教育研究》2011 年第 2 期。

化;文明民族中野蛮遗存物的扫除以及国内民族的同化。① 林惠祥的这一界定,实际上重申了人类学研究与人类社会发展和完善的密切联系。同一时期,梁漱溟和陶行知等人也正在中国的大地上尝试将社会(教育)理论付诸社会,并尝试改造社会。当前教育人类学(当然也包括教育学)的发展,正需要接续上述传统,扎根在中国教育田野大地上,创生出本土教育人类学理论和实践。显然,"介入式"教育人类学研究以研究双方的"深层互惠关系"为基础,并指向它的进一步推进。当然,对于如何开展"介入式"教育人类学研究,如何构建"深层互惠关系",我们还有很长的路要走。

---

① 林惠祥:《文化人类学》,商务印书馆1934年版,第22—25页。

附　　录

一　访谈框架

根据研究主题，田野调研中主要聚焦以下几大类问题：

1. 关于教师个人经历问题（校长与教师）

您的教育经历如何？您觉得现在教育与十几年前有何不同？

2. 关于参与"新基础教育"研究问题（专家和教师）

您在参与"新基础教育"研究过程中遇到的最大冲突或困境是什么？

研究过程中，有什么事件给您留下了深刻印象？能否请您详细描述一下？

3. 关于教师观念转变、行为形成的问题（教师）

您在参与"新基础教育"研究中如何一步步走来？有哪些因素影响着您？您认为，自己在观念转化过程中遇到的最大问题或障碍是什么？是如何解决的？

二　一位教师的一天

我的一天①

每天7点左右我会到校写写毛笔字，通过将近一年的学习、临写，突然发现这已成为我一个无法割舍的爱好、一个无法割舍的习惯。这得益于学校的文化建设，得益于校长把我们这样一些终日忙碌，甚至有些忘掉自己的老师送到国学班里去熏陶与陶冶。

7点半左右，我会带班级中的两个后进生补习功课，帮助他们记记默

---

① 此为"向阳小学"一位语文老师写的"我的一天"。

默一些平时来不及完成的学业，我们一起学习，都比较安静与安定。

学校吃完早餐，进校铃声响起，我会进班布置一些诵读作业或者抄写练字的作业。

如果第一节有课，我会再熟悉一下教案或者提早试一下多媒体，课后我会想想这节课上下来的得失，适当做一点笔记，然后在第二、第三节课批改作业本。如果是第二节的语文课，我会在第一节课批改学生昨天做的作业，并将作业的问题做些批注，有待讲解。整个上午是忙碌的，在上课与批改作业中时间会飞快流逝，如果有空余，我会把明天要上的课进行一定的准备，或者根据作业情况，把明天的课进行适当的调整。

中午，吃过饭，我会进教室，抓些学生默写或者默写订正，有时是试卷订正，下午我会对今天的课堂作业进行批改，如果有整块的时间，我会拿来批改学生作文或者分析学生作文，做一些作文课的备课。

当然，还有一些教研组听课、评课和研讨的活动，以及外出学习或者培训之类的活动，这会让我的日常工作变得更为忙碌，但是我却很喜欢这样的活动，因为它会在忙碌之中教我学会思考，教我学会抬头看天，让每天看似一样的流水线工作变得有了节奏和快感！

放学，也是主课老师异常忙碌的时刻，我会如其他老师一样，"捷足先登"进教室，抢着盯着那些没有订正好的同学把作业做完，如果遇到晚托班，在帮助学生完成课内学业时，我会督促他们把回家作业作文做完或做一部分，这样一直到下午5点30分或者5点40分。

走出校门，往往是披星戴月了，不过这一天还是蛮充实的，我在工作岗位上踏实地度过了一天，我想我的学生应该也是很有收获的……我是否也应该如我的学生们一样有点进步呢？是的，如果今天晚上，我的宝宝听话，不是很吵，我会给他讲个故事，然后再抽点时间翻翻喜爱的书……

参考文献

一 方志年鉴

[1]《P区地名志》,1988年。

[2]《P区教育志》,2002年。

[3]《P区志(1991—2003)》,2007年。

[4]《P区志》,1994年。

[5]《S年鉴》,1996—2012年。

[6]《S市P区教育学院院志》,1994年。

[7]《S市P区住宅建设志》,1994年。

[8]《S通志》,2005年。

二 中文译著

[1][法]阿诺尔德·范热内普:《过渡礼仪》,张举文译,商务印书馆2010年版。

[2][以]艾米娅·利布里奇等:《叙事研究:阅读、分析和诠释》,王红艳译,重庆大学出版社2008年版。

[3][美]保罗·E.彼得森:《平等与自由:学校选择的未来》,刘涛、王佳佳等译,教育科学出版社2012年版。

[4][美]保罗·拉比诺:《摩洛哥田野作业反思》,高丙中、康敏译,商务印书馆2008年版。

[5][巴西]保罗·弗莱雷:《被压迫者的教育学》,顾建新等译,华东师范大学出版社2001年版。

[6][美]彼得·海斯勒:《寻路中国——从乡村到工厂的自驾之旅》,李雪顺译,上海译文出版社2011年版。

[7][挪威]波·达林:《理论与战略:国际视野中的学校发展》,范

国睿译，华东师范大学出版社 2002 年版。

[8]［美］杜威：《确定性的寻求：关于知行关系的研究》，傅统先译，上海人民出版社 2004 年版。

[9]［美］杜赞奇：《文化、权利与国家：1900—1942 年的东北农村》，王福明译，江苏人民出版社 2008 年版。

[10]［美］菲利普·C. 斯科里奇：《创建卓越学校：教育变革的 6 大关键系统》，杜芳芳译，华东师范大学出版社 2012 年版。

[11]［美］费正清：《剑桥中华民国史 1912—1949 年》，杨品泉等译，中国社会科学出版社 1994 年版。

[12]［美］戈夫曼：《日常生活中的自我呈现》，冯钢译，北京大学出版社 2008 年版。

[13]［美］古得莱得：《一个称作学校的地方》，苏智欣等译，华东师范大学出版社 2005 年版。

[14]［美］古塔、弗格森：《人类学定位——田野科学的界限与基础》，洛建建等译，华夏出版社 2005 年版。

[15]［美］霍德：《学习型学校的变革：共同学习、共同领导》，胡咏梅、张智、孙晨译，中国轻工业出版社 2004 年版。

[16]［美］霍尔：《实施变革：模式、原则与困境》，吴晓玲译，浙江教育出版社 2004 年版。

[17]［美］霍伊、塔尔特：《学校决策者：解决实践问题的案例》，廖申展译，中国轻工业出版社 2005 年版。

[18]［加］克兰迪宁、康纳利：《叙事探究：质的研究中的经验和故事》，张园译，北京大学出版社 2008 年版。

[19]［美］克利福德、马库斯：《写文化：民族志的诗学与政治学》，高丙中等译，商务印书馆 2006 年版。

[20]［美］库珀：《体验学习：让体验作为学习与发展的源泉》，王灿明、朱水萍译，华东师范大学出版社 2008 年版。

[21]［美］赖特·米尔斯：《社会学的想象力》，陈强等译，生活·读书·新知三联书店 2005 年版。

[22]［美］劳伦斯·阿瑟·克雷明：《学校的变革》，单中惠、马晓斌译，山东教育出版社 2009 年版。

[23]［法］列维·斯特劳斯：《忧郁的热带》，王志明译，生活·读

书·新知三联书店 2000 年版。

［24］［澳］林恩·休谟、简·穆拉克：《人类学家在田野——参与观察中的案例分析》，龙菲、徐大慰译，上海译文出版社 2012 年版。

［25］［美］流心：《自我的他性——当代中国的自我谱系》，常姝译，上海人民出版社 2005 年版。

［26］［美］马尔扎诺：《学校如何运作：从研究到实践》，杨宁、卢杨译，中国轻工业出版社 2005 年版。

［27］［美］马克·格兰诺维特：《镶嵌 – 社会网与经济行动—马克·格兰诺维特论文精选》，罗家德译，社会科学文献出版社 2007 年版。

［28］［美］玛格丽特·米德：《萨摩亚人的成年》，周晓虹等译，商务印书馆 2008 年版。

［29］［加］迈克·富兰：《变革的力量：透视教育变革》，中央教育科学研究所、加拿大多伦多国际学院译，教育科学出版社 2000 年版。

［30］［美］迈克尔·富兰：《教育变革新意义》，武云斐译，华东师范大学出版社 2010 年版。

［31］［美］迈克尔·布若威：《制造同意——垄断资本主义劳动过程的变迁》，李荣荣译，商务印书馆 2008 年版。

［32］［美］麦克·布洛维：《公共社会学》，沈原译，社会科学文献出版社 2007 年版。

［33］［荷］米克·巴尔：《叙述学：叙事理论导论》，谭君强译，中国社会科学出版社 1995 年版。

［34］［美］诺曼·K. 邓金：《解释性交往行动主义：个人经历的叙事、倾听与理解》，周勇译，重庆大学出版社 2004 年版。

［35］［美］帕森斯、布朗：《反思型教师与行动研究》，郑丹丹译，中国轻工业出版社 2005 年版。

［36］［美］唐娜·伊·玛茜、帕特里克·杰·麦奎兰：《学校和课堂中的改革与阻抗——基础学校联合体的一项人种志考察》，白芸等译，华东师范大学出版社 2005 年版。

［37］［英］特纳：《象征之林》，赵玉燕等译，商务印书馆 2006 年版。

［38］［美］威廉·富特·怀特：《街角社会》，黄育馥译，商务印书馆 1994 年版。

[39][加] 许美德：《思想肖像：中国知名教育家的故事》，周勇等译，教育科学出版社 2008 年版。

[40][美] 阎云翔：《私人生活的变革：一个中国村庄里的爱情、家庭与亲密关系》，龚小夏译，上海书店出版社 2009 年版。

[41][美] 约翰逊：《学校的持续变革：超越差异，关注品质》，陈海燕译，中国轻工业出版社 2006 年版。

三　中文著作

[1] 曹锦清：《黄河边的中国：一个学者对乡村社会的观察与思考》，上海文艺出版社 2003 年版。

[2] 陈向明：《质的研究方法与社会科学研究》，教育科学出版社 2000 年版。

[3] 程亮：《教育学的"理论－实践"观》，福建教育出版社 2009 年版。

[4] 丁钢：《声音与经验：教育叙事探究》，教育科学出版社 2008 年版。

[5] 费孝通：《乡土中国》，人民出版社 2008 年版。

[6] 葛兆光：《思想史研究课堂讲录：视野、角度与方法》，生活·读书·新知三联书店 2005 年版。

[7] 胡卫、丁笑炯：《聚焦民办教育立法》，教育科学出版社 2001 年版。

[8] 黄树民：《林村的故事——1949 年后中国农村变革》，素兰、纳日碧力戈译，生活·读书·新知三联书店 2002 年版。

[9] 李进：《上海教育发展 60 年重大事件纪实》，上海教育出版社 2010 年版。

[10] 李庆刚：《"大跃进"时期"教育革命"研究》，中共中央党校出版社 2006 年版。

[11] 李友梅、孙立平、沈原：《转型社会的研究立场和方法》，社会科学文献出版社 2009 年版。

[12] 李友梅：《上海社会结构变迁十五年》，上海大学出版社 2008 年版。

[13] 李政涛：《教育人类学引论》，上海教育出版社 2009 年版。

[14] 梁鸿：《中国在梁庄》，江苏人民出版社 2010 年版。

[15] 林惠祥：《文化人类学》，商务印书馆 1934 年版。

[16] 刘云杉：《学校生活社会学》，南京师范大学出版社 2000 年版。

[17] 上海纺织工人运动史编写组：《上海纺织工人运动史》，中共党史出版社 1991 年版。

[18] 上海社会科学院历史研究所：《五四运动在上海史料选辑》，上海人民出版社 1960 年版。

[19] 司洪昌：《嵌入村庄的学校：仁村教育的历史人类学探究》，教育科学出版社 2009 年版。

[20] 孙元涛：《教育学者介入实践：探究与论证》，重庆大学出版社 2009 年版。

[21] 王宝良等：《中国再思考'92 大写实》，专利文献出版社 1993 年版。

[22] 王桂新、杨汝万：《巨变中的城市：危机与发展》，上海人民出版社 2010 年版。

[23] 王建军：《学校转型中的教师发展》，教育科学出版社 2008 年版。

[24] 王铭铭：《人类学是什么》，北京大学出版社 2002 年版。

[25] 王有升：《理念的力量：基于教育社会学的思考》，教育科学出版社 2007 年版。

[26] 吴黛舒：《"新基础教育"教师发展指导纲要》，广西师范大学出版社 2009 年版。

[27] 西林县地方志编纂委员会：《西林县志》，广西人民出版社 2006 年版。

[28] 谢立中：《结构 - 制度分析，还是过程 - 事件分析？》，社会科学文献出版社 2010 年版。

[29] 新京报社：《日志中国　回望改革开放 30 年》，中国民主法制出版社 2008 年版。

[30] 杨忠虎：《中华人民共和国经济史（1949—1993）》，陕西旅游出版社 1994 年版。

[31] 叶澜等：《教师角色与教师发展新探》，教育科学出版社 2001 年版。

［32］叶澜、李政涛等：《"新基础教育"研究史》，教育科学出版社2010年版。

［33］叶澜：《"新基础教育"论——关于当代中国学校变革的探究与认识》，教育科学出版社2006年版。

［34］叶澜：《教育概论》，人民教育出版社1991年版。

［35］叶澜：《立场》，广西师范大学出版社2008年版。

［36］中共中央马克思恩格斯列宁斯大林著作编译局：《马克思恩格斯选集 第一卷》，人民出版社1972年版。

［37］中共中央宣传部新闻局：《新闻报道精品选（1994年第3辑）》，学习出版社1994年版。

［38］中国科学院历史研究所第三所：《五四运动回忆录》，中华书局1959年版。

［39］竺建伟：《变革之路——M区"新基础教育"研究十年回望》，香港文汇出版社2009年版。

四 中文论文

［1］白芸：《班级生活中的同辈群体交往研究——对一个初中班级的人种志考察》，《基础教育》2008年第6期。

［2］柏成华：《新公共管理视野下的学校变革》，《教育理论与实践》2008年第10期。

［3］卜玉华：《当前我国学校变革应深度把握的四个基本关系》，《南京社会科学》2011年第4期。

［4］卜玉华：《学校变革三十年：进步与转型》，《教育科学研究》2008年第7期。

［5］陈丽：《学校改进的特征与价值取向分析》，《教育科学研究》2010年第11期。

［6］陈如平：《校长教学领导：提高学校效能和促进学校变革的策略》，《当代教育科学》2004年第20期。

［7］陈玉云：《学校发展规划：实践行为的重构》，《教育发展研究》2006年第9期。

［8］陈赟：《1978年以来我国教育投入研究》，《清华大学教育研究》2006年第2期。

参考文献

[9] 程陪杰：《试论教育改革阻力的来源》，《比较教育研究》2001年第6期。

[10] 杜芳芳：《教师领导力：学校变革的重要力量》，《教育发展研究》2010年第18期。

[11] 段晓明：《学校变革视域下的专业学习共同体》，《比较教育研究》2007年第3期。

[12] 樊秀丽：《教育人类学性格的探讨》，《教育学报》2008年第6期。

[13] 范国睿：《从时代需求到战略抉择：社会转型期的学校变革》，《教育发展研究》2006年第1期。

[14] 傅岩：《对教育与发展问题探讨的断想——与叶澜同志商榷》，《教育理论与实践》1987年第3期。

[15] 高洪源：《欧美学校微观政治研究的进展》，《比较教育研究》2003年第6期。

[16] 高金峰：《我国学校变革研究的进展与趋势》，《教学与管理》2010年第12期。

[17] 郭元祥：《教育理论与教育实践关系的逻辑考察》，《华中师范大学学报》（人文社会科学版）1999年第1期。

[18] 和学新：《社会转型与当代中国的教育转型》，《华中师范大学学报》（人文社会科学版）2006年第2期。

[19] 虎技能等：《日本基于学习共同体的学校改革述评及其启示》，《教育发展研究》2011年第4期。

[20] 康丽颖：《教师教育研究的实践意蕴——布迪厄实践理论对我国教师教育研究的启示》，《比较教育研究》2006年第7期。

[21] 柯政：《学校变革困难的新制度主义解释》，《北京大学教育评论》2007年第1期。

[22] 劳凯声：《社会转型与教育的重新定位》，《教育研究》2002年第2期。

[23] 李春玲：《我国学校组织变革研究的现状与展望》，《华东师范大学学报》（教育科学版）2006年第3期。

[24] 李飞：《从"解冻"到"重冻"——对学校变革中教师教育观念转化的认识》，《思想理论教育》2010年第4期。

［25］李佳敏等：《从复杂到简约：学校变革路径探索》，《教育发展研究》2009 年第 22 期。

［26］李家成等：《聚焦当代学校变革中的学生小干部——基于角色理解、实践与素质发展的视角》，《教育研究与实验》2011 年第 4 期。

［27］李润洲：《实践逻辑：审视教育理论与实践关系的新视角》，《教育研究》2006 年第 5 期。

［28］李云星：《从理论分析到实践创生：教育理论与实践关系的中国经验》，《教育发展研究》2012 年第 9 期。

［29］李云星：《论教育学学科立场的基本结构》，《教育学术月刊》2012 年第 11 期。

［30］李长伟：《论教育理论与实践的本然统一——从实践哲学的角度观照》，《教育理论与实践》2003 年第 4 期。

［31］李政涛：《当代中国基础教育改革的方法论特征探析》，《基础教育》2009 年第 5 期。

［32］李政涛：《基础教育改革的关键词应是"文化变革"》，《人民教育》2008 年第 3—4 期。

［33］李政涛：《论教育实践的研究路径》，《教育科学研究》2008 年第 4 期。

［34］李政涛：《如何"在中国"进行基础教育改革》，《基础教育》2010 年第 9 期。

［35］李政涛：《为学校变革寻找"机制之魂"》，《中小学管理》2009 年第 4 期。

［36］刘良华：《社会的变迁与学校的回应》，《教育理论与实践》2007 年第 6 期。

［37］刘朋：《关注发展型组织：学校改革的新主题》，《教育理论与实践》2004 年第 8 期。

［38］卢宝祥：《学校变革面临的现实困境探析》，《广西师范大学学报》（哲学社会科学版）2010 年第 5 期。

［39］罗祖兵：《教育理论与实践：后现代的检视》，《高等教育研究》2006 年第 4 期。

［40］马佳：《教学策略运用的实践逻辑》，《教育学术月刊》2010 年第 3 期。

[41] 马健生:《学校改革的机制与模式:组织行为学的观点》,《比较教育研究》2003 年第 3 期。

[42] 倪娟等:《尊重实践逻辑:教育理论假设成立的必然要求》,《教育研究与实验》2009 年第 2 期。

[43] 宁虹、胡萨:《教育理论与实践的本然统一》,《教育研究》2006 年第 5 期。

[44] 祁进玉:《教育人类学研究:中国经验 30 年》,《民族教育研究》2009 年第 5 期。

[45] 沈百福:《改革开放以来我国财政教育投入研究》,《复旦教育论坛》2008 年第 5 期。

[46] 盛冰:《社会资本、市场力量与学校变革》,《北京师范大学学报》(社会科学版)2005 年第 1 期。

[47] 盛冰:《现代学校的危机与"功能共同体"的重建》,《教育理论与实践》2005 年第 6 期。

[48] 施铁如:《"怎么都行"——学校改革研究的后现代思考》,《教育研究与实验》2003 年第 2 期。

[49] 石中英:《论教育实践的逻辑》,《教育研究》2006 年第 1 期。

[50] 苏日娜:《论教育人类学的学科性质与研究方法》,《中央民族大学学报》(哲学社会科学版)2005 年第 3 期。

[51] 孙翠香:《变革成本视域下的学校变革》,《河北师范大学学报》(教育科学版)2009 年第 9 期。

[52] 孙翠香:《学校变革不可或缺的动力:学生》,《教育科学研究》2011 年第 7 期。

[53] 孙翠香:《学校变革成本探析:概念、构成及控制策略》,《教育科学研究》2009 年第 6 期。

[54] 滕星:《国外教育人类学学科历史与现状》,《民族教育研究》1999 年第 4 期。

[55] 滕星:《回顾与展望:中国教育人类学发展历程——兼谈与教育社会学的比较》,《中南民族大学学报》(人文社会科学版)2006 年第 5 期。

[56] 王学杰:《英国学校的改革》,《外国中小学教育》1992 年第 5 期。

[57] 王有升等：《论学校教育实践的生成和变革逻辑——一种社会学分析》，《青岛大学师范学院学报》2008 年第 2 期。

[58] 魏宏聚：《实践逻辑对影响课堂教学行为因素的案例分析》，《天津师范大学学报》（基础教育版）2010 年第 1 期。

[59] 吴黛舒：《在学校教育变革中增长变革智慧——对我国当前学校变革的几点认识》，《教育科学研究》2007 年第 1 期。

[60] 吴康宁：《制约中国教育改革的特殊场域》，《教育研究》2008 年第 12 期。

[61] 吴晓蓉：《我国教育人类学学科发展问题审视》，《教育研究》2012 年第 5 期。

[62] 伍红林：《学校变革是如何发生发展的：变革主体的视角》，《教育发展研究》2011 年第 22 期。

[63] 武云斐：《走向共生的家长、社区和学校合作——美国的实践及其启示》，《教育发展研究》2010 年第 4 期。

[64] 谢翌等：《学校变革阻力分析——一所县级重点中学的个案研究》，《教育发展研究》2008 年第 8 期。

[65] 徐高虹：《学校变革的内部阻力与克服》，《教育发展研究》2008 年第 5—6 期。

[66] 徐金海：《我国学校变革研究现状与反思》，《教育学术月刊》2010 年第 2 期。

[67] 闫兵等：《教学实践的逻辑特性探析——基于布迪厄实践逻辑的视角》，《教育导刊》2011 年第 2 期。

[68] 阎亚军：《教师教学行为方式变革的实践逻辑》，《教育学术月刊》2009 年第 11 期。

[69] 杨天平：《学校变革：现代学习型学校制度建设研究》，《学术研究》2006 年第 5 期。

[70] 杨小微：《大学与中小学的文化互动及共生》，《教育发展研究》2011 年第 20 期。

[71] 杨小微：《当代学校变革中运行机制的探寻》，《教育研究与实验》2008 年第 2 期。

[72] 杨小微：《教育学研究的实践情结》，《教育研究》2011 年第 2 期。

［73］杨小微：《介入式合作互动：学校变革的策略创新及其方法论转换》，《上海教育科研》2011年第2期。

［74］杨小微：《转型性变革中的学校领导》，《教育研究与实验》2005年第4期。

［75］杨颖东：《走向学校深度变革的思维转向》，《现代教育管理》2011年第11期。

［76］杨颖秀：《学校变革的陷阱》，《中小学管理》2005年第8期。

［77］叶澜：《何谓一堂好课？》，《福建论坛》2005年第11期。

［78］叶澜：《论影响人发展的诸因素及其分支发展主体的动态关系》，《中国社会科学》1986年第3期。

［79］叶澜：《时代精神与新教育理想构建》，《教育研究》1994年第10期。

［80］应星：《略论叙事在中国社会研究中的应用及其限制》，《江苏行政学院学报》2006年第3期。

［81］岳欣云：《"研究性变革实践"：教师发展的新思路》，《教师教育研究》2011年第2期。

［82］张向众：《学校变革中研讨性评课文化的更新》，《教育研究与实验》2007年第2期。

［83］钟启泉：《课堂改革：学校改革的中心》，《全球教育展望》2004年第3期。

［84］操太圣：《院校协作过程中的教师专业性：香港与上海的个案比较研究》，香港中文大学，2003年。

［85］董辉：《从指令到行动：公立学校教育变革政策执行研究》，苏州大学，2008年。

［86］季云飞：《幼儿教师实践逻辑》，南京师范大学，2007年。

［87］李云星：《走向教育学立场的教育人类学》，华东师范大学，2010年。

［88］刘国艳：《制度视野中的学校变革》，山东师范大学，2007年。

［89］宁本涛：《经济学视野中的学校经营及其发展模式研究》，华东师范大学，2003年。

［90］孙翠香：《学校变革主体动力研究》，华东师范大学，2010年。

［91］唐丽芳：《课程改革中的学校文化》，东北师范大学，2005年。

[92] 王海英:《学校组织的行动逻辑》,东北师范大学,2009年。

[93] 王洪明:《从"管理"到"辅导":班级变革研究》,华东师范大学,2011年。

[94] 王加强:《学校变革的生态研究》,华东师范大学,2008年。

[95] 王建军:《合作的课程变革中的教师专业发展:上海市"新基础教育实验"个案研究》,香港中文大学,2002年。

[96] 王星霞:《学校发展变革研究》,西北师范大学,2007年。

[97] 王有升:《被规限的教育——学校生活的社会建构》,南京师范大学,2002年。

[98] 夏雪梅:《课程变革实施过程的研究:学校组织的视角》,华东师范大学,2008年。

[99] 杨小微:《全球化进程中的学校变革——一种方法论视角》,华东师范大学,2004年。

[100] 易丽:《学校转型中的新文化生成》,华东师范大学,2009年。

[101] 张立新:《当代我国学校内部组织变革研究》,华东师范大学,2007年。

[102] 钟以俊:《美学视野中的学校教育及其变革》,东北师范大学,2003年。

[103] 庄西真:《学校行为的社会逻辑——关系网络中的学校》,南京师范大学,2005年。

五 外文著作

[1] A. Strauss. Transformations of identity [M]. In A. M. Rose. Human Behaviour and Social Processes: An Interactionist Approach. London: Routledge & Kegan Paul, 1962.

[2] Bacharach, S. Educational Reform: Making Sense of It All [M]. Boston: Allyn & Bacon, 1991.

[3] Ball, S. J. Politics and Policy Making in Education [M]. London & New York: Routledge, 1990.

[4] Ball, S. J. The Micro – politics of the School: Towards a Theory of School organization [M]. New York: Methuen, 1987.

[5] Bascia, Nina, and Andy Hargreaves. The Sharp Edge of Educational

Change: Teaching, Leading, and the Realities of Reform [M]. London: Routledge, 2000.

[6] Blase, J. The Micropolitics of Educational Change [M]. In A. Hargreaves, A. Lieberman, M. Fullan, D. Hopkins. International Handbook of Educational Change. Great Britain: Kluwer, 1998.

[7] Blase, J. The Politics of Life in Schools: Power, Conflict, and Cooperation [M]. CA: Newbury Park, 1991.

[8] Blase, J., Blase, J. Breaking the Silence: Overcoming the Problem of Principal Mistreatment of Teachers. Thousand Oakes, CA: Corwin, 2003.

[9] Blase, J., Blase, J. Empowering Teachers: What Successful Principals Do [M]. Thousand Oaks, CA: Corwin, 2001.

[10] Bruner Jerome, The Culture of Education [M]. Cambridge: Harvard University Press, 1996.

[11] Darling - Hammond Linda. The Right to Learn: A Blueprint for Creating Schools that Work [M]. Jossey - Bass, 2001.

[12] Denzin, Norman K. The Research Act: a Theoretical Introduction to Sociological Methods [M]. Englewood Cliffs, N. J.: Prentice Hall, 1989.

[13] Evans, R. The Human Side of School Change: Reform, Resistance, and the Real - Life Problems of Innovation [M]. San Francisco: Jossey - Bass Inc, 1996.

[14] Gans, HJ. The Participant - Observer as a Human Being: Observations on the Personal Aspects of Field Work [M]. In H. S. Becker et al. Institutions and the Person, Chicago: Aldine. 1968.

[15] House, E., P. McQuillan. Three perspectives on school reform [M]. In A. Hargreaves, A. Lieberman, M. Fullan, D. Hopkins. International Handbook of Educational Change. Great Britain: Kluwer, 1998.

[16] Hoyle, E. Micropolitics of Educational Organization [M]. In M Strain, B Dennison, J Ouston & V Hall. Policy, Leadership and Professional Knowledge in Education. Paul Chapman, 1999.

[17] J. Nias. Changing times, changing identities: Grieving for a lost self [M]. In R. G. Burgess. Educational Research and Evaluation: For Policy and Practice, London: Falmer Press, 1991.

[18] Katz, Jack. A Theory of Qulitative Methodology: The Socail System of Analytical Fieldwork [M]. In Emerson, R., Heights, P. Contemporary Field Research. Illinois: Waveland Press, 1983.

[19] Newman, Denis, Peg Griffin, Michael Cole. The Construction Zone: Working for Cognitive change in school [M]. Cambridge University Press, 1989.

[20] Punch, M. The politics and ethics of fieldwork [M]. Sage University Papers Series on Qualitative Research, Methods, Vol3, Beverly Hills, CA., Sage. 1986.

[21] S. A. Lonning, N. Sovik. Teachers' thinking: Perspectives and research [M]. Tapir, 1987.

[22] Touraine. Return of the Actor: Social Theory in Postindustrial Society [M]. Minneapolis: University of Minnesota Press, 1988.

[23] Tyack, D., Cuban, L. Tinkering toward Utopia: A Century of Public School Reform [M]. Massachusetts: Harvard University Press, 1995.

[24] Weiss, R. Learning from Strangers: The Art and Method of Qualitative Interview Studies [M]. New York: The Free Press, 1994.

[25] Westoby, A. Culture and Power in Educational Organizations: A Reader [M]. Open University Press, 1988.

六 外文论文

[1] Achinstein, B. Conflict amid community: The micropolitics of teacher collaboration [J]. Teachers College Record, 2002, (3).

[2] Angelides, Panayiotis, Mel Ainscow. Making Sense of The Role of Culture in School Improvement [J]. School Effectiveness and School Improvement, 2000, (2).

[3] Anton, M. The discourse of a learner – centered classroom: Sociocultural perspectives on teacher – learner interaction in the second – language classroom [J]. The Modern Language Journal, 1999, (3).

[4] Baker, L. M. The politics of collaboration: How an educational partnership works [C]. the Annual Meeting of the American Educational Research Association, New Orleans, 1994.

[5] Ball, S. J. The teacher's soul and the terrors of performativity [J]. Journal of Education Policy, 2003, (2).

[6] Ball, S. J. Policy sociology and critical social research: A personal review of recent education policy and policy research [J]. British Educational Research Journal, 1997, (1).

[7] Blase, J. Political interactions among teachers: Sociocultural context in the schools [J]. Urban Education, 1987, (3).

[8] Brian M. du Toit. Ethics, Informed Consent, and Fieldwork [J]. Journal of Anthropological Research, 1980, (3).

[9] Brigitte Smit. Teachers, Local Knowledge, and Policy Implementation: A Qualitative Policy – Practice Inquiry [J]. Education and Urban Society, 2005, (3).

[10] Burawoy, Michael. Revisits: an outline of a theory of reflexive ethnography [J]. American sociological review, 2003, (3).

[11] Cassell, John. Ethical principles for conducting fieldwork [J]. American Anthropologist, 1980, (1).

[12] Crowson Robert L, Porter – Gehri, Cynthia. The School Principalship: an organizational stability role [C]. the Annual Meeting of the American Educational Research Association, Boston, 1980.

[13] Datnow, Amanda, Marisa Castellano. Teachers' responses to Success for All: How beliefs, experiences, and adaptations shape implementation [J]. American Educational Research Journal, 2002, (3).

[14] Duffy, Gerald G. Teachers' progress toward becoming expert strategy teachers [J]. Educational Administration Quarterly, 1982, (18).

[15] Firestone, William A., John Fitz, Patricia Broadfoot. Power, learning, and legitimation: Assessment implementation across levels in the United States and the United Kingdom [J]. American Educational Research Journal, 1999, (4).

[16] Gillborn, David. The micro – politics of macro reform [J]. British Journal of Sociology of Education, 1994, (2).

[17] Gitlin, Andrew, Frank Margonis. The Political Aspect of Reform: Teacher Resistance as Good Sense [J]. American Journal of Education, 1995, (4).

[18] Gold, Raymond L. Roles in Sociological Field Observations [J]. Social Forces, 1958, (3).

[19] Hopkins, David, and Mel Ainscow. Making Sense of School Improvement: an interim account of the "Improving the Quality of Education for All" Project [J]. Cambridge journal of Education, 1993, (3).

[20] J. P. Spillane, B. J. Reiser, T. Reimer. Policy implementation and cognition: Reframing and refocusing implementation research [J]. Review of Educational Research, 2002, (3).

[21] Jackson, Peter. Principles and problems of participant observation [J]. Geografiska Annaler. Series B. Human Geography, 1983, (1).

[22] Jacqueline E. Wade. Role Boundaries and Paying Back: "Switching Hats" in Participant Observation [J]. Anthropology & Educational Quarterly, 1984, (3).

[23] Janas. M. The Dragon is Asleep and Its name is Resistance [J]. Journal of Staff Development, 1988, (3).

[24] Lasky, Sue. A Sociocultural Approach to Understanding Teacher identity, Agency and Professional Vulnerability in a Context of Secondary School Reform [J]. Teaching and Teacher Education, 2005, (8).

[25] M. Schmidt. Role theory, emotions and identity in the department headship of secondary schooling [J]. Teaching and Teacher Education, 2000, (8).

[26] McLaughlin, Milbrey Wallin. Learning from experience: Lessons from policy implementation [J]. Educational evaluation and policy analysis, 1987, (2).

[27] Meryl Reis Louis. Surprise and Sense Making: What Newcomers Experience in Entering Unfamiliar Organizational Settings [J]. Administrative Science Quarterly, 1980, (2).

[28] Michael F. DiPaola, Wayne K. Hoy, "Formalization, conflict, and change: constructive and destructive consequences in schools" [J]. International Journal of Educational Management, 2001, (5).

[29] Noffke, S., Clark, B. G., Palmeri - Santiago, J., Sadler, J., Shujau, M. Conflict, learning, and change in a school/university partnership:

Different worlds of sharing [J]. Theory into Practice, 1996, (3).

[30] R. van den Berg. Teachers' meanings regarding educational practice [J]. Review of Educational Research, 2002, (4).

[31] R. L. Schwab, E. F. Iwanicki. Perceived role conflict, role ambiguity and teacher burnout [J]. The Elementary School Journal, 1993, (3).

[32] Sandberg, Jörgen and Tsoukas, Haridimos. Grasping the logic of practice: theorizing through practical rationality [J]. Academy of Management Review, 2011, (2).

[33] Schmidt, Michèle, Amanda Datnow. Teachers' sense-making about comprehensive school reform: The influence of emotions [J]. Teaching and Teacher Education, 2005, (8).

[34] Spillane, James P., Brian J. Reiser, Todd Reimer. Policy implementation and cognition: Reframing and refocusing implementation research [J]. Review of educational research, 2002, (3).

[35] Tyack, D., Tobin, W. The "Grammar" of schooling: Why has it been so hard to change? [J]. American Educational Research Journal, 1994, (3).

[36] Wolf, Shelby A., et al. "That Dog Won't Hunt!": Exemplary School Change Efforts Within the Kentucky Reform [J]. American Educational Research Journal, 2000, (2).

[37] Woodbury, Sonia, Julie Gess-Newsome. Overcoming the paradox of change without difference: A model of change in the arena of fundamental school reform [J]. Educational Policy, 2002, (5).

[38] Zimmerman, Judith. Why some teachers resist change and what principals can do about it [J]. Nassp Bulletin, 2006, (3).

七 其他资料

[1] "向阳小学" 甄老师教师业务考绩档案（副本）。

[2] "向阳小学" 行政会议记录（2008）。

[3] S市P区人民政府：实施优质教育"圈链点"战略 加快推进P教育现代化——P区推进区域教育现代化综合督政自评报告（送审稿），2012年10月。

［4］李政涛：《从理论与实践分离到理论向实践转化》，《中国社会科学报》2011年6月8日。

［5］王建军：《"向阳小学""新基础教育"学校变革中教师发展研究个案分析报告》（未刊稿），2008年。

后　　记

　　这是我独著的第一本书，它源自我的博士论文。

　　2007年，我在武汉理工大学获得法学学士学位（思想政治教育专业），并于同年考入华东师范大学教育学系，开始了跟随李政涛教授学习的六年生涯。

　　2011年年底，我的博士论文开题，起初计划做的题目是学校教育价值观变迁。这一选题受益于叶澜教授的提点。遗憾的是，在调研过程中，我一直未能找到切入学校教育价值观变迁的具体载体，缺乏足够丰富的田野材料支撑该选题。无奈之下，论文选题转向学校变革中的冲突与观念生成。尽管题目变更了，但新题与旧题之间仍存在着紧密的内在关联。新题更多侧重教师的观念变革和行为生成，它从更微观、更直接的角度聚焦了学校教育价值观变革。对冲突的关注，不仅因为它被以往教育研究者"忽视"，更因为它是观念变革的必要过程和必经阶段。

　　经过一年多的研究与写作，博士论文顺利通过评审和答辩。我也于2013年获得教育学博士学位。同年，我进入浙江师范大学教师教育学院工作。

　　2015年，以《学校变革中的教师行动逻辑与观念生成》为题，我申请了浙江省哲学社会科学规划课题后期资助项目，并获得立项。博士论文内容并没有变化。题目的再一次变更主要是出于立项考虑。一方面，"教师"的明确提出让研究对象更为聚焦；另一方面，"行动逻辑"替换"冲突"，更突显"社会科学的味道"。我也不知道题目的改变是否助力了项目立项。

　　省哲社立项后，我曾经一度试图改写博士论文。尽管博士论文通过了答辩，但其仍有许多不足。如宏观叙述与微观故事之间的联系略显机械，研究材料的深度理论挖掘仍有拓展空间等。但几次努力之后，我发现改写之后的论文可能更加碎片化。相关田野材料似乎无法从博士论文整体中抽离。或许，这与田野研究特性有关，基于田野材料的论文改写等于重写。

最终，我决定"原生态"呈现我的博士论文内容，包括它的稚嫩与不足。除由论文转换成著作的必要表述变更以及必要的校订修改之外，著作的内容与我的博士论文一致，没有其它的改变。

感谢向阳小学老师、学生的参与和支持。考虑到研究伦理，我无法列出他（她）们的名字。

没有导师李政涛教授的悉心指导和师母文娟老师的关怀，本书无法完成。导师的序言更为本书增色不少。叶澜教授和钟山老师在论文写作期间给了我许多指导和帮助。杨小微、朱益明、陈建华、黄忠敬、董秀华等专家在答辩会上提供了很多专业评审意见。开题时，我从黄向阳、林岚老师处得到了许多启发。王建军老师、吴小玮、杨颖东、张玉婷、王丽佳等同学为论文写作提供的很多文献材料。我的同门们在论文校改方面给予了大量支持。

没有苏娟，本书也无法完成。博士论文写作期间，作为我的女朋友，她在录音资料整理、论文核校等方面做了大量具体、繁重的工作。工作后，作为妻子，她为我们宽松家庭生活环境的营造付出了许多，让我能够专心、安心工作。

感谢裴娣娜、楼世洲、李伟健、张振新、周跃良、林一钢、钱旭升、张天雪、张维忠、李润洲、李伟、杨光伟等领导、同事对我工作和研究的指导、帮助与支持。

作为研究成果，本书曾得到2012—2013年度联校教育社科医学研究论文奖计划一等奖资助，特此感谢。本书的出版，受到浙江师范大学2013年度人文社科重点项目和浙江省哲学社科规划2015年后期资助项目的资助，感谢相关匿名专家的评审。

中国社会科学出版社的罗莉编辑、刘艳编辑为本书的出版、校改倾注了大量心血，特此致谢！

本书的不足与文责由本人承担。欢迎各方家、读者批评斧正。联系邮箱：hblyx1983@163.com。

是为后记。

李云星

2017年6月5日

于金华尖峰山下